집단사회복지와 조직리더십의 실천가

남세진

집단사회복지와 조직리더십의 실천가

남세진

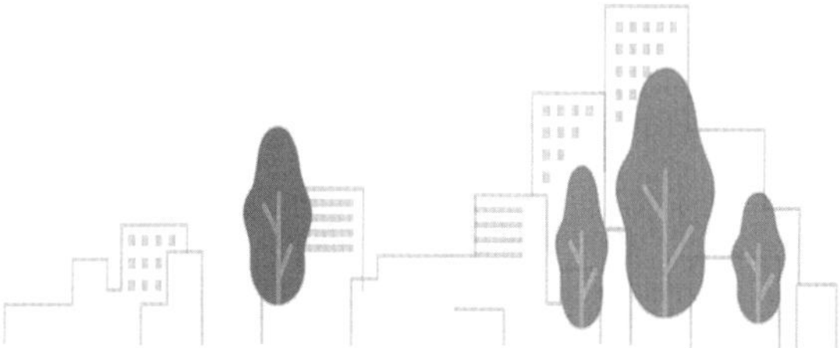

목차

발간사 | 더 나은 복지국가를 만들어 가는 여정 06

머리말 | 남세진 교수의 인물사를 쓰면서 08

제 1 장

남세진 교수의 사회복지학계의 위상과 저자와의 관계 11

제 2 장

성장과정과 성품 및 신념 23

1. 성장과정 24
2. 가족 45
3. 성품 및 신념 48

제 3 장

집단사회복지의 이론 구축과 실천 95

1. 남세진 교수의 연구 업적 96
2. 남세진 교수와 집단사회복지 142

집단사회복지와
조직리더십의 실천가 남세진

제 4 장

조직리더십의 발휘 173

1. 리더십의 유형 174
2. 남세진 교수의 조직리더십 발휘 분야 176

제 5 장

맺음말 251

부록 259

약력 259
연구업적 261
대표적인 학술연구논문(2편) 264

참고문헌 302

| 발간사 |

더 나은 복지국가를 만들어 가는 여정

사단법인 미래복지경영은 2023년, 한국 사회복지의 길을 개척하신 네 분(김덕준, 김학묵, 백근칠, 하상락)에 대한 인물서를 발간한 바 있습니다. 그리고 2025년 올해, 한국 사회복지교육의 역사에 굵직한 발자취를 남기신 네 분(김만두, 남세진, 문인숙, 신섭중)을 주제로 한 인물서를 새롭게 발간하게 되었습니다.

단재 신채호 선생께서는 "역사를 잊은 민족에게 미래는 없다"고 하셨습니다. 이 말은 우리 사회복지의 역사에도 동일하게 적용될 수 있습니다. 사회복지 발전의 길 위에서 학자, 교육자, 실천가로서 치열하게 고민하고 헌신한 선배들의 삶을 기억하지 않는다면, 오늘의 발전도 미래의 진보도 기대하기 어려울 것입니다.

이번에 소개되는 네 분은 한국 사회복지 역사에서 이른바 1.5세대로 평가받는 인물들입니다. 이분들의 삶과 사상을 누구보다 깊이 이해하고 성실히 전할 수 있는 연구자 네 분이 집필자로 선정되어, 1년 이상의 조사와 중간보고회를 거쳐 인물서가 완성되었습니다.

이 뜻깊은 작업에 연구자이자 집필자로 함께해주신 분들께 감사의 인사를 전합니다. 많지 않은 원고료에도 불구하고 흔쾌히 집필을 맡아주신 덕분에 이 소중한 인물서가 세상에 나오게 되었습니다.

박병현 부산대학교 명예교수님께서는 신섭중 편,
이준우 강남대학교 교수님께서는 김만두 편,
조흥식 서울대학교 명예교수님께서는 남세진 편,
이방현 한국사회복지역사문화연구소 소장님께서는 문인숙 편,
이렇게 맡아주셨습니다.

이 네 편의 인물서가 의미 있게 발간될 수 있도록 힘써 주신 네 분께 깊이 감사드리며, 이 과정에 함께해주신 모든 분들께도 진심으로 감사드립니다.

많은 이들이 어렵다, 부질없다고 이야기한 이 사업을 2023년에 이어 2025년에도 이어갈 수 있었던 것은 다행스러운 일입니다. 그러나 사회복지 발전에 크게 기여하신 분들이 점차 잊혀져가는 현실을 떠올리면 안타까움 또한 큽니다. 한국 사회복지의 뿌리와 정신, 그리고 선배들의 삶의 궤적을 후배들에게 올곧게 전하고자 하는 이 인물서 발간사업이 앞으로도 지속되기를 소망합니다.

오늘날 우리나라는 세계적인 복지국가로 나아가고 있습니다. 이 길 위에서 남다른 열정과 헌신으로 사회복지를 발전시키는 데 크게 기여하신 분들의 노력과 정신을 잊지 않고 되새김으로써, 우리 모두가 함께 더 나은 복지국가를 만들어 나가길 바랍니다.

감사합니다.

2025년 10월

최성균 (사)미래복지경영 이사장

| 머리말 |

일여(一如) 남세진(南世鎭) 교수는 한국에서 사회복지학의 초창기 교육자임은 분명하다. 서울대 사회사업학과에서 최초의 석사학위를 취득한 후 미국 미네소타대학교 사회사업대학원 석사도 취득함으로써 제대로 이론 교육을 받은 사회복지학의 초창기 교육자이자 미시 사회복지학의 실천적 학자로 평가를 받는다. 서울대학교 사회복지학과 명예교수로서, 그는 미국의 미시 사회복지학 체계를 한국 사회복지실천에 접목시키고자 노력했으며, 특히 집단사회복지의 학문 발전과 그 학문적 이론을 한국의 현장에서 무난하게 적용시키는 데 지대한 영향을 끼쳤다.

그리고 1970년대 중반부터 학과 명칭을 사회사업학과에서 사회복지학과로 변경하는 데 앞장을 서기도 했다. 물론 그 배후에는 초창기 사회사업 현장에 필요한 실천인력을 양성하는 것으로부터 교육과 연구 분야에 필요한 고등인력을 양성하는 것으로 학과 운영의 목표가 변화해 가는 시대적 흐름에 부응해가는 측면도 있었지만, 새로운 유학파 교수진들이 충원되면서 사회복지학의 거시 접근방법이 도입되고 확산되어가는 학문적 확산 경향의 영향도 크다고 할 수 있다.

오늘날 한국 사회복지학이 정치학, 경제학, 사회학 등과 같이 사회과학대학 내에서 독자적인 학문으로 자리 잡게 된 데에는 남세진 교수의 공헌이 지대하다. 그는 특히 사회복지학의 주된 연구 영역인 소집단 역학(group dynamics) 연구, 빈곤, 건강, 조직리더십, 지역사회복지 문제에 꾸준히 천착해 왔으며, 후학 양성과 정책 개발을 통해 사회복지의 지평을 넓

히는 데 헌신해 왔기 때문이다.

또한 남세진 교수는 사회복지학계와 다양한 사회복지현장과 정부와 여러 민간조직 분야에서도 조직리더십을 발휘함으로써 사회복지 정책과 행정의 제도화에 힘을 쏟았다. 그리고 대학에서뿐만 아니라 대학 행정의 보직을 많이 맡아 고등교육 발전에도 노력했으며, 탁월한 영어 실력으로 국제대회 한국 대표로 각국을 다니며 한국 사회복지 이론과 실천, 그리고 한국의 사회복지 역사 및 사회복지정책과 행정을 설명함으로써 국위 선양에도 많은 기여를 하였다.

본 인물사는 남세진 교수의 생애와 업적, 활동을 통해 한국 사회복지학, 특히 집단사회복지 이론의 형성과 실천 현장에서의 확산 과정, 그리고 국내외 대학의 사회복지학 전문교육, 정부와 민간조직 및 다양한 사회복지실천 현장에서 발휘된 실천적 지도력이 지닌 사회적 영향력과 역사성을 함께 조명하는 데 목적을 두고 있다.

아무쪼록 이 책을 읽는 독자 여러분들은 해방 이후 초창기 외국원조에 의해 이루어지던 대한민국 사회복지 현실과 사회복지 교육과 실천현장, 그리고 도시화, 산업화가 급작스럽게 일어나고 절대빈곤과 상대빈곤이 중복돼 있던 압축경제성장이 막 시작되던 시절에 집단사회복지와 조직리더십을 유감없이 발휘한 한 인물의 담대하고 열정적인 다양한 활동들을 꼼꼼히 탐색해 보시기 바란다. 그러면서 그가 그린 다가올 선진 대한민국 복지국가에 대한 비전을 함께 상상해 보며, 그러한 비전을 어떻게 빠른 시간 내에 대한민국에서 완성시킬 것인가에 대해 충분히 숙고해 주시기를 바라마지 않는다.

이 책이 나오기까지 도움을 주신 분들은 너무나 많다. 남세진 교수님의 사모님을 비롯한 자제 분들과 제자 분들, 그리고 동료교수들과 사회복지 실천현장에서 남 선생님과 함께 일하셨던 모든 분들께 감사드린다. 그러나 누구보다도 이 책이 세상에 나오게 해 준 직접적인 출판 기회와 함께 재정을 마련해 주신 사단법인 미래복지경영 최성균 이사장님과, 좋은 책을 만들기 위해 동분서주 뛰어 다닌 김수정 박사께 마음 깊이 감사의 말씀을 전한다.

2025년 10월

조흥식 서울대 명예교수, 전 사회복지공동모금회 회장

제 1 장

남세진 교수의 사회복지학계의 위상과 저자와의 관계

한 인간의 생애와 업적을 역사 서술 방식으로 정확히 서술해 낸다는 것은 여간 힘든 작업이 아니다. 특정 인물의 생애, 업적, 사상, 영향력을 체계적으로 기록하고 분석하는 역사 서술 방식의 하나인 인물사(人物史; historical figure study, biographical history)는 특정 인물의 삶을 통해 그 개인이 살아 온 시대상을 정확하고 정직하게 반영해야 하며, 또한 일정한 서사적 구조를 갖춰야 하고, 작성하는 사람의 주관성과 객관성이 균형을 이뤄야 한다는 점에서 더욱 그러하다.

여기서 한 사람의 인물이 살아 온 시대상을 정확하고 정직하게 반영하기 위해서는 개인의 삶을 통해 당대 사회·문화·정치적 맥락을 조명하는 개인사와 시대사의 결합이 당연히 요구된다. 그리고 일정한 서사적 구조를 갖추려면 한 인물의 탄생부터 죽음까지의 흐름을 이야기 구조로 재구성해야 한다.

또한 인물사를 작성하는 사람의 주관성과 객관성의 균형을 이루기 위해서는 기록자의 주관적인 시각이 개입될 수 있는 여지를 줄이는 사실 검증이 필수적이다. 아울러 가족관계, 교육 배경, 혼재된 인간관계 등 인간과 사회의 여러 가지 얽혀 있는 복합적 요인을 고려하는 다층적 분석이 필요하다.

그러나 한 인간의 생애와 업적을 역사 서술 방식으로 서술해 내는 역사 서술 방식은 이러한 인물사만 있는 것은 아니다. 대표적으로 전기(傳記; biography), 평전(評傳; critical biography), 생애사(生涯史; life history) 등을 들 수 있는데, 대부분 인물사와 유사하지만 각각 약간의 차이는 있다(조흥식 외, 2021; Angrosino, 1989; Jones, 2001; Knoper, 2003; Daiute, 2014; Holden, 2014; Ravitch & Mittenfelner, 2016; Segrillo, 2019).

전기는 한 인물의 생애를 자세하게 서술한 글로, 특히 그 인물의 주요 사건과 활동을 중심으로 기록된다. 전기는 보통 해당 인물의 업적이나 사건을 중심으로 하는 경우가 많고, 일반적으로 역사적, 문화적, 사회적 영향을 미친 한 인물을 대상으로 하여 그 사람의 업적과 생애에 대한 사실적인 기록을 위주로 작성된다. 다시 말하여, 전기는 주로 그 인물의 생애에 대한 간결하고 핵심적인 서술을 제공하게 된다. 일반적으로 그 인물의 중요한 업적과 관련된 사건을 중점적으로 다루며, 그 인물이 어떻게 사회에 영향을 미쳤는지, 어떤 중요한 변화를 일으켰는지를 중점적으로 서술하게 된다.

평전은 전기와 비슷하지만, 단순한 서술에 그치지 않고, 그 인물에 대한 평가와 비평이 포함된다. 평전은 인물의 생애를 서술하면서 그 개인의 성격, 행동, 업적에 대해 평가를 내리고, 그 인물이 미친 영향을 비판적으로 분석하는 데 중점을 둔다. 따라서 평전은 전기적 요소와 더불어 분석적이고 비판적인 요소를 포함한다. 즉, 단순히 그 인물의 생애를 나열하는 전기가 아니라, 그 인물의 성격, 업적, 행동 등을 평가하면서 긍정적, 부정적 측면을 균형 있게 다루려고 한다.

생애사는 한 인물의 생애 전반을 기록하거나 연구하는 분야로, 그 인물이 살아온 삶을 시간의 흐름에 따라 서술하거나 분석한다. 생애사는 인물의 생애와 경험을 중심으로, 개인적인 삶의 과정에 대한 이해를 목표로 한다. 따라서 생애사는 개인의 경험을 중심으로 다루며, 그 인물이 어떻게 살아왔는지, 어떤 환경에서 자랐고 어떤 선택을 했는지를 상세히 다룬다. 또한, 생애사는 인물의 성장 과정, 갈등, 결정, 인간관계 등을 중요한 요소로 보고, 그 인물의 삶을 태어나서 죽을 때까지 전체적으로 해석하려고 한다.

따라서 인물사는 특정 인물들의 생애를 독립적으로 다루기보다는, 그들의 활동이 역사적 흐름과 어떻게 연결되는지, 그들이 사회, 정치, 문화 등 다양한 분야에 끼친 영향을 종합적으로 분석하는 것으로 역사적 맥락에서 인물들의 생애와 활동을 서술하는 데 중점을 둔다. 이에 반해, 전기는 주요 사건과 활동을 중심으로 한 인물의 생애 서술에 주목하며, 평전은 인물의 생애를 서술하면서 평가와 비평을 포함하여 주로 다루고, 생애사는 개인의 생애와 경험을 시간 순서대로 서술하거나 분석하는 데 중점을 둔다는 점에서 각각 조금씩 차이가 있다.

그러므로 인물사를 서술할 때는 반드시 다음과 같은 몇 가지를 고려해야 할 것이다(조흥식 외, 2021; Angrosino, 1989; Jones, 2001; Knoper, 2003; Daiute, 2014; Holden, 2014; Ravitch & Mittenfelner, 2016; Segrillo, 2019).

첫째, 역사적 맥락을 고려해야 한다. 인물사의 핵심은 특정 인물의 생애를 역사적 맥락에서 이해하는 것이 무엇보다 중요하기 때문이다. 해당 인물이 살았던 시대의 정치적, 사회적, 경제적 배경을 잘 이해하고 그와 관련된 사건이나 변화가 인물의 삶에 어떻게 영향을 미쳤는지를 잘 분석해야 한다. 둘째, 객관적이고 균형 잡힌 시각을 유지해야 한다. 특정 인물에 대한 주관적 감정이나 편향된 시각을 배제하고, 그 인물의 업적과 실수, 끼친 영향의 장단점 모두를 공정하게 평가하는 데 노력을 기울여야 한다. 셋째, 인물이 행한 다양한 역할과 그 영향을 분석해야 한다. 그 인물이 속한 분야에서 어떤 영향을 미쳤는지를 분석하고, 그의 업적과 사회적 영향을 개인적인 차원뿐만 아니라, 사회적, 문화적, 정치적 차원에서도 다루어야 한다. 넷째, 인물사의 핵심은 한 사람의 삶을 총체적으로 다루는 것이기에 그 인물의 성격, 가치관, 행동 등을 단순히 나열하는 것이 아니라, 복합적으로 다루어야 한다. 즉, 그 인물이 역사적 흐름에서 어떤 역할을 했는지, 어떤 변화를 일으켰는지, 그리고 그의 결정이 어떻게 시대적 상황과 맞물려 있는지, 그의 행동이 어떤 의미를 갖는지를 분석해야 한다. 다섯째, 독자의 이해를 고려한 명확한 서술이 필요하다. 인물사의 작성은 복잡한 역사적 배경이나 사건을 다루기 때문에, 독자가 이해하기 쉽도록 명확하고 체계적으로 서술해야 하고, 중요한 사건이나 사항을 중심으로 논리를 전개하는 것이 바람직하다. 여섯째, 인물의 역사적인 삶이 주는 교훈과 가치를 탐구하여 오늘날 독자에게 주는 시사점과 교훈을 명확히 제시해야 한다.

이렇게 볼 때, 이러한 인물사가 갖는 특성과 여러 유의할 점을 바탕으로 일여(一如) 남세진(南世鎭)이라는 한 인물의 삶과 업적과 활동을 역사적 맥락에서 분석하는 게 결코 쉬운 일은 아니다. 그러나 이보다 더 큰 어려움은 필자의 탁월하지 못한 서술의 측면은 차치하더라도, 남세진 교수는 필자의 학부 과정에서의 교육에서 시작하여 대학원 과정의 박사학위 지도교수에 이르기까지, 제자로서의 위치에서 감히 학문적 스승에 대하여 가차 없는 객관적 연구와 평가를 할 수밖에 없기에 그러하다. 또한 남세진 교수는 돌아가실 때까지 필자가 곁에서 가까이 모셨고, 사모님과 지금까지도 만남의 시간을 갖고 있어 혹시 이 책이 스승의 명성과 가족에게 누를 끼치지 않을까 하는 두려움이 있기 때문에 더 그렇다.

남세진은 한평생을 놓고 볼 때 사회복지학의 교수와 학자로서, 서울대학교 대학 행정가 및 대학부속 보직자로서, 그리고 정부기관과 공공기관과 민간조직체의 지도 및 자문가로서 다방면에 리더십을 발휘해 왔다. 이처럼 많은 직분을 맡아 왔었지만 그래도 남세진 하면 역시 교수의 직책이 가장 어울린다고 할 수 있다. 그러므로 이후부터 이 책에서는 남세진이라는 한 인물에 대한 표현을 남세진 교수로 표기하고자 한다.

필자와 남세진 교수와의 인연은 필자가 1972년 서울대학교 문리대 사회사업학과(1979년부터 사회복지학과로 개명)에 입학하면서부터이다. 물론 1학년 때는 기초과정 수업을 당시 태릉 근처 공릉동에 있던 서울대학교 공과대학 캠퍼스[1] 내 교양과정부에서 받았기 때문에 대부분의 시간을 여기서 보냈다. 종로5가 동숭동에 위치한 문리대에는 1주일에 한 번만 가서 수업을 받았는데, 주로 사회사업개론, 인간행동과 사회환경(I), 인간행동과 사회환경(II) 등 세 과목 모두를 서울대 사회복지학과의 창설자인 하상락 교수로부터 받았기에 이 당시 1학년 때는 남세진 교수와의 만남은 별로 없었다.

필자의 서울대학교 1학년 교양과정부 수업은 1972년 10월 17일, 박정희 대통령의 10월 유신 계엄이 선포된 이후 사실상 종지부를 찍었다. 그 후 계엄이 해제된 1979년 3월 27일까지 무려 6년 6개월 가까이 계엄이 장기간 지속됨으로 인해 전국 대학들은 박정희 유신정부 반대시위를 일상적으로 하게 돼 자연히 매 학기마다 강제적으로 대학 문을 닫아 절반 가까운 기간 동안 수업을 받을 수 없었다. 필자는 1973년 3월 1일, 2학년이 돼 본격적으로 종로5가 동숭동 소재 문리대로 돌아와서부터는 남세진 교수를 학과 세미나나 각종 행사 때 뵐 수 있었고, 남세진 교수의 학생들과의 관계는 학과 어떤 교수들보다 학생들을 잘 대해 주어 인기가 상당히 높았다. 이 당시 사회복지학과 전임 교수는 하상락, 남세진, 장인협 교수 등 세 분밖에 없었다.

주석

1) 서울대학교 공과대학은 1946년부터 1975년까지 공릉동 캠퍼스를 사용했으며, 당시에는 경기도 양주군 노해면 신공덕리였던 곳이 지금의 서울 노원구 공릉동이다. 1975년 서울대가 관악캠퍼스로 이전하면서 공릉동 캠퍼스는 서울과학기술대학교(서울과기대)의 캠퍼스로 전환되었다. 특히 서울대 공대의 본관이었던 건물은 현재 다산관, 교사 건물은 창학관이라는 이름으로 서울과기대에서 사용되고 있으며, 이들 건물은 국가등록문화재로 지정되어 역사적 가치도 인정받고 있다. 공릉동 캠퍼스의 숲길, 늪, 플라타너스 가로수 등은 당시 학생들에게도 인상 깊은 공간이었고, 지금도 일부 흔적이 남아 있어 과거의 정취를 느낄 수 있는 장소로 남아 있다(서울대학교 역사기록관, 추억속의 캠퍼스: 공과대학 1946-1975. https://archives.snu.ac.kr/)

서울대 문리대 교정

필자는 1학년 2학기 때부터 군 복학생으로, 교양과정부에서 함께 다닌 사회학과 이철 선배의 권유로 한국문화연구회 동아리에 가입하면서 세칭 운동권 언저리에 들게 되었다. 1973년 문리대로 오면서부터 2학년 학생들이 연구회 분과장을 맡게 되었는데, 필자는 평소 관심이 있던 노동 분과에 소속돼 분과장의 역할을 맡았었다. 노동 분과장의 역할은 당시 금서라는 필독서들, 예를 들어 프레이리의 『페다고지(Pedagogy of the Oppressed, 피억압자의 교육)』, 리영희 선생의 『전환시대의 논리』, 『우상과 이성』, 함석헌 선생의 『뜻으로 본 한국 역사』 뿐만 아니라 당시에는 상상치도 못하겠지만 금서로 지정된 장 자크 루소의 『사회계약론』, 존 스튜어트 밀의 『자유론』, 조지 오웰의 『1984』와 『동물농장』 등을 읽고 난 뒤 서로 토론하는 일에 사회를 보거나, 함석헌, 리영희 선생 등의 강연이나 연설회 등에 참석하여 열심히 들은 내용을 토론하거나, 또는 노동 분과 소속원으로서 마산 수출단지 견학이나 강원도 정선, 태백 등 탄광촌을 방문한 뒤 그곳 노동자들과의 대화 내용 및 견학 소감과 노동자 생활상에 대해 토론을 하여 여러 대책들을 끄집어내는 것이었다. 물론 이 당시 유신정부는 긴급조치를 통해 '반국가적'인 사상이나 의견을 담은 책이나 자료들을 금서로 지정하여 이를 소지한 사람들에게 사상 전향을 강요하기도 하고, 그 소지자에 대해 불법 처벌을 내리는 경우가 많았기에 늘 불안 속에서 분과 활동을 할 수밖에 없었다.

2학년 때인 1973년은 유신정부가 1972년 10월 유신 헌법을 발표한 뒤, 정치적 억압을 강화하는 정책을 펼친 해이다. 이 때 비상계엄령 강화와 언론, 집회, 결사의 자유 제한 등 국민들을 대상으로 각종 억압이 이뤄졌는데 반정부적 활동을 한 인사들이 상당수 탄압당하거나 체포되곤 하였다. 특히 1971년 대통령 선거 때 박정희 대통령 후보의 강력한 적수였던 김대중 전 민주당 대통령 후보가 1973년 8월 일본 도쿄에서 박정희 정권에 의해 비밀리에 납치되는 사건이 발생하였다. 당시 김대중은 일본에서 활동 중이었으며, 그의 납치는 한국 정부의 정치적 압박에 의해 이루어진 것으로 밝혀졌다. 이 사건은 국제적으로도 큰 논란을 일으켰으며, 김대중은 이후 한국으로 강제 송환되었다.

급기야 1973년 10월 2일 문리대에서 500여명의 학생들이 시위를 벌였는데 필자도 이에 참가함으로써 결국 동대문경찰서로 150여명 정도가 연행돼 갔다. 필자는 다행히 서울에 출장 온 아버지의 도움으로 당일 밤에 풀려날 수 있었다. 이후 아버지의 호된 꾸지람과 함께 더 이상 노동 분과장의 역할을 수행할 수 없게 되었다.

10월 중순 이후 대학 출입금지가 선포된 후 필자는 아버지에 의한 집으로의 소환 명령에 의해 고향인 부산에서 겨울 방학이 끝날 때까지 기거하게 됨으로 인해 자연히 학생 운동권에서 멀어지게 되었다. 당시 학생 운동권에서의 이탈로 인해 운동권 동아리 친구들 및 후배들과의 관계가 소원해졌고, 이에 대한 미안함과 비겁함의 회한이 가슴에 남았다. 이러한 고민과 앞으로의 인생 진로에 대해 상의하기 위해 남세진 교수와의 면담을 청하게 되었다. 이를 계기로 대학원 진학의 꿈을 꾸게 되었고, 아버지의 전폭적인 지원과 감독 하에 1974년 3학년 때부터 그동안 소홀했던 전공 공부에만 매진하게 되었다. 그러던 중 남세진 교수의 권유로 요즘은 상상도 하기 어려운 일인 학부 3학년생이 남세진 교수의 연구실에서 잡심부름을 비롯해 저서와 논문의 교정, 강의자료 정리 등 조수의 역할을 시작하게 되었다. 바야흐로 본격적인 예비 대학원생의 길을 걷게 된 것이다. 필자의 학계로의 진로 결정에 남세진 교수의 역할은 절대적이었다고 할 수 있으며, 이 책을 집필하게 된 연유이기도 하다.

또한 남세진 교수와의 인연은 그 후 1982년 7월 11일 필자의 결혼 주례를 맡으면서 더욱 깊어졌다. 필자의 결혼 주례는 처음에는 당연히 하상락 교수가 맡기로 했었다. 당시 학부뿐만 아니라 대학생 졸업자들 모두 서울대 사회복지학과를 창설하신 하상락 선생님이 주례를 맡는 게 당연시되던 시절이었을 뿐만 아니라 필자의 경우는 특히 하 선생님의 은퇴 때 마지막 학과 조교로 섬겼기 때문에 당연히 하 선생님이 적극 맡아 주시기로 하셨다. 그런데 결혼 이틀 전에 하 선생님 가정에 초상이 생겨 부득이하게 하 선생님이 남세진 교수에게 주례를 하루 전에 부탁하시게 되었고, 필자는 남세진 교수의 서울대 사회복지학과 첫 주례 제자가 된 것이다. 이 때 남세진 교수의 나이는 47세였다. 결코 적은 연령은 아니었으나 당시에는 워낙 하 선생님이 제자 주례를 도맡아 하셨기 때문에 하상락 교수가 은퇴한 이후에도 한 동안 제자들 주례는 하 선생님이 도맡으셨다.

필자가 결혼할 때는 청주대학교 사회복지학과 전임강사로 재직하던 때였는데, 결혼식은 시청 옆 영국 대사관 정문 앞에 있는 세실극장에서 행해졌다. 7월이라 날이 무척 더운데다가 제자 결혼 주례를 갑작스럽게 처음 서시게 돼 주례사를 하실 때 평소에는 그렇게 호탕하시고 농담도 잘 하시던 분이 직접 써 오신 주례사를 말씀하시는 중에 자주 손을 떠시는 모습을 지금도 생생히 기억한다. 이러한 갑작스러운 주례의 변경은 남세진 교수와 필자가 하늘로부터 부여받은 특별한 인연이라 아니할 수 없다.

이외에도 남세진 교수가 서울대 관악사 사감장으로 보직을 맡고 있을 때, 필자는 대학원 과정에서 사감장 조교를 맡아 2년간 학생들과 기숙사에서 숙식을 함께 하면서 사감장 조교로서의 역할을 통해 보필한 바 있다. 그리고 필자가 1991년 서울대 교수가 된 후부터는 책을 함께 저술하였다. 대표적인 것으로 『한국사회사업(복지)실습 교육지침 및 평가모형개발』(1993), 『한국사회복지론』(1995), 『한국 사회복지의 선택』(1995), 『집단지도방법론』(전정판, 1998) 등을 들 수 있다. 특히 『한국 사회복지의 선택』(1995)은 남세진 교수의 회갑을 기념하기 위해 필자가 주도하여 35명의 제자들이 봉헌하여 만든 책이다. 그리고 2000년 8월 31일에는 정년퇴임을 기념하는 뜻에서 필자의 주도로 한 권의 저서와 논문집 등 두 권을 발간했다. 저서로는 조흥식 외 공저로 『사회복지실천분야론』을 2000년 6월에 발간했으며, 논문집으로는 남세진 교수의 주도로 만들어진 한국사회복지연구회에서 2000년 새천년을 맞아 첫 번째 발간한 전문학술지 『사회복지연구』 제15호를 남세진 교수의 정년퇴임 기념 특별호로 발간하였다. 이후에도 남세진 교수와 필자의 관계는 서울대 교수로서 그가 세상을 떠날 때까지 지속되었다.

남세진 교수가 한국의 '사회복지 인물사 연구' 대상자들 가운데 차지하는 위치는, 1945년 해방 이후 초창기 인물인 김덕준, 하상락, 김학묵, 백근칠 선생과 같은 제1세대 교육자들의 교육을 직접 이어받은 학문후속세대로서 이른바 1.5세대에 속한다고 할 수 있다. 한국에서 처음으로 외국 학문인 일본과 미국의 사회사업학(social work)을 직수입하여, 대학 교육을 통해 한국 사회복지서비스 현장에 활용한 전문적인 사회사업학의 3대 영역인 개인과 가족 중심의 개별사회사업(social case work), 소집단을 중심으로 하는 집단사회사업(social group work), 지역사회조직 및 개발(community organization & development) 중심의 미시(micro) 사회복지 학문을 선구적으로 전파하고 개척한 분들을 제1세대(주로 1950년대 교육자들)라 할 수 있다.

제2세대(주로 1960년대 중반 이후 교육자들)로는 이러한 초창기 한국 미시 사회복지학의 토착화와 함께 사회복지정책, 사회복지행정, 사회보장론 등 거시(macro) 사회복지학을 중심으로 복지국가의 제도화를 시도한 분들을 들 수 있다. 그리고 제3세대(1987년 6월 항쟁 이후 교육자들)는 복지국가 논쟁을 기반으로 한 비교복지국가론을 중심으로 한국 사회복지 학문을 연구하고자 한 세대를 들 수 있다. 마지막으로, 제4세대(2010년대 이후 교육자들)는 정보통신과 인공지능(AI) 등 제3차와 제4차 산업혁명 이후에 사회복지학에 과학기술을 연계시키고 있는 세대라고 할 수 있다.

이렇게 볼 때, 남세진 교수는 제1세대로부터 교육을 전수받아 나름대로 한국 현실에 맞는 교육을 실천하고자 노력하였으며, 한국 사회복지학 학문의 토착화에 대한 인식과 그 실행에도 충실하였다. 그러나 당시 한국의 사회경제적 여건 때문에 복지국가에 대한 구체적인 계획과 큰 그림을 그리지는 못한 한계가 있음은 분명하다. 그럼에도 불구하고, 학문후속세대를 훌륭히 양성하여 제2세대로의 가교역할을 충실히 수행한 점에서, 1.5세대를 대표하는 대표적인 인물 중 한 사람으로 자리매김하여도 충분히 무방하다고 하겠다.

제 2 장

성장과정과 성품 및 신념

1. 성장과정

일여 남세진 교수는 1935년 7월 15일 달구벌 대구에서 남계수 씨와 장순금 씨 부부의 8남매 중 장남으로 출생하였다. 남세진 교수는 부친이 금광 등 채굴 사업을 크게 하신 연유로 어릴 때는 굉장히 부유하면서도 경상도의 가부장적인 엄격한 집안에서 성장하였다. 모친은 독실한 불교신자로서 서울의 큰 사찰인 삼각산 도선사 신도(보살)여서 절의 불사에 상당한 기여를 하였다.

남세진 교수는 명문 경북중학교와 경북고등학교(제35회 졸업생)를 거쳐, 1954년 4월 1일 국립 경북대학교 문리대 사회학과에 입학하여 1958년 3월 28일 문학사를 취득하였다.[2] 경북대학교 사회학과는 1954년에 설립되어 사회학과로서는 국내에서 서울대 사회학과 다음으로 두 번째로 오래된 학과이다.

남세진 교수는 왜 사회학을 택하게 되었느냐에 대한 답으로 항상 다음의 두 가지 점을 강조하였다. 첫째, 사회학과가 신설학과이기 때문에, 더구나 한국에서 서울대 다음으로 두 번째로 신설된 국립대 신설학과였기에 졸업 후에 나아갈 진로가 매우 다양할 것으로 생각했다는 것과, 둘째, 한국전쟁이 휴전으로 끝난 후, 사회 재건·국가 개발의 필요성이 대두되면서

주석

2) 이 당시는 지금과 같은 3월 학기제가 아니라 4월 학기제였다. 장면 내각 때인 1961년 4월 국무회의에서 3월 학기제를 의결한 이후 1962년부터 3월 학기제가 지금까지 내려오고 있다. "해방 후 한국인 교육자와 미군정 학무국에 의해 일제강점기의 4월 학기제와 1년 3학기제는 9월 학기제와 1년 2학기제로 변경되었다. 대한민국 정부 수립 후 문교부에서는 교육법 안을 만드는 작업을 시작하였고, 9월 학기제를 전제로 한 문교부 안을 만들어 국회에 제출했다. 하지만 국회 문교사회위원회에서는 4월 학기제가 규정된 '대한민국 교육법안'을 만들어 본회의에서 통과시켰다. 교육법이 공포된 직후인 1950년 1월에 문교부는 9월 학기제가 포함된 교육법 개정안을 국회에 제출했지만 부결되었고, 1950년 11월 제2대 국회에 교육법 개정안을 다시 제출했지만 이것도 미결되어 원안이 유지되었다. 결국 1952학년도부터 4월 학기제는 법적으로 시작되었다. 이후 장면 내각 때인 1961년 4월 국무회의에서 3월 학기제를 의결했다. 하지만 1961년 5·16 군사정변 일어났고 국가재건최고회의에서는 장면 내각의 3월 학기제 변경 안을 이의 없이 통과시켰다"(김상훈(2020). 해방 후 학기제 변천 과정 검토. 한국교육사학회. 한국교육사학. vol.42, no.4, p.35.).

사회구조나 변화, 빈곤과 질병 문제 등 사회학이 다루는 주제들이 향후 국가 발전과 연결되는 도구로 될 가능성이 높음을 고려했다는 것이다.

남세진 교수는 1958년 3월 경북대 사회학과를 졸업한 후, 그해 1월 서울대학교 대학원 사회학과에 사회사업 전공이 신설됨에 따라 입학시험을 거쳐 사회사업학을 본격적으로 공부하게 되었다. 이 당시 서울대 대학원 사회학과 제1기 사회사업 전공에 입학한 학생은 전체 두 명이었다. 한 사람은 바로 남세진이고, 또 한 사람은 남세진과 함께 경북대 사회학과 1기 졸업생으로서 남세진과 경북대 동기동창인 한남제였다. 한남제는 남세진과 함께 서울대 사회학과 대학원 사회사업학과에 1기로 입학했다가, 1961년 1월 신설된 모교 경북대 대학원 사회학과로 도중에 옮겼다. 이후에 그는 대구대학교(당시 한국사회사업대학) 교수로 있다가 1969년 모교인 경북대 사회학과 교수로 부임하여 32년간 봉직하다가 2001년 8월에 정년퇴임하였다.

남세진 교수는 1958년 서울대 대학원 사회사업 전공의 첫 번째 입학생으로 공부하다가 바로 6개월여 만인 1958년 9월 군 복무 중 신체적 또는 정신적 사유로 인해 군 복무를 수행하기 어려운 경우에 전역하는 의가사 제대를 하지 않으면 안 되게 되었다. 군대 제대 후에 복학하여 강의와 석사논문을 제출하여 일련의 심사과정을 거쳐 1960년 2월 문학(사회사업전공) 석사학위를 받았다. 즉, 1960년에 서울대 대학원 사회학과 사회사업 전공의 첫 번째 졸업생으로 문학 석사학위를 취득하였던 것이다.

남세진 대학원생이 이 당시 1958년부터 1959년 2학기까지 공부한 초창기 사회사업 전공 개설과목을 살펴보면 다음과 같다(서울대학교 사회복지학과 50년사 편찬위원회, 2009).

- 1958년 1학기: 한국사회사업(2), 인간의 성장과 행동(2), 케이스워크(2), 실습(1), 사회사업개론(2), 그룹워크(1)

- 1958년 2학기: 인간의 성장과 행동(2), 실습(1), 사회사업기관(2), 외국사회사업(2), 사회사업행정(1), 지역사회사업(1)
- 1959년 1학기: 사회사업방법론(2), 사회사업제도 및 정책(2), 실습지도(2)
- 1959년 2학기: 실습지도(2), 사회사업연습(2)

이와 같이 대학원 과정에서 수학한 과목 수는 14개 과목이며 총 학점은 30학점인데, 14개 과목 모두를 이수해야 졸업 논문을 쓸 수 있었다. 이 당시 선택과목이 하나도 없었던 이유는 아마도 대학 재정난에 따른 교수 충원은 물론이고 시간강사 충원도 어려웠기 때문일 것으로 추측된다.

이 중에서 대학원 과정에 실습 과목과 실습지도 과목이 학년을 달리하여 개설된 점이 주목된다. 대학원 1학년 과정에서 이수하는 실습은 전문사회사업가가 되기 위한 훈련과정인 반면, 2학년 과정에서 이수하는 실습지도는 장차 현장의 실습지도감독자(supervisor)로 양성하기 위한 교육과목으로서, 슈퍼비전(supervision)을 이해하고 이를 실천하기 위한 교육과정이었다. 이외의 과목들은 학부 과목과 다소 명칭을 달리하고 학점을 줄인 채 학부 내용을 압축한 것에 지나지 않으며, 사회사업에 대한 거시적 조망을 교육시키려는 사회사업제도 및 정책 과목이 개설되어 있는 것이 특징적이라 할 수 있다. 그러나 사회사업의 3대 과목인 그룹워크와 지역사회사업이 케이스워크가 2학점인데 비해 각각 1학점으로 차별을 둔 것은 상당히 이해하기가 어렵다.

이렇게 볼 때, 공식적으로 사회학과로부터 독립된 서울대 사회복지학과(당시 사회사업학과) 설립은 1959년이라 할 수 있으며, 문리대 학부과정부터라 할 수 있다. 그러나 대학원 사회사업 전공 자체는 오히려 1년 빨리 1958년에 문리대 사회학과 내에 전문과정으로 설치됨으로써 정식 학과는 아니지만 커리큘럼 개발이나 교육자 선정 등의 독자성을 갖고서 독립적인 사회사업 학문 자체의 교육은 학과 설립보다 빨리 시작되었다. 이는 당시 사회사업학의 학부 교육의 목표가 전문사회사업가 양성에 있다고 한다면, 대학원 교육의 목표는 전문연구자나 교수요원을 양성하는 데 있었음을 확실하게 보여준다고 하겠다.

그러나 여기서 주목해야 할 점은 대학원 사회사업 전공이 비록 사회학과 내에 설치돼 운영되었지만 커리큘럼이나 강의 등을 하상락, 김학묵, 백근칠 교수 등 세 사람이 모두 실질적으로 담당했던 것이다. 1958년 사회사업 전공 첫 학기에는 대학원 입학생 두 명인 남세진과 한남제를, 그리고 2학기에는 남세진 한 명을 세 사람의 교수가 강의하였다. 이처럼 한 명의 학생에게 세 명의 교수가 교육을 한 것은, 1961년 장인협(그는 1967년 10월 서울대 사회사업학과 전임강사로 임용되어 정식교수가 되었다)이 대학원에 입학한 이후 졸업할 때까지 지속되었다.

1958년에 서울대에서 최초로 대학원 사회사업 전공이 생긴 이후 다음해인 1959년 4월 1일자 대통령령 제1430호 국립학교설치령의 개정에 따라 서울대 문리대에 사회사업학과가 신설되었다. 이 국립학교설치령은 1949년 12월 30일 제정되어, 유치원부터 고등학교까지의 국립학교 설치와 운영에 관한 사항을 규정한 대통령령이었다.[3] 그러나 1995년 12월 29일 국립학교설치령은 폐지되고, 그 내용을 국립대학교설치령과 국립학교설치법으로 이관하였다. 이후 국립대학교설치령은 1997년 12월 13일 고등교육법(법률 제5439호) 제정으로 폐지되었다. 이후 고등교육법 일부 개

주석

3) 한국에서 사회사업 교육이 시작된 것은 해방 이후 미군정 3년 기간 동안 응급구호사업 이외에 보다 체계적인 사회사업이 필요하다는 판단 하에 이화여자대학교에서 야간강좌 형식으로 사회사업에 관한 강좌를 개설하게 된 것에 연유한다. 이를 계기로 1947년에 기독교사회사업과가 이화여자대학교에 설립되어 한국에서 사회사업에 관한 대학교육이 시작되었다. 그리고 외국원조 사회사업가 연합기구인 한국연합회(KAVA)가 결성된 1953년에는 YMCA 연맹의 후원으로 중앙신학교(현 강남대학교의 전신)에 사회사업과가 설립되었고, 1956년에는 대구에 한국사회사업학교(현 대구대학교의 전신)가 설립되었으나 이 두 학교는 학사학위를 수여하는 정규 4년제 대학은 아니었다. 또한 대학이나 학교과정은 아니었으나 사회사업가를 양성하기 위한 목적으로 1956년에 '국립사회사업종사자훈련원'이 설립되었다.

정이 2025년 1월 21일 법률 제20662호로 이루어졌다. 이 개정안에는 수능시험 출제위원들은 3년간 사교육 관련 영리행위 금지, 외국인 유학생 지원 강화, 학교 재정지원 변경 시 광역단체장 의견 수렴을 의무화하는 등의 내용을 담고 있다. 따라서 현재는 고등교육법과 초·중등교육법 등으로 구분하여 국립학교의 설치와 운영에 관한 사항이 규정되고 있다.

그런데 여기서 한국의 최고학부로 간주되는 국립 서울대학교에 사회사업학과가 신설된 과정은, 선진국과 여타 아시아 신생국들의 이른바 고등교육기관인 대학의 최고 학부가 순수이론 학문 중심의 학과로 구성되어 있고, 사회사업학과와 같은 응용 및 실용학문 중심의 학과가 존재하지 않는 것과 비교할 때 매우 특기할 만한 현상이라 할 수 있다. 예컨대, 미국의 경우 대다수 주립이나 시립대학교에는 사회복지학과나 관련 대학원이 설치되어 있지만 명문 사립대학교인 콜럼비아대학교나 시카고대학교 등을 예외로 한다면, 하버드대학교나 프린스턴대학교, 예일대학교 등 이른바 유수한 사립대학에는 사회사업학과나 사회사업대학원이 설치되어 있지 않다. 아시아권으로 눈을 돌려 보더라도 국립대학의 경우 일본 도쿄대학이나 교토대학 등 유수한 국립대학, 중국의 베이징대학, 그리고 타이완의 국립대만대학 내 어느 곳에서도 사회사업학과나 사회사업 유사학과가 설치되어 있지 않은 것과 비교해 보면 잘 알 수 있다.

여기에는 전통적으로 순수 아카데미즘을 표방하는 동아시아 국가 대학의 특성이 강하게 작용한 결과, 실용주의적 학문인 사회사업학이 발을 붙이지 못한 것은 아닐까 추론해 볼 수도 있다. 사실 서울대학교 문리과대학에 사회사업학과를 설치하자는 제안이 제기되었을 때 문리대 교수들의 일반적인 분위기는 사회사업이 간호학처럼 실천적인 분야이기 때문에 문리대에 속할 학문이라고 생각하지 않았다고 한다.[4)]

그러나 서울대학교 사회사업학과 개설의 경우 해방 이후 미군정과 함께 특히 한국전쟁 이후 외국 민간원조단체라는 원조체계의 교육과 문화정책의 주입과 깊숙하게 연관되어 있음을 알 수 있다.

2010년에 이르러서야 일반에게 공개되기 시작한 스탠퍼드대 후버아카이브의 아시아재단 컬렉션[5]은 한국전쟁을 거치며 본격화된 미국발 원조의 회로를 이해하고 규명할 단서를 제공하고 있는데, 서울대 사회사업학과 창설의 배경과 과정의 한 단면을 살펴볼 수 있다. 이러한 아시아재단 컬렉션 중 'Korea Individuals, Kim Hak Mook(Social Work), Box P-59'로 철해진 서류(문서)철을 발견한 서강대학교 인문과학연구소 공임순 연구원(2017)은 "김학묵이라는 에이전시 - 서울대학교 사회사업학과 신설을 둘러싼 미국 발 원조의 회로 - "라는 제목의 학술연구를 통해, 당시의 특수한 냉전문화와 지식의 순환 및 유통의 양상에 대해 우리가 다시 재성찰할 필요성이 있음을 제기하고 있다.

공임순 연구원은 이 파일의 존재에 대해 "서울대학교 현 사회복지학과(이전 사회사업학과) 홈페이지와 학과사무실 문의, 그리고 창과 50주년을 맞아 편찬한 『서울대학교 사회복지학과 50년사』를 두루 살펴본 결과 존 키드나이(John C. Kidneigh) 보고서를 제외하고는 별다른 언급을 찾지 못

주석

4) "사회학과의 이상백 교수, 의대의 나세진 교수(당시 대학원장) 등 일부 교수들만 사회사업학과 설립에 대해 호의적인 생각을 가졌다. 당시 교무과장이었던 사범대학의 한 교수는 사회사업학과가 사범대로 오면 환영하겠다는 입장을 표했을 정도였다"(최원규 교수의 하상락 교수 인터뷰, 1999. 1. 26 참조). 그리고 이러한 응용적 실천학문인 사회사업학이 순수 아카데미즘을 추구하는 여러 학문분야로부터 배척되었던 또 다른 상황은 1975년 서울대 관악산 이전 계획에 따라 문리대가 해체되어 사회과학대학, 인문과학대학, 자연과학대학으로 나뉠 때 재현되었다. 사회과학대학 일부 학과 교수들이 사회사업학과가 사회과학대학에 맞지 않는다는 의견을 개진하여 한때 사회사업학과를 본부 직속학과로 두는 안이 논의된 적도 있었다는 것이다(최원규 교수의 남세진 교수와의 인터뷰, 1999. 1. 16 참조). 이러한 하상락 교수, 남세진 교수의 인터뷰 내용은 필자도 작고하신 두 분으로부터 여러 번 들은 바 있다.

5) 스탠퍼드대 후버 아카이브의 아시아재단 컬렉션은 2010년에야 일반에게 공개되기 시작했다. "미국 제 31대 대통령인 허버트 후버(Herbert Hoover)가 1919년에 설립한 Hoover Institution의 부설 기관인 후버 아카이브에는 약 1백만 권의 도서와 171개국에서 수집한 6천여 종의 컬렉션(archival collections)이 소장되어 있다. 이러한 6천여 종의 컬렉션 중 특히 아시아재단 컬렉션은 2010년에야 일반에게 공개되기 시작했다. 비단 한국뿐만 아니라 미국과 아시아 여러 나라에서도 이 자료의 존재조차 모르는 경우가 많다는 점도 아시아재단 컬렉션의 '현재적' 가치를 역으로 방증해준다. 아시아재단 컬렉션은 미국과 한국뿐만 아니라 아시아를 오간 이동과 교통의 루트를 통해 냉전의 로컬화와 현지화를 구체적인 실례로서 접근하는 단초가 되어줄 것"으로 공임순 연구원(2017: 239-240)은 평가하고 있다.

했다는 점에서, 조심스럽긴 하지만 한국에서 처음 소개되는 자료가 아닐까 싶다"고 피력하면서, 이른바 '김학묵' 파일이 갖는 의미에 대해 다음과 같이 언급하고 있다.

"이른바 '김학묵' 파일은 1954년 미국의 공적 원조에 힘입어 추진된 서울대학교의 '미네소타 프로젝트'와 별개의 원조 회로를 보여주고 있는데, 이 과정에서 카바(KAVA: 외국민간원조단체연합회)의 민간원조는 당면한 필요에 치중된 응용학문 중심의 공적 원조를 보완하고 대체하는 역할을 하게 된다. 서울대학교의 사회사업학과 신설은 바로 이 카바 소속의 유니테리언봉사회(USC)의 주도 아래 한미재단의 재정 지원이 결합되어 유럽을 비롯해 여타 아시아 신생국에서는 좀처럼 찾아보기 힘든 소위 최고학부의 공식 학과로 자리 잡게 되는 지역적 냉전의 특수성을 드러내게 된다."(공임순, 2017: 238).

이른바 '김학묵' 파일이라 불리는 이 문서철은 특정 개인에 대한 지침서이면서 동시에, 일차 자료로서의 '현재성'을 고려한 출처 명시의 의미를 겸하고 있다. 이는 아시아재단 컬렉션의 구성 자체가 "Asia Foundation Records"라는 박스명 아래 국가별 분류를 기준으로, 그 하위에 행정(administration), 개인(individual), 조직(organization), (국제)회의(conference)의 네 범주로 구분되어 있기 때문이다. 특히 프로젝트 팀의 자료 조사에 의하면, 한국과 관련된 아시아재단 컬렉션의 박스는 P-59, P-60, P-61, P-148, P-149, P-150, P-151, P-276, P-277, P-278, P-279, P-280, P-281, P-282의 넘버링을 지닌 총 14개이다. 이른바 '김학묵' 파일은 이러한 분류 기준으로 보자면, Asia Foundation Records, Box P-59, Korea, Individuals, Kim Hak Mook(Social Work)으로 세분화된다. 한 박스에 보통 30~50개의 파일이 담겨 있는 가운데, 한국과 일본 내지 인도네시아, 필리핀과 같은 국가별 분류에 이은 행정, 조직, 컨퍼런스와 더불어 '개인'이라는 하위 범주가 아시아재단 컬렉션의 특징을 이루고 있는 것이다(공임순, 2017: 240). 공 연구원이 이른바 '김학묵' 파일이라고 부른 서류(문서)철은, 특정 개인의 호명인 동시에 그 개인을 둘러싸고 전개된 당대의 맥락과 상황을 함축하고 있다.

이른바 '김학묵' 파일은 두 가지 서류(문서)철로 대별된다(공임순: 256-257). 첫 번째 문서철은 김학묵이 아시아재단 뉴욕 지부의 데이비드 스타인버그(David I. Steinberg)에게 보낸 1957년 7월 6일자 편지를 시작으로, 도미 유학을 마치고 귀국길에 오른 김학묵이 요코하마 정박 중일 때 그가 만나고자 하는 일본의 사회사업가와의 만남을 주선해 달라는 내용의, 뉴욕 지부가 아시아재단 일본 지부로 보낸 1957년 9월 5일자 협조 공문까지를 포함하고 있다.

그리고 두 번째 서류(문서)철은 아시아재단과 김학묵 간의 특정한 관계를 보여주는 1957년 7월 6일에서 9월 5일까지의 서류(문서)철과 별도로 묶여 있는 존 키드나이(John C. Kidneigh)의 총 25쪽에 이르는 '한국의 사회사업교육 조사 보고서(A Report of The Social Work Education Exploratory Mission to Korea)'이다. 이 보고서는 한국의 사회사업교육에 대한 자문을 위해 미국 유니테리언 봉사회(USC: Unitarian Service Committee)[6)]의 지원으로 1954년 여름에 한국을 방문하여 사회사업교육 실태를 시찰한 미네소타대학 사회사업대학원 원장인 키드나이(Kidneigh)가 USC에 제출한 보고서(이하 키드나이 보고서로 칭함)로서, 전체 45쪽에 이른다. 이 보고서에서 키드나이는 서울대학교에 사회사업대학(a school of social work) 설립을 제안하였다. 이 제안에는 구체적인 교과과정의 개요, 교수요원들을 미

주석

6) USC는 원래 2차 세계대전 중이던 1940년에 나치 유럽으로부터 온 피난민을 원조하고 전쟁이 야기한 긴급한 곤궁을 구제하기 위한 목적으로 미국유니테리언연합회(American Unitarian Association)에 의해 설립되었다. USC는 UN의 초청으로 1952년에 한국에 들어와 1955년 5월 2일자로 보건사회부에 외원기관으로 등록됐고(등록번호 73번), 1958년 8월에는 외국민간원조단체한국연합회(Korea Association of Voluntary Agencies: KAVA)에 가입했다. 미국 보스턴에 소재한 USC는 국제적 원조프로그램을 통하여 전문교육, 특히 의학교육, 교사 교육 및 사회사업가 교육에 깊은 관심을 보였다. 이는 피원조국의 재건과 발전에 보다 장기적인

국에 유학시키는 내용 및 프로그램 운영을 위한 미국의 지원 등을 담고 있다. 그리고 시기적으로는 존 키드나이가 1954년 8월 6일 서울대학교 최규남 총장에게 보내는 편지에서부터 자신의 최종 보고서를 매사추세츠 주 보스턴의 파크 스트리트에 본부를 둔 USC로 전송하는 1954년 8월 31일까지를 담고 있다.

이러한 키드나이 보고서의 주요 내용을 보면 다음과 같다(서울대학교 사회복지학과 50년사 편찬위원회, 2009a).

1. 키드나이의 한국 탐방 목적
2. 활동 내용
3. 결과와 임시 결론
4. 서울대학교에 사회사업학과를 설립하는 제안서
5. 계획 예산안

– 부록

1954년 8월 6일, 최규남(Choi Kyu Nam) 서울대학교 총장에게 보낸 서신

1954년 8월 16일, 최규남 총장의 답신

1954년 8월 6일, 이선근(Lee Sun Keun) 교육부 장관에게 보낸 서신

1954년 8월 12일, 이선근 장관의 답신

1954년 8월 6일, 박술음(Park Solemn) 사회부 장관에게 보낸 서신

1954년 8월 13일, 박술음 장관의 답신

영향을 주는 기술원조(technical assistance)의 일환으로 미국정부에 의해 장려되는 대외원조 방식이기도 했다. 이상과 같은 배경으로부터 USC는 한국전쟁으로 황폐화된 한국사회의 재건과 발전을 위해 사회사업가를 교육하는 데 가능한 방법을 모색하기 위해 미네소타대학 사회사업대학원의 키드나이 학장을 파견하고, 3인의 미국유학 비용을 지원하였으며, 서울대학교 사회사업학과 창설을 위한 교재와 자금을 지원하였다. 1955년부터 1957년까지 서울대학교 사회사업학과 창설의 세 주인공이 모두 미네소타대학교에 유학할 수 있었던 것은 USC의 전액장학금 지원에 결정적으로 힘입은 것이다(서울대학교 사회복지학과 50년사 편찬위원회, 2009). 이러한 USC는 1960년대 초반 이후 Unitarian Universalist Service Committee(UUSC)로 이름을 바꾸었지만, USC의 활동 전통은 계속해서 인권과 사회정의를 위한 글로벌 활동에 집중해 왔다. 한국은 특히 1980년대 민주화 운동과 관련된 인권 문제에서 중요한 역할을 했는데, UUSC는 한국의 민주화 운동과 인권 운동을 지지하며, 이를 통해 한국과의 관계를 이어오고 있다.

1954년 8월 7일, Public Health, 키드나이 학장의 서신(발신인명 없음)

서울대학교 사회학과 이상백 교수의 일간지 기고문, "사회사업에 대한 재고: 키드나이 (Dr. Kidneigh)의 한국 방문을 환영하며"

이렇게 볼 때, 이른바 '김학묵' 파일은 김학묵의 도미 유학과 귀국이 이루어진 배경에 대해 존 키드나이 학장의 보고서를 보완한다고 할 수 있다. 다시 말해, 존 키드나이 학장이 1954년 8월 말에 구상했던 내용과 1957년 9월 김학묵이 미국 미네소타대학원에서 수학한 후 귀국함으로써 마무리된 과정을 보여 주는 이 두 개의 분절된 서류(문서)철 사이에는 약 3년간의 시간차가 존재한다. 이 시간차는 존 키드나이 학장이 애초에 구상했던 것과 실제로 실현된 것의 차이를 드러내 주는데, 그 차이에 영향을 준 것은 바로 USC의 지원 기준이라 할 수 있다.

그러나 키드나이 학장이 서울대학교에 사회사업학과를 설치하는 것을 USC에 건의하기까지는 다소의 우여곡절이 있었다고 한다. 서울대학교 사회사업학과 교수를 역임한 김학묵(1987)의 회고록에 따르면, 한국 대학에서 사회사업교육을 시작하고 이 교육을 담당할 교수요원을 먼저 선발하여 미국에 유학시키려는 구상을 갖고 방한한 키드나이 학장은 먼저 사회부 박술음 장관을 찾아가서 김학묵과 함께 이 문제를 협의했다는 것이다. 물론 키드나이 학장 방문 당시인 1954년에 한국에는 이화여자대학교 사회사업과와 중앙신학교 사회사업과 등 2개 대학에서 사회사업 교육을 제공하고 있었다. 이화여자대학교는 1947년 기독교사회사업학과로 한국 최초의 사회사업 교육과정을 개설한 후 1951년 12월 학과명을 종교사업과로 변경하였다가 1954년 종교사업과를 사회사업과로 변경하였고, 1958년에는 사회사업과의 기독교교육전공과 사회사업 전공이 갈라져서 사회사업학과가 독립하게 되었다(이화여자대학교 사회복지학과, 1997: 71-80).

사실 이화여자대학교 기독교사회사업학과는 학교와 교회에서 일할 기독교 신자 교사를 육성하고, 기독교 사회사업가를 길러내어 도시 및 시골 교회를 위해 일할 교역자들을 지도하고, 기독교 학자와 작가를 개발하여 가정과 교회 및 사회에서의 생활은 물론 모든 활동영역에서 지도자가 될 여성을 길러내고자 하는 목적으로 설립된 것이었으나 성과가 미흡하였다.

그리고 중앙신학교는 당시 문교부로부터 학사 학위를 수여할 권한을 인정받지 못하고, 단지 학력만 인정해 주는 학력인정학교였다. 중앙신학교의 사회사업교육은 열악한 학교 환경으로 인해 YMCA 및 여러 교회를 전전하며, 캠퍼스도 없이 어렵게 이루어지고 있었다.

1954년 키드나이 보고서에 의하면, 한국의 사회사업교육 가능성을 타진하기 위해 방한했던 키드나이는 이러한 이화여대와 중앙신학교 등 두 교육기관에서 이루어지고 있는 사회사업교육이 미국의 기준에 훨씬 못 미치고 있음을 다음과 같이 지적한 바 있다. 즉, 이화여자대학교의 프로그램은 선발된 UN 인사들에 의한 자원적 문화강습회 강연 이상으로 활성화되지 않은, 거의 공론에 가까운 것이며, 그리고 중앙신학교의 프로그램은 사회사업이라는 명칭을 지니고는 있으나 사회사업교육 프로그램의 속성을 갖고 있지 않다고 냉철하게 지적했다.

이러한 한국의 사회사업교육의 열악한 상황에 대해 키드나이 학장은 우려하면서 김학묵과 함께 사회부 박술음 장관을 찾아가서 어느 대학에 사회사업학과를 설치할 것인가를 토의한 끝에 우선 고려대학교나 연세대학교에 두는 것이 좋겠다는 데 뜻을 같이 하였다.

키드나이 학장은 먼저 고려대학교를 방문하여 사회사업이 하나의 전문직이며 대학에서 교육을 하여야 한다는 필요성을 유진오 총장이 인식하도록 설득하였으나 아무런 긍정적인 대답을 얻지 못하였다. 이어 그는 연세대학교를 방문하여 백낙준 총장으로부터 사회사업 대학교육의 필요성에 대한 공감을 얻어냈으나, 신학부에 사회사업학과를 설치하겠다는 백 총장과, 신학부로부터 독립된 다른 단과대학 내에 사회사업학과의 설치가 바람직하다는 키드나이 학장의 의견이 팽팽히 맞서 연세대학교에 사회사업학과를 설치하는 일도 무산되었다. 이어 서울대학교 최규남 총장을 만나 논의한 끝에 최규남 총장이 서울대학교에 사회사업학과를 신설하겠다는 결정을 어렵게 최종적으로 내림으로써 그 후에 신설과 관련된 세부 사항에 대해 키드나이 학장과 합의하게 되었다는 것이다.[7)]

국립 서울대학교에 대한 키드나이 학장의 인상은 대단히 긍정적이었음이 그의 보고서에 기술한 서울대학교에 관한 내용에서 짐작할 수 있다. 서울대학교는 서울에서 가장 크고 유일한 국립대학교일 뿐만 아니라 교육기관 중에 상대적으로 최고 높은 지위의 교육 수준을 갖고 있는데, 1954년 현재 총 등록학생 수는 8,000명이며 200명의 교수진이 있다고 지적했다. 유수한 미국대학에서 찾아볼 수 있는 학부와 학과도 있으며, 총체적으로

주석

7) '서울대학교 40년사'(1986)에 따르면, 한국전쟁으로 피해를 입은 서울대학교를 재건하기 위해 필요한 막대한 재원(당시 약 12억 환으로 추산)을 정부로부터 얻는 데 실패한 최규남 총장은 미국 원조당국과 접촉하여 원조를 확보하는 데 성공하게 된다. 초기 30만 달러의 원조를 바탕으로 하여 대규모의 서울대학교 재건계획서를 작성하여 문교부를 경유하여 미국원조기관에 제출하였는데, 미국해외개발본부(FOA)는 이 계획서를 근거로 하여 서울대학교의 교육과 연구 활동의 부흥을 위하여 1953년 농학, 공학, 의학 분야를 중심으로 서울대학교와 원조계약을 체결하게 된다. 이때 FOA 원조계획의 실행을 담당한 곳이 바로 미네소타대학교였다. 미네소타대학교는 그 대가로 계약기간 동안 매년 20만 달러의 수수료를 받았다. 미네소타대학교에서는 원조계획의 수행을 위하여 헤럴드 메이시 교수를 단장으로 하는 사절단을 서울대학교에 파견하였고, 이 사절단의 보고서를 토대로 하여 1954년 9월 28일 미네소타 프로젝트가 확립되었다. 1961년 9월 28일까지 연장된 미네소타 프로젝트에 의해 서울대 총장과 일부 학장들이 각각 6개월씩 시찰 및 협의차 미네소타대학교에 초청되었고, 일반 교수도 1년 내지 3년간 전문 연구를 위해 미네소타대학교에 초청되었다. 강사는 1년간, 조교 및 대학원생은 2년간 미네소타대학교에서 각기 전문분야를 연구하였다. 미네소타대학교는 교과과정, 설비, 수업, 시험방법, 과별 세미나 등에 관하여 서울대학교와 합동연구하기 위해 수시로 교수들을 파견하였다. 이렇게 하여 공대, 의대, 농대를 비롯하여 수의대, 행정대학원, 치대 등의 교수가 파견되었고, 건물 신축비, 실험기자재, 공공행정비 등이 지원되었다. 이러한 이른바 미네소타 프로젝트는 재정지원이 USC에 의해 이루어진 서울대학교 사회사업학과 창설과 직접 관련은 없지만 그렇다고 하여 전혀 무관하다고 할 수도 없을 것이다. 즉, 미네소타 프로젝트의 초청대상이 서울대학교 현직 교수이거나 대학원생이기 때문에 아직 창설되지 않은 학과를 위한 프로그램은 없었다. 그래서 고안된 방법이 USC가 재정을 지원하고, 서울대학교가 귀국 후 채용을 보증하는 형태로 사회사업가 세 명을 선발하여 미네소타 프로젝트와 유사한 형식으로 교수요원에 대한 교육을 시키는 것이었다. 그렇게 하여 서울대학교 사회사업학과 초기 교육을 담당했던 3인(하상락, 김학묵, 백근칠)에 대한 대학원 과정의 교육이 1955년부터 1957년까지 미네소타대학교에서 이루어지게 되었다.

교수진은 한국에서 가장 준비가 잘되고 경험이 많아 보인다고 기술했다. 특히 최규남 총장의 리더십이 돋보이며, 확실한 전문직 사회사업 프로그램을 설립하고 싶다는 긍정적 반응을 보였음을 강조하였다. 또한 서울대학교만이 새로운 사회사업학과 설립의 뜻을 가장 구체적으로 제시하였음을 지적했다. 예를 들어, 강의실과 학과 사무실에 대한 건축 공간을 제공할 뿐만 아니라 미래의 사회사업 교수진을 미국에서 교육받은 한국 사회사업가들로 구성하겠다고 천명했다는 것이다.

또한, 키드나이 보고서에 의하면, 한 명의 사회부(이후 보건사회부) 직원에 대한 직무 안정과 보장을 사회사업학과 신설의 필요조건으로 삼고 있었으며, 키드나이 학장이 최우선적으로 꼽았던 것은 총 8명에 이르는 일차 펠로우 그룹의 선발과 미국 미네소타대학 연수 및 석사학위 수여였다. 이 8명의 한국인 펠로우 그룹은 첫째, 사회학 및 사회사업학을 2년간 공부하고 그 부서로 복귀할 사회부 직원 한 명, 둘째, 서울대학교 교수진 중 사회사업학을 1년 정도 연수한 후 이를 결합해서 가르칠 사회과학 분야의 사회학 및 심리학 전공자 두 명, 셋째, 사회사업과 사회문제 혹은 민간사회단체에서 직무 경험이 있는 한국인들 가운데 2년간 사회사업학을 공부하고 서울대학교 교수로 채용될 다섯 명이었다.

키드나이 학장의 애초 계획과 제안대로라면 한 명의 사회부 직원은 별도로 서울대학교 사회사업학과 교수진으로 5명의 예비인원이 책정되어 있었던 것이다. 다시 말하여, 키드나이 학장이 제안한 계획(plan)에 따르면 "사회사업 또는 사회지원서비스 등에 대한 직무이행 경험이 있는 한국인들 중에서 선택된 5명은 미국의 사회사업대학원에서 1955년 3월 1일부터 1957년 7월까지 사회사업에 관한 학습 과정을 이수하고 귀국 후 서울대학교의 교수진으로 임명되고, 그에 알맞은 봉급을 받는다"고 되어 있었다.

그러나 존 키드나이 학장이 서울대학교 사회사업학과 신설의 최우선적인 고려사항으로 꼽았던 일차 펠로우 그룹의 선정 조건인 첫째, 대학원 수업을 받을 만한 학사학위(법학부 출신)와, 둘째, 충분한 영어 구사력(미군정 당국과의 업무 경험과 한 번의 해외 연수 경험 소지), 셋째, 사회사업학과 교수 지위에 맞는 품성(personality) 소유 등의 세 가지 모두를 고루 갖추고 있는 후보자들을 찾기가 쉽지 않았다.

그래서 결국 이러한 모든 자격요건에 부합되어 최종 선발된 자는 세 사람(하상락, 김학묵, 백근칠)이었다. 즉, 하상락은 일본 중앙대학교 법학부를 졸업한 후 1942년부터 1944년까지 조선총독부 사회과에서 서무업무를 보았으며, 이후 경기도 시흥군청 근무 중에 해방을 맞았다. 해방 후에는 미군정청 보건후생부 후생시설국 시설관을, 그리고 한국전쟁 중인 1950년 11월부터 1953년 1월까지 국제연합민간원조처(UNCAC)의 사회과 후생고문, 이후 USC와 관련 있는 아동 결연사업기관인 양친회(본명은 Plan) 총무를 하고 있었다(최원규, 2024). 하상락의 이력은 키드나이 학장이 기대하던 자격요건에 제일 부합되었다.

김학묵은 보성전문학교 법과(현 고려대 법학과)를 졸업하여 1942년부터 경기도 사회과에 근무하다가 해방 이후 미군정기인 1946년에 경기도 사회과장으로 승진하였다. 1950년에는 국제연합 후원으로 영국에 7개월간 연수를 다녀왔고, 1950년 11월에 사회부 장관이 된 허정에 의해 사회부로 발탁되었다. 그러다 1954년에 보건사회부 사회국 국장서리로 근무하였다(이용교, 2023).

백근칠은 의사가 되려는 목표로 경성의학전문학교(현 서울대 의과대학)에 입학했다가 적성에 맞지 않아 3년 만에 중퇴를 하였다. 김구 선생을 존경하여 만주 등으로 떠돌이 생활을 하다가 구세군 소속의 한 일본인 목사를 만나고부터 인생관이 바뀌게 되었는데, 특히 사회에서 배제되거나 소외된 사람들을 돌보는 일을 하기 시작했다. 해방 후 미군정이 시작한 군사영어학교 1기생 시험에 응시하여 합격하여 1년간 수료한 후 본격적인 사회생활을 하게 된다. 1946년 5월부터 10월까지 미군정청 보건후생부 시설국 후생관으로, 이후 1946년 10월부터 1948년 3월까지 아동보호시설인 국립 목포학원 부원장으로, 이어서 1948년 3월부터 1954년 7월까지 경기도 부천군 대부면의 선감도에 세워진 부랑아 수용시설인 선감학원 원장으로 근무하였다. 선감학원 재직 말기인 1953년 9월부터 1954년 5월까지 8개월간 백근칠은 영국과 이스라엘로 UN기술원호처 후원으로 해외연수를 다녀오게 된다(박경현, 2023).

이들 세 사람은 시험을 통해 선발되었는데, 당시 여러 지원자 중에서 이 세 사람의 영어성적이 월등히 나왔다고 한다.

키드나이 학장의 이런 계획(plan)은 당시 미 대사관 문정관으로 재직 중이던 마커스 쉐르바허(Marcus Scherbacher)[8]를 통해 구체적으로 실현되기 시작하였다. “서울대학교에 사회사업학과를 만드는 데 미국 공보원 원장이었던 쉐르바허가 힘을 써서 USC와 연결시켜 주었고, USC가 미네소타대학교와 연결해 주었다. 그가 해방 후 미군정청에 와서 보사부의 고문을 했으며, 그 사람하고 나하고 아주 친했었는데, 그 사람이 서울대학교 사회사업학과를 만드는 데 주동이 되었다”라고 하상락 교수와의 인터뷰 내용을 최원규 교수(1999)가 기술하고 있는 것을 보더라도 서울대 사회사업학과 창설에 크게 기여한 사람은 쉐르바허라 할 수 있다.

그리고 실제 사회사업학과의 설립에는 후일 서울대학교 교수 및 강사진이 되는 하상락, 김학묵, 백근칠 세 사람의 노력 이외에도 사회학과 이

주석

8) 마커스 쉐르바허(Marcus Shebarcher)는 미국 캘리포니아주립대학에서 사회사업석사(MSW)를 받은 사회사업가이다. 그는 해방 후 미군정청의 행정을 위해 민간인 군무원으로 한국에 오게 된다. 그는 미군정기 보건후생부에서 아동, 노인 등의 시설사업을 담당하였는데, 이 과정에서 하상락, 김학묵과 절친한 사이가 된다. 1954년 여름 미네소타대학교 사회사업대학원의 키드나이 학장이 방한했을 때 키드나이의 활동에 대해 자문하였으며, 1958년에는 서울대학교에서 명예박사학위를 받기도 하였다(‘서울대학교 40년사’ 참조).

상백 교수의 도움도 컸다. 특히 이상백 교수는 아직 사회사업학과 설립 허가가 나지 않은 1958년에 대학원 사회학과에 사회사업 전공이 설치될 수 있도록 주도적으로 도와주었고, 사회학과로 입학한 두 명의 대학원생, 즉 남세진과 한남제에게 사회사업 전공을 권유하여 대학원 과정이 시작될 수 있게 했던 것이다(서울대학교 사회복지학과 50년사 편찬위원회, 2009a).

주지하다시피 서울대학교 사회사업학과의 신설에서 미네소타대학교는 결정적으로 중요한 역할을 두 번 수행한다(서울대학교 사회복지학과 50년사 편찬위원회, 2009a). 첫 번째는 위에서 서술한 것처럼 1954년 미네소타대학교 사회사업대학원 키드나이 학장의 방한 및 서울대 사회사업학과 설치 건의이다. 두 번째의 중요한 역할은 키드나이 보고서에 제시된 것처럼 사회사업학과 설립을 위한 교수요원 3명을 선발하여 미네소타대학교에 유학시켜 교육을 담당하게 했다는 점이다. 그리고 3명의 유학비용과 3명의 귀국 후 학과 설립을 위한 실질적 지원, 즉 정식발령 이전까지 '촉탁' 조교수 및 '촉탁' 전임강사에 대한 급여지원, 학과 도서 등의 지원 등은 USC와 한미재단에 의해 이루어졌다.

서울대학교 대학원 사회사업 전공 1호 졸업생인 남세진이 국비장학생으로 선발된 후 그가 유학한 대학교도 미네소타대학교였다. 유학경비를 국비에서 지원받을 수 있었기에 남세진이 미국 내 다른 대학에 유학하는 것도 가능하였겠지만, 남세진을 포함한 초창기 사회사업학과 교수진이 모두 미네소타대학교에 유학을 가게 된 것에는 서울대학교와 미네소타대학교 간에 미네소타 프로젝트라고 불리는 계획을 통해 긴밀한 관계가 형성되었던 점과, 키드나이 박사의 영향이 컸다(서울대학교 사회복지학과 50년사 편찬위원회, 2009a)고 할 수 있다.

1959년 4월 1일자 국립학교설치령의 개정에 따라 사회사업학과가 서울대학교에 설치된 이후 하상락은 조교수로 발령받았고, 김학묵, 백근칠은 시간강사로 강의하였다. 당시 교수들의 처우가 매우 열악하여 시간강사나 전임강사의 구분이 무의미하였고, 전임교수들도 타 대학에 출강하거나 사회사업 관련 기관에 적을 두고 있는 경우가 보통이었다. 예를 들면, 하상락 교수는 양친회 총무를 겸하고 있었고, 부흥부 산하 지역개발 위원회에서 유급간사를 하였다. 김학묵은 서울시 사회과장을 하다가 후일 허정 과도정부의 보건사회부 차관까지 하게 된다. 백근칠은 개인 카운슬러 직을 처음으로 열어 깡패, 무단가출아동 등을 집에 집단으로 모아놓고 돈을 받고 유료로 상담하였다(최원규 교수의 남세진 교수와의 인터뷰, 1999.1.16.). 후일 백근칠은 한국아동양호회 회장을 역임하였고, 1964년 한국사회봉사회(Korea Social Service Inc.)를 창설하였다.

한편, 교수들과는 달리 1959년에 신설된 서울대 문리대 사회사업학과 1기 입학생 10명은, 당시 서울대 전체 학과 중에서 가장 높은 11.5 대 1의 경쟁률을 뚫고 합격한 수재들이었다. 그러나 당시 사회사업학과 교육 여건은 매우 열악하였다. 몽산 하상락 교수의 작고 때 추모의 글을 쓴 제1회 입학생 10명 중의 한 명인 박우용 동문의 회고에 따르면, 당시의 열악한 상황은 이루 말할 수 없을 정도였다.

"세월이 유수 같다고 하지만, 당시 서울대학교 문리과대학에 사회사업학과라는 신설 학과가 창설되어 제1회 신입생을 선발한다는 프리미엄(premium)에 편승하여 12:1이라는 서울 문리대로서는 보기 드문 높은 경쟁을 거쳐, 막상 입학 절차를 치르고 보니 당시 문리과대학 구내에는 배정받을 연구실과 학과 사무실이 없었습니다. 몽산 선생님의 고교 동기 동창[9] 께서 당시 의과대학장으로 계신 연고로 의대 구내 시체해부실 한 모퉁

주석

9) 이 분은 당시 명주완 학장으로 하상락 교수와 경기고 동창은 맞지만 동기 동창은 아니었다. 명 학장은 1905년에 태어나 1977년에 사망했기에 몽산 하상락 교수보다 경기고 10년 정도 선배라 할 수 있다. 명주완 박사는 한국 신경정신의학의 선구자로, 서울대 의과대학 부속병원 초대 원장(1946.10-1948.4), 서울대 의대 학장(1956.9.28-1960.9.27)과 서울대학교 보건대학원 초대 원장을 겸임하였고, 1966년에는 대한의학협회 회장을 역임했으며, 1970년에는 조선대학교 의과대학 부속병원장으로 봉직하면서 한국 의학계와 보건학 발전에 크게 기여했다.

이를 빌려 학과 연구실과 학과 사무실로 사용하였는데, 입학 면접을 치르고 막상 입학하고 보니 '우리는 감사한다'라는 으스스한 팻말이 서 있는 마당을 지나야만 그 곳에 도달할 수 있었습니다. 학과 사무실에는 당시 경북대학교 사회학과를 졸업하고 군대를 갓 제대한 남세진 선생이 학과 사무실에서 숙식을 하면서 대학원 공부를 하고 있었습니다. 그 2층의 망가져서 떨어져 나가버린 전기배전함 구멍으로 밑을 내려다보면, 흰 천으로 덮인 시체들이 누워서 해부 실습을 기다리고 있기도 하였습니다. 모처럼 늦게 남아 몽산 선생님께서 과제로 주신 원서를 붙들고 시간 가는 줄 모르고 씨름하다가 전기도 안 들어오는 시체 해부실 2층 방에서 어둑어둑해진 바깥에서 비라도 내리는 소리에 기겁을 하여 정신을 차리고 부랴부랴 귀가한 경험도 새삼스럽습니다" (박우용, 2015).

위의 글에서 "군대를 갓 제대한 남세진 선생이 학과 사무실에서 숙식을 하면서 대학원 공부를 하고 있었다"는 구절을 볼 때, 남세진 교수가 의대 구내 시체해부실 2층 한 모퉁이에서 숙식을 하면서 부모의 도움을 받지 않고 스스로 어렵게 고생하면서 공부했다는 사실에 코끝이 찡해진다.

이 당시 학부과정 사회사업학과가 문리대에서 신설된 후 시간강사인 김학묵, 백근칠 두 분은 정식 발령을 받지 못해 학교 밖의 일에 바빠서, 학교 일은 주로 조교수인 하상락 교수가 맡을 수밖에 없었다. 이때 대학원 과정의 남세진은 비록 사회사업을 전공했지만, 당시 사회학과 내에서 공부를 했기 때문에 제1기 입학생인 학부생들과의 만남은 학과 선배로서 주로 스포츠를 통해 이루어졌다.

제1기 입학생들의 회고에 의하면(전봉윤, 조휘일) 제1기 입학생 10명만 있던 시절인 1959년에 있었던 30여개의 문리대 학과별 축구대회에서는 남세진 대학원생을 골키퍼로 세워 놓고 10명 전원이 선수로 뛰었는데, 그래도 준준결승까지 가는 기염을 토했다. 이후 학과생들의 단결과 단합에는 축구, 배구, 농구 등의 스포츠들이 크게 활용되었다. 서울대 사회사업학과 초창기 학생들은 대한태권도협회 최초의 공인 자격 1단(명예 9단)을 가진 남세진 조교로부터 태권도를 강습받은 적이 많았으며, 남세진 교수는 스포츠 만능선수로서 특히 테니스는 발군의 실력을 발휘하였다. 여러 해 동안 전국 국공립대 교수 테니스 대회에서 장관상을 받았으며, 문리대 교수 시절이나 1975년 관악 캠퍼스로 이사 온 이후 사회과학대학 교수 시절에도 한결같이 테니스 복식과 단식에서 수차례 수상을 하였다.

따라서 남세진의 학부생과의 본격적인 관계는 군대 문제로 인해 1959년 여름방학이 지난 후인 제1기 학부 신입생의 2학기부터라 할 수 있다. 서울대 대학원 사회사업 전공을 수학한 최초의 졸업생인 남세진 교수는 1960년에 석사학위를 취득한 후 1960년 4월부터 1961년 3월까지 1년 동안 서울대 사회복지학과 제1대 조교로 재직하였다. 그가 하상락 교수와 시간강사인 여러 교수들을 도와 학생들을 이끌게 된 이후부터 학부 학생들과의 관계는 상당히 돈독하게 되었다. 이렇게 스포츠를 통해 형성된 사회사업학과의 단합된 힘은 이후 서울대 사회복지학과의 전통으로 굳어지게 되었는데, 이는 초창기 남세진 교수의 헌신과 학생들에 대한 사랑과 열정의 힘에 의해서라 할 수 있다.

이처럼 조교를 끝낸 후인 1961년 4월부터 미국 미네소타대학교 사회사업대학원에 유학가기 전인 1962년 6월말까지 남세진 교수는 서울대 시간강사로서 학부생들을 교육하기 시작하였다. 사회사업실습, 사회사업조사, 사회문제 및 실습 등을 주로 가르쳤다. 이어 국비유학생 시험에 합격한 남세진은 귀국 후 서울대학교 사회사업학과 교수로 임용된다는 서울대학교의 보증을 받고 유니테리언봉사회(Unitarian Service Committee, USC)의 재정지원을 얻어 자신의 스승인 하상락, 김학묵, 백근칠 교수들이 그렇게 했던 것처럼 1962년 7월에 미국 미네소타대학 사회사업대학원에 입학하여 2년간 유학하였고, 1964년 5월 사회사업석사를 획득한 후 7월에 귀국하게 된다.

이와 같이 서울대학교에서 석사학위를 취득했던 남세진이 굳이 또 다른 석사학위를 받기 위해 미국 유학을 결심하게 된 데에는 서울대 사회사업학과 교수가 되려면 외국에서 석사라도 마칠 것을 강요한 하상락 교수의 교수요원 충원 구상이 작용했기 때문일 것이다. 즉, 하상락 교수는 학과 창설 초창기에는 오직 서울대 제자들만 교수로 충원하는 계획을 세움으로써 외부인사가 사회사업학과 대학원 교과목을 강의하지 못하도록 하였다. 백근칠 교수에게 한 과목을 강의하게 한 것 이외에 다른 과목 모두를 하상락 교수 자신이 힘들지만 기꺼이 강의를 맡았다. 서울대 사회사업학과가 생긴 지 얼마 되지 않았기 때문에 서울대를 잘 모르는 외부강사가 정식으로 충원돼 들어오면 학과 내에 갈등이 생길 것을 염려하여 오직 제자들만 외국에 보내 유학시킨 후 교수요원을 시킬 생각을 했던 것이다. 이러한 대상에 든 인물들은 남세진(미네소타대 유학), 장인협(아이오와대 유학), 김상균(영국 유학), 나병균(프랑스 유학) 등이었는데, 이 중 나병균을 제외한 상기 3인은 실제로 후에 서울대학교 교수로 발령을 받았다(최원규, 2024).

한편, 남세진 교수의 경우, 귀국 후 서울대학교 교수로 임용해야 한다는 서울대학교의 보증을 USC가 강력히 요구한 것은 앞선 3인의 교수요원 중 하상락 교수만을 정식 교수로 임용하고 김학묵, 백근칠 두 분을 교수로 임용하지 않은 것에 대해 유학비용과 학과 개설 비용을 지원했던 USC가 서울대학교 본부에 정식으로 문제 제기를 이미 한 적이 있었다. 그러나 당시 서울대의 빈약한 재정 문제로 인해 약속대로 시행을 할 수 없었던 처지를 알고서는 더 이상 USC는 서울대에 이의를 제기할 수가 없었지만, 남세진 교수의 경우에는 형편이 좀 나아진 서울대에게 USC가 강하게 제기하여 결국 성사를 시켰다.

남세진 교수가 미네소타대학교 사회사업대학원에서 받은 교육과정은 하상락 교수가 받은 것과 똑같았지만, 남세진 교수는 귀국 후의 활용가치를 고려하여 개별지도, 집단지도, 지역사회조직 등의 사회복지기관들에서 폭넓고 다양하게 실습 경험을 쌓고 귀국하였다. 귀국하자마자 남세진 교수는 집단지도론, 사회사업조사 등을 강의하게 되었다. 결국 남세진은 귀국 1년 후인 나이 30세 되던 1965년 6월 1일자로 서울대학교 사회사업학과 전임강사로 발령받음으로써 하상락 교수에 이어 서울대 사회사업학과에서 두 번째 정식교수가 되었다.

이처럼 남세진 교수는 1965년 6월 서울대 문리대 전임강사로 부임한 이후 2000년 8월 31일 정년퇴임 때까지 35년 동안 서울대 교수로 재직했다. 은퇴한 해인 2000년 11월 17일에 서울대 명예교수로 추대된 이후, 3년 째 되는 2003년 2월 4일 오후 12시 30분에 서울대 병원에서 지병인 간암으로 만 67세를 일기로 세상을 떠났다. 당시 '문화일보'의 〈국화〉라는 이름의 지상 코너에, 별세한 유명 인사들의 소식을 전해 주는 당시 기사(2003년 2월 5일자)를 그대로 옮겨 보면 아래와 같다.

"빈민지역 학생들의 교육여건 개선을 위해 진력해온 남세진 서울대 사회복지학과 명예교수가 4일 오후 12시30분 서울대병원에서 간암으로 별세했다. 68세."

대구 출신으로 경북대 사회학과와 서울대 대학원 사회사업학과를 졸업한 고인은 64년부터 서울대에서 강단에 섰고, 기숙사 초대 사감장과 학생처장 등을 지냈다. 집단지도방법론을 전공한 남 교수는 '잘 살든 못 살든 배움의 기회는 누구에게나 공평해야 한다'는 지론에 따라 70년부터 90년대 초까지 주말마다 대학 제자들을 이끌고 난곡과 서초동 꽃마을 등 서울의 대표적 빈민지역 학생들을 찾아 학습지도활동을 폈다.

고인과 두터운 친분을 유지했던 조흥식 서울대 사회과학대 부학장은 "선생님은 80년대 초반 학생처장 재임시절 집안형편이 넉넉지 못한 지방학생들을 위해 직접 장학금을 내놓기도 했다"면서 "천성적으로 어려운 처지에 놓인 사람들을 그냥 봐 넘기지 못하는 성격이었다"고 전했다.

유족은 부인 전남수 씨와 아들 윤석(삼성전자 기술개발실 팀장), 딸 윤경(미국 유학) 씨로 장례는 고인의 유언에 따라 화장장으로 치러진다. 발인 6일 오전 10시 경기도 고양시 벽제화장장 02-760-2011.

2. 가족

현재 남세진 교수의 가족은 전남수 여사와 자녀로 1남(남윤석) 1녀(남윤경)를 두고 있다. 전남수 여사는 남세진 교수보다 한 살 어린 1936년 4월 9일생으로, 이화여자대학교 사회사업학과에 1957년에 입학하여 졸업 후 명동 YWCA 슈퍼바이저급 간사로 근무를 하였다.

남세진 교수와 전남수 여사와의 첫 만남은 남세진이 미국 미네소타대학원 석사학위를 받고 귀국한 후 서울대 사회사업학과 시간강의를 하던 1964년 가을학기 때였다. 남세진 교수가 서울대 사회복지학과 집단지도 과목의 실습담당 교수로서 이 당시 집단지도에 관심이 있는 학생들이 가는 기관으로는 YMCA, YWCA, 한국청소년연맹, 직업훈련원 등이 있었다. 이 당시에는 실습학생을 실습하도록 승인하고 받아들인 기관의 슈퍼바이저에게 대학의 실습담당 교수가 한 학기에 한 번 이상 방문하여 학생 실습에 대한 상의를 반드시 하도록 하는 게 실습교육 지침에 있었다. 그래서 1964년 당시 서울대 사회복지학과 4기 입학생(1962년 입학) 이영화 학생(대학 졸업 후 미국으로 이민을 가서 미시건 주 공무원 및 정신보건사회복지사로 오래 근무한 후 3년 전에 작고)을 3학년 2학기 때 명동 YWCA 중앙회에 실습을 하도록 보냈는데, 이 때 슈퍼바이저가 바로 전남수 여사였다.

전남수 여사와의 인터뷰(2025년 3월 20일, 오전 11시-11시 50분; 5월 22일, 오후 12시 30분-2시 30분)를 통해 들은 얘기로는 남세진 교수와 전남수 여사와의 첫 만남은 1964년 10월에 있었던 YWCA Y-teen 지도자 강습회에서였다고 한다. 이 때 초청된 특별강사가 남세진 교수였고, 이를 주선해 준 사람이 바로 남세진의 스승이었던 하상락 교수였다. 이때 남세진 교수 나이는 29세, 전남수 여사는 28세였다.

"첫 만남 자리인 강습회에 하상락 교수님이 남세진 교수를 직접 데리고 와서 청중들에게 소개를 했을 뿐만 아니라, 끝난 후 두 사람이 만나도록 주선해 준 분도 하상락 교수님이셨죠. 제가 남세진 교수를 처음 만난 인상은 얼굴은 까맣고, 매우 건강하게 보였지만 그냥 평범한 젊은 노총각 교수였지, 쏙 마음에 드는 나이스(nice)한 인상은 아니었어요. 물론 저도 당시에는 노처녀였지만요. 그래도 이후 실습담당자와 실습지도교수로서 공식적으로 만나다보니 마음에 들게 되었죠. 남 교수는 매사에 자신감이 넘치는 모습을 지니고 있었어요. 그렇지만 성격은 경상도 남자의 기질을 가져 고집과 자기주장이 강했어요."

결혼식은 이듬해 1965년 3월 22일에 하게 되었는데, 이때 주례는 당연히 남세진 교수의 스승인 하상락 교수가 맡았다. 하상락 교수의 서울대 사회복지학과 제자로서는 첫 주례였다. 이후 일상적인 가정생활에 대해 전해 준 전남수 여사의 얘기는 다음과 같다.

"8남매 중 장남으로서 부모님에 대한 효심은 매우 컸었어요. 저는 크리스천 집안에서 태어나 잘 참고 견디는 편인데, 불교 집안에서 태어나 자란 남편은 완고하고 고집이 세며, 경상도 남자의 기질대로 나를 사랑하면서도 부모를 우선 생각하는 편이었어요. 그러다 시아버님이 돌아가신 후 몇 년 있다 시어머님이 서울 저희들 집에서 기거하게 되셨죠. 돌아가시기 전까지 저희 집에서 모셨어요. 사실 대가족이었지요. 그러니 독실한 불교 신자이신 시어머님[10]과 기독교 신자인 저의 관계가 항상 좋을 수는 없었죠. 간혹 갈등이 있을 때는 무조건 크리스천인 제가 믿음과 기도로 갈등을 혼자 참으며 해결해 나갔어요. 물론 사회사업학의 영향도 있었겠죠.

우리 부부에게 자녀는 둘인데, 하나님 은혜로 과외를 시키지 않았는데도 자신들이 노력하여 비교적 쉽게 대학과 대학원 진학을 했어요. 첫 아들(남윤석)은 대학 졸업 후에 미국 일리노이대학 공대 전자공학과 박사학위를 받은 후 미국 내 삼성 IT 분야 전문가로 취직했어요. 이후 수년 동안 미국에 있다가 결혼 후 중국 지사로 가서 지내다 올해 퇴직 후 한국에 돌아왔는데, 손자로 1남 1녀를 두고 있어요. 둘째 딸(남윤경)은 숙명여대 성악과 학부, 석사과정을 졸업한 후 미국에 가서 인디애나대학 작곡 석사학위, 지휘 박사학위를 받은 후 현재는 뉴저지 주에 있는 미국인 교회 음악감독으로 재직하고 있으며, 이따금 주립음악회나 시립음악회 지휘를 하는 등 활동을 하고 있어요. 외손자로는 2녀를 두고 있어요.

제 남편 남세진 교수는 저와 우리 자녀들에게 잘 하려고 하고, 충실하게 가정을 돌보려고 했으나 마음뿐이었고, 서울대 보직을 많이 맡았을 뿐만 아니라 학회장, 정부 위원회 위원장, 국제대회 참석 등 늘 바깥 일이 너무 많아 제가 가정 일을 도맡아했어요. 그리고 저는 자녀들에게 아버지의 바쁜 사정과 형편을 이해시키면서 남편에 대해 늘 존경하는 태도와 정성껏 모시는 모습을 보여줌으로써 남편이 자녀들과 다른 사람들로부터 존경을 받도록 하는 데 힘을 썼어요. 남편은 특히 딸을 좋아했지만 두 자녀를 키우면서 어릴 때 자녀들과 함께 하지 못한 점을 가끔 후회하기도 했어요. 저도 그런 점에서는 후회되는 바가 있지만 그래도 제 삶은 오직 크리스천으로서의 충실한 삶을 살았다고 봐요.

주석

10) 남세진 교수의 모친이자, 전남수 여사의 시어머니인 장순금 여사를 필자는 대학원 조교 때 남세진 교수의 부름으로 댁에 가게 되면 이따금 뵐 수 있었다. 경남 진주 출신의 청담스님을 존경하여 대구에 살고 있을 때도 자주 서울에 올라와서 큰 사찰인 삼각산 도선사 주지스님이었던 청담스님을 도와드렸다는 얘기를 두세 번 본인인 장순금 여사로부터 들었었다. 청담스님은 1962년부터 1967년까지 도선사 주지로 지냈으며, 1968년부터 조계종 총무원장 등을 지냈고, 1971년 입적하여 조계사 종단장으로 장례를 치렀는데, 그는 대한민국의 불교 정화와 발전에 크게 이바지한 분이다. 장순금 여사는 남편을 여읜 몇 년 후인 1970년대 후반에 서울 장남집인 남세진 교수 집에 기거하게 되어 이때는 이미 청담스님은 입적하셨지만 자주 도선사나 조계사에 다녔다. 말년에는 남세진 교수 댁에서 치매로 어려움을 겪다 세상을 떠났다.

그러다 남세진 교수가 당뇨 합병증으로 50대 중반부터 서울대 병원에 다니신 후 바깥일을 덜 하시게 되어 오히려 좋았어요. 집에 계시는 시간이 많아지게 된 거죠. 그후에 시어머님이 저희들과 함께 살게 된 후부터 불편한 점은 있었지만 신앙으로 잘 이겨낸 것 같아요. 특히 세상을 떠나시기 전에 치매에 걸려 제가 수발하느라 고생은 했지만 교회 권사로서 시어머님을 전도하려고 노력했는데, 그래도 마지막 세상을 떠날 즈음에 기독교 전도에 응함을 받아주셔서 지금도 너무 감사하게 생각해요. 남편은 아픈 가운데서도 성경을 읽고, 하나님께 매달리며 기도하는 모습을 보여 주어 돌아가시기 2년 전에 교회 안수집사 직분을 교회 성도들의 투표에 의해 당당히 받게 돼 하나님의 은혜라 생각하면서 너무 기뻤었죠. 정말 하나님의 사랑은 끝이 없다고 생각해요."

이처럼 전남수 여사는 남편 남세진 교수의 바깥일을 잘 할 수 있게 하기 위해 어쩌면 자신의 삶을 희생하면서도 자녀들을 잘 키우고, 대가족 가정을 잘 지켜냈다고 할 수 있다. 그런 점에서 남세진 교수의 집단사회복지와 조직리더십의 강력한 발휘는 아내와의 전통적인 역할 분담인 남성은 바깥일, 여성은 집안일이라는 전형적인 가부장제의 산물이었으며, 이러한 가부장제의 테두리를 완전히 벗어나지 못한 이율배반적인 측면을 남세진 교수에게서도 발견하게 된다. 아마도 당시 시대적 상황의 한계로 볼 수도 있지만, 전남수 여사가 YWCA에서 계속 전문적인 활동을 꾸준히 할 수 있도록 남편의 외조가 있었더라면 남세진 교수와 맞먹는, 여성계에서 상당히 알아주는 여성 지도자가 분명히 될 수 있었을 것으로 애석함을 토로하는 제자들이 아직도 많다.

3. 성품 및 신념

남세진 교수는 다재다능하고 다정다감한 교수로서 어느 누구와도 깊은 친화력을 보여 주었다. 작고하시기 전에 직접 남세진 교수 댁에서 모친 장순금 여사가 이야기한 것을 들어보면, 어릴 때부터 외향적인 성격을 가져 사람들과 어울리는 것을 좋아하고, 과묵한 가운데 고집이 대단하였으며, 매사에 지기 싫어했다고 한다.

필자가 남세진 교수의 방에서 학부 3학년 때부터 여러 해 동안 조교가 되기 전 단계인 조수의 역할과 조교 생활을 거치면서, 그리고 서울대 교수직을 수행하면서 그의 작고하기까지 가까이서 지켜 본 바에 의하면 남세진 교수는 첫 번째로, 그 누구보다 사람을 중심에 두고 소중히 대하는 성격을 가졌음을 알 수 있었다. 다시 말해서 복지 마인드를 풍성히 지닌 배포가 큰 분임을 간파할 수 있었다. 특히 쩨쩨하지 않고, 외향적이고 사교적인 성격을 지녀 여러 유형의 다양한 사람과 소통하는 걸 좋아했기에 어떤 모임, 파티, 회식 등에서도 유머감각을 발휘하거나 때로는 허풍도 과시하면서 자연스럽게 그 모임의 중심인물이 되는 적이 많았다.

전 국민연금공단 상임이사, 건강보험심사평가원 설립위원으로 활동했던 1961년도 입학생(서울대 사회복지학과 3기) 남광성 제자는 "대학시절 유감"이라는 글에서 "고 남세진 교수님이 귀국하시어 집단지도론을 강의하시는데 강의 내용보다는 영웅담이 훨씬 더 매력적이었고 'Start as it is'란 주장이 아직도 생생하다"고 회고하였다(서울대학교 사회복지학과 50년사 편찬위원회, 2009a: 396).

그의 이러한 사교적인 성격을 뒷받침해 준 수단은 네 가지였다. 첫째는 술이었다. 청탁을 가리지 않고 말술을 마셨는데, 어느 모임에서든 술 먹기 게임에서는 지는 적이 없었다. 학회나 외국 여행 중에도 밤에 2차, 3차는 기본이었으며, 아침에 일어나서도 해장술로 사이다를 따르는 유리잔에 소주를 그득히 담아 단숨에 마시곤 했다. 이 당시 사회복지학계에서 이름 난 호주가는 남세진 교수, 성심여대(현재 가톨릭대) 김융일 교수, 부산대 신섭중 교수, 서울대 최일섭 교수였다. 이 네 사람이 만나면, 소주든 맥주든 박스째 들고 와야 할 정도였다. 이 네 사람에다 여성 교수로는 술은 많이는 못 들지만 호기가 있어 늘 술자리를 채워주면서 여장부로 불리는 이화여대 문인숙 교수가 있었다.

급기야 술 앞에 장사 없다는 옛 말이 하나도 틀리지 않은 것이, 이러한 말술을 마시던 남세진 교수도 50대 중반부터 세상을 뜨기까지 병원 신세를 톡톡히 졌다. 서울대 병원에서 남세진 환자는 '걸어 다니는 종합병동'으로 너무나 잘 알려져 있었다. 당뇨 합병증에 의해 한 쪽 눈은 거의 실명에 가까운 극심한 시력 약화가 생겼으며, 간도 좋지 않아 초기에 병원 다닐 때는 신장 투석을 일주일에 한 번 정도 했으나 몇 년이 지나고부터는 서너 번씩 투석 치료를 받았다. 이 외에도 간경화, 간암, 폐렴, 폐암 등 온갖 질병에 시달렸다. 의사들은 환갑을 넘기기가 힘들 것으로 진단했지만, 다행히 정년퇴임도 하게 되었고, 퇴임 후에도 3년 가까이 생을 유지하였다. 그나마 이렇게 생을 유지할 수 있었던 것은 순전히 독실한 교회 권사 사모님의 지극한 사랑과 배려가 담긴 간호와 함께, 간절히 하나님께 드리는 기도 덕분이라고 모든 사람들은 이구동성으로 말하곤 했다. 이렇게 보면 정말 남세진 교수는 하늘로부터 복 받은 사람이라 할 수 있겠다.

둘째는 담배였다. 매일 담배 한 갑을 피웠는데, 연구실 조그만 방이 담배연기로 가득한 적이 많아 늘 강의를 하러 나갈 때에는 꼭 창문을 열어 놓을 것을 당부하였다. 그리고 남세진 교수는 멋과 취미의 상징이 되는 파이프 담배도 즐겼는데, 수시로 파이프 담뱃대 청소를 위해 파이프 클리너로 날렵한 손질을 하곤 했다. 한 번은 필자에게 파이프 담배에 대해 자랑하시면서, 담배 채우기 - 불붙이기 - 천천히 흡입하기의 순으로 파이프 담배 피우는 법을 가르쳐 주었다. 평소 강의 때보다 더 진지하게 가르쳐 주어 필자도 영국 국제심포지엄에 갔을 때 파이프 담배를 사가지고 와 남교수에게 선물로 드린 적이 있는데, 너무 좋아하셨다.

셋째는 노래였다. 남세진 교수는 노래를 퍽 잘 하는 편은 아니었지만 많은 사람들에게 호감을 주는 저음이 매력적이었다. 그리고 감정을 몰입하여 소리를 가사에 담아내었기 때문에 술좌석에서는 인기가 매우 좋았다. 그가 좋아하여 평소에 잘 부르는 노래는 네 곡이 있었다. 프랭크 시나트라(Frank Sinatra)의 '마이 웨이(My Way)', 토니 베넷(Tony Bennett)의 '내 사랑 샌프란시스코(I Left My Heart in San Francisco)', 김도향 가수의 '난 참 바보처럼 살았군요', 이남이 가수의 '울고 싶어라' 등이 그것이다. 그 중에서 부드러운 음색과 감성적인 표현력이 매우 멋졌던 토니 베넷이 불러 히트를 쳤던 그의 대표곡 '내 사랑 샌프란시스코(I Left My Heart in San Francisco)'를 부를 때는 눈을 지그시 감고 옛날의 추억을 담아서 불렀기에 그 사연이 깊다.

I left my heart in San Francisco	나는 샌프란시스코에 내 마음을 두고 왔어요.
High on a hill, it calls to me	언덕 위 높은 곳에서, 나를 부르고 있어요.
To be where little cable cars	작은 케이블카가 별까지
Climb halfway to the stars	올라가는 반쯤 되는 곳에 있고 싶어요.

남세진 교수가 미국 유학 시절 샌프란시스코에서 우연히 그리스의 왕족 출신인 한 백인 여성(남세진은 그 여성을 항상 공주라 불렀다)을 만나게 되어 당시로서는 보기 드물게 첫사랑을 하다가 결국은 헤어지게 됨으로써 늘 추억의 하나로 간직하면서 불렀기에 듣는 사람 모두에게 감동을 준 노래라 할 수 있다. 어쩌면 아무나 할 수 없는 낯선 이국 여성과의 첫사랑의 회한이 깊게 숨어 있어 더욱 애절하게 불렀는지도 모른다.

넷째는 스포츠였다. 남세진 교수는 자타가 공인하는 만능선수였다. 경북대학교 학생 때 태권도 공인 1단을 획득했는데, 당시 한국태권도협회가 처음 생겨 첫 공인을 받은 50명의 선수들 중 한 명이었다. 이후 10년이 흘러 명예 9단으로 인정받았다. 또한 전국 국공립대학교 교수 테니스대회에서 단식뿐만 아니리 복식에서도 여러 번 우승할 정도로 테니스 실력이 뛰어났다.

그의 스포츠 만능선수로서의 심벌마크는 뭐니 해도 태권도였다. 태권도와 관련하여 미국 유학 시절 에피소드가 있다. 보통 외국에서 한국 태권도 실력을 보여주는 것은 격파, 즉 합판이나 벽돌 깨기였다. 미국 학생들을 비롯한 외국 유학생들에게 한국의 태권도 실력을 보여 주려고 처음에는 합판 두 장, 다섯 장, 나중에는 합판 열 장을 깨기로 약속을 하게 되었는데, 몇 번 시도하다 결국은 모두 성공했다는 것이다. 그후 소문이 나서 이번에는 벽돌을 깨는 데까지 가게 돼 당시 여간 고민이 아니었다고 했다. 며칠 동안 열심히 격파 연습을 했지만 한 개도 깨지지 않아 고심하다가 약속한 당일에 벽돌에 수건을 둘러 몇 번이나 시도하다가 손만 다치게 된 사연을 재미있게 이야기 해주곤 했다. 너무 뻥을 치다가 낭패를 당한 이야기를 제자들에게 솔직히 해 준 것이다.

남세진 교수의 두 번째 성격의 특징은 타인의 감정과 관계성을 매우 중시했던 점을 들 수 있다. 남세진 교수는 낯가림이 거의 없고 새로운 사람도 잘 챙겼고, 타인의 감정에 민감하고 잘 배려해 주려고 했으며, 갈등 상황을 싫어하여 모두가 화목하길 바라는 마음이 가득했다. 특히 누군가 힘들어하면 가만히 못 있고 도와주려고 하였다. 학생처장 시절에 사비를 털어 가난한 지방 학생들 서너 명에게 장학금을 대 준 얘기는 오히려 사회복지학과에는 별로 알려져 있지 않지만 남세진 교수와 절친한 몇몇 교수들은 어느 정도 아는 사실이다.

필자가 학생운동 동아리에서 나와 고민하고 있을 때 바로 찾아가 상담할 수 있었던 계기도 바로 이러한 면을 남세진 교수에게서 평소에 느낄 수 있었고 그를 진심으로 신뢰할 수 있었기 때문이었다. 그래서 학생들 가운데 마음을 터놓고 얘기를 나눌 수 있는 교수님을 선택하라고 하면 남세진 교수가 늘 뽑혔다. 1960년 4월 1일 서울대 사회복지학과 초대 조교로 출발하여 2000년 8월 31일 정년퇴임까지 40년 5개월 동안 남세진 교수 뒤를 이어 온 사회복지학과 조교는 41대까지 이어져 왔으며, 그 동안 조교의 전체 수는 모두 41명이었다.

조교 1대 남세진, 2대 장인협, 3대 서기택, 4대 이찬벽, 5대 김영욱, 6대 황국희, 7대 최일섭, 8대 김성이, 9대 김상균, 10대 백봉태, 11대 나병균, 12대 임종대(강암구 이름으로 실제로는 임종대 근무), 13대 조흥식, 14대 감정기, 15대 김지윤, 16대 김종해, 17대 남구현, 18대 백종만, 19대 박종우, 20대 신은주, 21대 오정수, 22대 최원규, 23대 윤찬영, 24대 이영환, 25대 최균, 26대 이인재, 27대 류진석, 28대 권문일, 29대 정원오, 30대 김성한, 31대 홍경준, 32대 오승환, 33대 이상록, 34대 손병돈, 35대 진재문, 36대 김진구, 37대 유동철, 38대 여지영, 39대 권혁창, 40대 정선욱, 41대 여유진 조교(2000.3-2001.2)로 계속 이어져 온 것이다.

서울대 제자들 중 몇 사람, 특히 가장 가까이서 접했던 조교로 일하는 기간 동안 남세진 교수와의 만남을 회고한 다음의 글들(서울대학교 사회복지학과 50년사 편찬위원회, 2009b)을 살펴보면 스승으로서 제자들에 대한 애정과 배려의 마음을 접할 수가 있다.

- 임종대 교수(서울대 69학번, 한신대 사회복지학과 교수 은퇴)의 회고 글

"내가 서울대 사회복지학과 조교로 실제 근무한 기간은 1976년 2학기부터 1979년 2월까지 약 2년 6개월이었던 것으로 기억됩니다. 그러나 나는 지금까지 서울대학교에서 내 경력증명서를 발급받을 수가 없습니다. 서류상으로는 당시 대학원에 재학 중이었던 강암구 동문(14기) 명의를 빌어서 조교발령을 받아 놓고 실제 근무는 내가 했기 때문입니다. 이렇게 된 데는, 내 학생운동 경력을 문제 삼아서 당시 유신 총장이라 불리던 윤천주 씨를 중심으로 한 대학 당국이 임종대(林鍾大)의 사회복지학과 조교발령

을 한사코 거부했는데, 이런 대학당국의 부당한 처사에 대해서 사회복지학과의 대부(Godfather)이자 학과장이셨던 하상락 교수님이 한사코 저항을 했기 때문입니다. 즉, 전대미문의 서울대학교 조교 위장 취업사례(?)가 사회복지학과에서 일어나고 있었던 셈인데, 그것도 학과 교수진의 엄호[11] 하에서 무려 2년 반 동안이나."

- 윤찬영 교수(전주대 부총장, 사회복지학과 교수)

"나는 1988년 2월 22일부터 1989년 8월 20일까지 조교를 지냈습니다.

(중략)

조교로서의 일은 1988년 2월 22일부터였을 겁니다. 20일(토)에 제대하여 월요일부터 근무를 했으니까요…. 제대 직전 5사단 철책에서 소대장 근무를 실습하고 있는데, 학과 조교(오정수 선배, 76)로부터 편지가 왔습니다. 당신의 후임조교로 내가 될 것이니 신원진술서 등 임용서류를 갖추라고…. 나는 당시 학과장이셨던 남세진 교수님께 인사를 올리는 편지를 보냈죠…. 결국, 이게 화근이었답니다. 건방지게 조교들이 인사문제를 감히 왈가왈부했다는 겁니다.

제대 직후 월요일에 출근해서 남 교수님께 인사를 드렸더니, 앉으라는 말씀도 없이 불호령을 내리시더군요. '사회사업방법론이 뭔가?' 라고 고함치시는 소리에 정신이 아득했습니다. 불과 몇 시간 전까지 군복을 입고 철책에서 근무했던 나로서는 무슨 말인지 전혀 감이 잡히지 않았습니다. 이

주석

11) 1976년 이 당시 서울대 사회과학대학 사회복지학과 교수로는 하상락, 남세진, 장인협 교수 등 세 사람이었는데, 임종대 교수의 말대로 당시 학과장이었던 하상락 교수의 강력한 저항과 함께, 행정 및 사무적으로는 서울대 관악사 사감장을 맡고 있어 본부와 공식적 관계를 갖고 있던 남세진 교수가 물밑으로 작업한 것이었음을 필자는 여러 번 남세진 교수로부터 직접 들은 바 있다.

게 무슨 전술 이름인가 하는 정도였으니…. 말이 막히는 건 당연했습니다. '그것도 모르는 놈이 무슨 조교야?' 남 교수님의 호령에 숨도 제대로 못 쉬고 물러나왔습니다. 조교실로 와서 저의 식구였던 최원규 선배에게 영문을 묻자, 그냥 조용히 있으라고 했습니다.

내가 조교인지 아닌지도 모르고, 감히 묻지도 못하고, 시키는 대로 일을 하고 있었습니다. 한 달쯤 지나서 교수 회의록을 볼 기회가 있었습니다. 모든 게 대충 파악이 됐습니다. 결국 학부시절 장인협 교수님께 '도대체 우리가 왜 케이스워크를 배워야 하느냐'고 대든(?) 죄 때문이었습니다. 당시 학과 내규로 박사과정 재학생 중에서 조교를 시켰는데, 남학생 중에서는 내가 유일하게 대상자였답니다. 오정수 선배가 사의를 표한 상태에서 후임자를 찾았으나 당시 군대에 있었던 제가 조교들에 의해 추천되었고, 대개 교수님들은 받아들였던 것 같습니다.

그러나 장인협 교수님은 평소 사회사업실천을 무시한다는 이유로 제가 조교가 되면 학생들에게 좋지 않은 영향을 미칠 것을 우려하셨습니다. 원로 교수님께서 제동을 걸자 조교 선임문제가 갑자기 논란이 됐다고 합니다. 그래서 해법으로 학과장이시며 그룹워크를 가르치시던 남 교수님께서 저를 특별히 지도한 후 임용하기로 했다는 겁니다. 그래서 제대하자마자 찾아뵌 남 교수님께 꾸지람만 듣고, '건방지게 조교 너희들끼리 편지로 학과 인사를 결정하냐'는 준엄한 호통을 들어야 했던 겁니다.

결국 4월 13일에 사회대 인사위원회를 통과하여 조교로 임용되었고, 4일 후 약혼을 하게 된 나로서는 선물을 받은 셈이었습니다.

1989년 8월, 박사과정을 수료하면서 전주대학교 사회복지학과 전임강사로 가게 되었습니다. 1989년 8월 19일(토) 오후 6시에 면접을 봤는데, 당장 월요일부터 출근해 달라고 하더군요. 그래서 전주대 강의는 21일(월)부터 시작했고, 임용은 9월 1일이었습니다. 그래서 약 10일간 서울대 조교와 전주대 교수 신분이 뒤엉켰던 시간이었습니다. 임용된 이야기는 매우 드라마틱하지만… 여기까지 하겠습니다."

– 이영환 교수(성공회대 사회복지학과 교수, 부총장 은퇴)

“조교시절을 회상하라고 하니까 어언 20년이 되었네요. 제 근무기간은 1989년 8월 말경부터 1990년 2월 말 까지로 기억합니다. 저는 공식적인 근무기간과 실제 근무기간 차이는 없지만 다른 에피소드가 있어요.

저는 76학번인데, 재학시절 학생운동으로 1978년 9월부터 10개월간 복역하고 제적되었다가 나중에 복학이 되어서 1981년 여름에야 졸업을 하게 되었습니다. 졸업 직전에 인천에 있는 인천 YMCA에 취직이 되어서 7년 정도 근무하게 되었고요. 근무하면서 1987년부터 대학원 석사과정에 입학했고, 이듬해부터는 직장을 그만두고 전업학생이 되었습니다.

1989년에 박사과정에 입학했는데, 당시 조교는 윤찬영(현재 전주대 교수)과 최원규(전북대 교수)였는데, 최 교수가 그만두게 되어서 8월 말경 윤찬영 교수가 선임조교가 되었고, 후임으로 제가 임명을 받았는데, 윤 교수가 선임조교가 된 지 3일 만에 전주대 교수로 임용되었습니다. 제가 3일 만에 선임조교가 된 것이지요. 윤 교수 후임으로는 최균 한림대 교수가 부임했고요.

그런데 사회대 행정실에서 저의 조교 임용이 안 된다는 통고가 왔습니다. 나이가 많다는 이유로요. 사실은 그 전까지는 조교의 나이 제한이 없었는데, 그 전 해에 규정이 개정되어 조교 임용을 30세(?)로 제한한다는 것이었지요. 아마 젊은 교수들이 부임하기 시작하면서 나이 많은 조교들이 신경 쓰여서 이런 규정이 생겼던 것 같아요(제 친구 하나도 그 전 해에 경제학부 교수로 부임했지요).

이 소식을 들은 김상균 교수님(지도교수) 반응은 ‘미친놈들, 교수가 좋다고 하면 그만이지 무슨 나이 제한이야…’라고 육두문자를 내뱉었지만, 정작 해결책을 제시한 건 돌아가신 남세진 교수님(당시 학과장)이셨습니다. 과거에도 임종대 선배 등 유사한 경우가 있다고 하시면서, 다른 사람 이름으로 하면 된다고 하셨지요. 그래서 당시 독일 유학을 준비하고 있던 정재훈(현 서울여대) 교수와 타협이 되어서 정재훈 교수 이름으로 조교를 하게 되었습니다.

당시만 해도 이런 편법들이 적지 않게 있었던 것 같고, 당시 학장님도 우리 사무실에 오셔서 저를 보고 그 일과 관련해서 농담도 하신 기억이 있습니다. 그래서 제 이름은 공식적으로 조교 명단에 없고, 경력 인정도 못 받게 되어서, 저는 한 학기만 조교를 하고, 이듬해 봄에 성공회대학으로 자리를 옮겼습니다.

당시 저는 공부를 늦게 시작한 터라 좀 더 학교에 남아 공부를 하고 싶었는데, 자리를 옮긴 중요한 이유는 제 첫째 아이가 초등학교를 입학하게 되었는데, 생각해보니까 학부모 직업난에 무직이라고 쓰게 될 것 같아서였지요.

그런데 조교를 편법으로 한 벌을 성공회대학에서 받게 되었는데, 이번에는 교육부가 제 임용을 거부하는 것이었습니다. 교수 임용에 필요한 연구경력이 조금 부족하다는 것이지요. 아마 조교경력이 포함되었으면 가능했을지도 모르고, 약간의 정치적 음모도 있었던 것으로 생각하지만, 이미 강의를 시작해서 4월 중순에 그런 결정이 내려왔으니, 저는 1년간 재수(?)하면서, 교수임용도 되지 않은 채로 학과장직까지 수행하는 기이한 경험을 하게 된 것이었습니다(물론 이듬해에 정식 임용되어 현재까지 머물면서 작년 말에 부총장으로까지 출세했습니다)."

또한 문재인 정부에서 3년여 간 보건복지부 장관을 했던 박능후(2009) 교수는 서울대 사회복지학과 50년사의 '추억 속의 사회복지학과'라는 제목의 장(chapter)에서 '어린 왕자 남세진 선생님'이라는 글을 남겼는데, 이 글 속에서도 남세진 교수의 제자 사랑과 다정다감한 인간관계의 진면목을 볼 수 있다. 박능후 교수는 당시 학부는 서울대 경제학과, 석사는 서울대 정치학과에서 수학했다가 박사 89학번으로 서울대 사회복지학과에 진학했었다. 그후 서울대 박사과정 수학 도중에 미국 버클리대 사회복지대학원에 유학 가서 박사학위를 받은 후, 경기대 사회복지학과 교수로 재직 중에 장관이 되었다.

박 장관이 쓴 이 글은 당시 남세진 교수 부부가 환갑을 지낸 1년 후 여름방학 기간 중에 미국 버클리대학이 있는 샌프란시스코에서 반 달 정도 머물고 있을 때의 경험을 박 장관이 회고하면서 쓴 것으로, 당시 박 장관은 버클리대 박사학위 논문을 작성하고 있는 중이었다. 박 장관의 글과 함께 샌프란시스코를 떠나면서 남세진 교수가 박능후 제자에게 보낸 글도 박 장관이 소지하고 있어 그 글도 함께 아래에 제시하고자 한다.

– 박능후, 박사 89학번, 경기대 사회복지학과 교수

어린 왕자 남세진 선생님

시골에서 올라와 서울생활이 낯설고 외롭던 대학 1학년 시절, 기숙사 사감장직을 맡고 계시던 남세진 선생님은 많은 학생들에게 가까운 친척 아저씨 같은 분이셨다. 이런저런 어려운 일들을 상의 드리면 어떤 형태로든 해결책을 강구해 주시고, 항상 긍정적인 힘을 북돋아 주시기에 기숙사에 머물던 학생들은 늘 선생님을 존경하였다. 나 역시 선생님을 무척 따랐고, 마침 기숙사 동 대표임을 기회로 자주 선생님을 뵙고, 여러 가지 이야기를 듣는 기회를 가질 수 있었다. 마주 앉아 이야기를 나눌 때의 인자한 모습과 달리 당시 40대 중반이시던 선생님이 오후 해질 무렵 테니스 라켓을 어깨에 메고 걸어가시는 모습은 범을 잡으러 가는 날렵한 포수를 연상케 하였다.

호방하고, 인자하고, 우리에겐 전지전능한 분으로까지 추앙받는 분위기 속에서 선생님과 관련된 몇 가지 전설이 기숙사에 퍼져 나가고 있었다. 그 중의 하나는 선생님의 태권도 실력이 공인 9단이라는 것. 그리고 무엇보다 우리들의 궁금증을 더해 주는 것은 선생님이 어떤 나라의 공주와 로맨스를 가지고 있다는 전설적 소문이었다. 시간이 지나면서 전설은 신화로 진화하였고, 학생들의 궁금증은 날로 커져 갔다. 선생님을 비교적 자주 뵙는 나였지만 이 두 가지 전설의 진위에 대해서는 감히 여쭈지 못하고 적절한 기회가 오기를 기다리고 있었다.

1학년이 거의 끝나갈 무렵 사감장님과 동 대표들의 회식 자리가 마련되었다. 기숙사 식당에서 시작된 저녁 회식이 2차는 봉천동 생맥주집으로 이어졌고, 3차는 선생님 댁으로 옮겨졌다. 언제 찾아가도 반갑게 맞이해 주시는 사모님의 후덕함에 늘 감동을 받았지만 그날은 각별히 술과 안주를 마련해 주셨다. 1년을 마무리 짓는 자리라 다들 조금씩 들떠 있었고 선생님의 입담 소재는 현실과 공상을 오가며 점점 재미를 더해 갔다. 회식 분위기가 상당히 고조되었을 즈음 나는 용기를 내어 그동안 궁금히 여겨 오던 두 가지 전설에 대해 진위를 설명해 달라고 말씀드렸다.

태권도에 대해서는 쉽고 간결하게 밝혀 주셨다. 우리나라 태권도계에서 공인 단증을 발급하기 시작할 무렵 선생님은 아주 초기에 공인 1단을 받았는데 그후 후배들의 단증이 높아지면서 본인은 예우 차원에서 자동으로 승단을 하게 되어 명예 9단에 해당하시게 되었다는 것이다.

이국 공주와의 로맨스에 대해서는 한참을 망설이시다가 짧게만 설명해 주셨다.

"젊은 시절 미국 샌프란시스코에서 어떤 나라의 공주를 우연히 만나 아름다운 사랑을 나눴지."

말씀하시는 선생님의 얼굴엔 옛 일에 대한 회상으로 숙연함이 지나갔고, 이어서 선생님은 '내 사랑 샌프란시스코'란 노래를 허밍하셨다. 함께했던 우리 학생들은 뭔가 있긴 있었나 본데, 심각한 것은 아닌 것으로 해석하고, 그 전설도 묻어버렸다.

그로부터 20년 뒤 선생님 내외분은 미국 버클리대학에서 유학 중이던 우리 집을 방문하셨다. 당시 나는 다리 건너 샌프란시스코가 빤히 바라다 보이는 버클리 인근 도시 알바니에 거주하고 있었는데 우리집 가까이에 선생님 내외분이 머물 수 있도록 집을 마련해 드렸다. 20년이 지나는 사이 선생님은 좋아하시던 약주로 인하여 여러 가지 지병을 앓고 계셨지만 말씀과 생각만은 예전과 다름없이 씩씩하고 젊었다. 주 2~3회 투석처치를 받으러 가실 때마다 만나는 간호사들에게 쾌활하게 인사를 건네시고, 언제나 감사함을 표시하시어 간호사들과 편하게 어울리셨다.

투석처치가 필요 없는 날이면 샌프란시스코 주변의 숲과 호수, 바다를 찾아다니며 30년 전 젊은 날의 로맨스가 깃든 곳을 되돌아보곤 했다. 한 번은 호숫가에 앉아 푸른 하늘과 맑은 물을 감상하고 있었는데, 예의 그 순진한 미소와 함께 내게 슬쩍 물어 오셨다.

"박선생, 여기서 담배 한 대 피우면 안 될까?" 그러나 어느새 이 말씀을 엿들으신 사모님의 완강한 반대에 부딪혀 담배를 구해 드리지 못했다. 대신 선생님은 불어오는 바람을 한껏 안으며 창공으로 예의 그 노래를 흘려보내셨다. 호수의 푸른 물결이 그 노래에 장단을 맞추어 주었다.

샌프란시스코에 좀 더 머물고 싶다면서 두 내외분은 처음 예정했던 기간보다 5일을 더 연장하여 머무신 후 그곳을 떠나셨다. 공항으로 배웅하는 차 속에서 "집에 돌아가면 펼쳐 보게" 하시며 선생님은 내게 봉투 한 장을 건네셨다. 배웅을 마치고 집으로 와 펼쳐보니 영어와 한글로 쓴 장문의 편지가 담겨 있었다.

I left my heart in Albany and San Francisco. High and Windy hill.... I never, never forget the wonderful things which exist and happened in last 15 days....

32년 전에 있었던 샌프란시스코에서의 이별도 오늘처럼 이렇지는 않았지...

편지 곳곳에 배여 있는 선생님의 애정에 눈물이 핑 돌았다. 그리고 32년 전 이국의 공주와 이별을 한 샌프란시스코에서 이번에는 영원한 동반자와 함께 귀국하시는 선생님의 모습이 어린 왕자의 순진한 자태로 내내 머릿속에 남아 있다. 그 때가 1996년 7월 16일이다.

남세진 교수가 귀국을 하면서 당시에 박능후 제자에게 보낸 한 페이지 분량의 감사의 글은 다음과 같다.

"I left my heart in Albany and San Francisco. High and Windy hill.... I never, never forget the wonderful things which exist and happened in last 15 days....

Dear N. O.[12] ;

32년 전에 있었던 샌프란시스코에서의 이별도 오늘처럼 이렇지는 않았지...
"정말 고맙다"는 말 외의 말은 없을 것 같네. 내가 기억할 수 있는 것으로는
가장 흐뭇하고 만족스런 16일이었다고 생각하네.
이렇게 사려 깊은 환대는 두고두고 잊질 못할 거야.
시간이 아쉽다는 말 이렇게 실감해 본 일은 없네.
꼭 아주머니랑 멋진 레스토랑에 가서
맛있는 포도주를 곁들인 식사를 대접하고 싶었네.
부디 내 소원 들어주기 바라네.
현준에게도 작은 선물 하나 해주고...

내년 여름에는 좀 더 건강하게 되어 만나겠네.
하나님의 은혜와 축복이 늘 함께 하길...

1996. 9. 16. 남 선생이

주석

12) N. O.는 '능후'의 영어 이니셜 N. H.를 잘못 쓴 것으로 보인다.

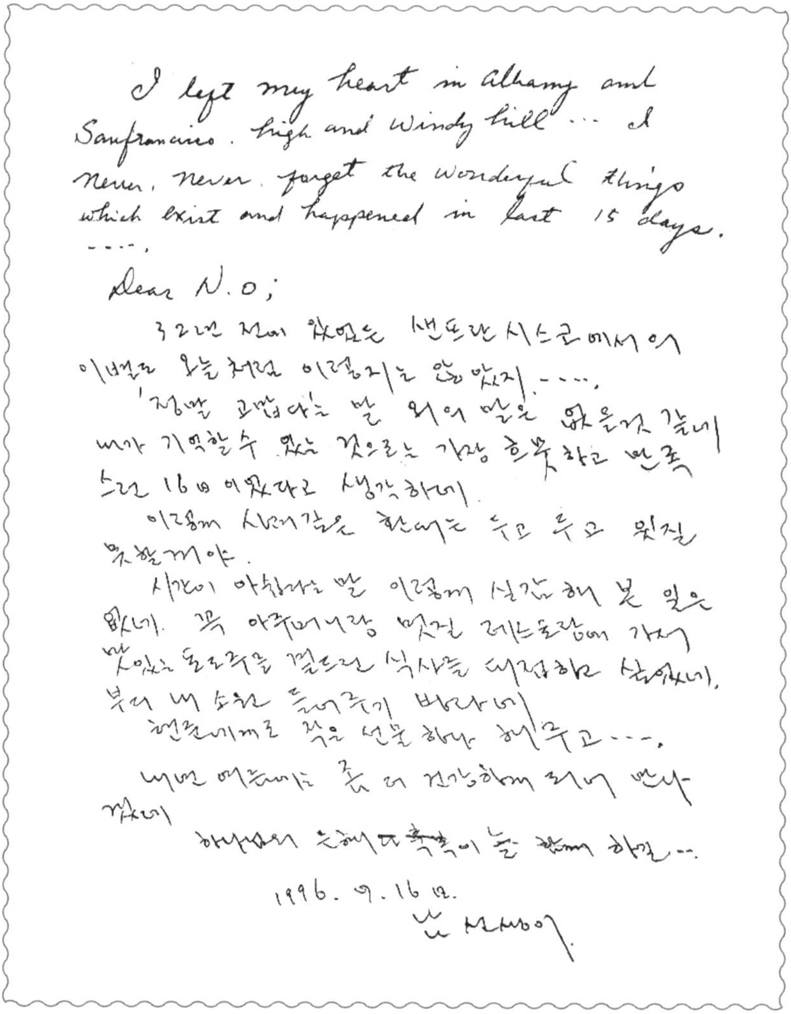
I left my heart in Albany and Sanfrancisco. high and windy hill... I never, never forget the wonderful things which exist and happened in last 15 days. ----.

Dear N.O;

32년 전에 있었든 샌프란시스코에서의 이별도 오늘처럼 이렇지는 않았지....

'정말 고맙다'는 말 외에 말은 없을것 같네 내가 기억할수 있는 것으로는 가장 흐뭇하고 만족스런 16日이었다고 생각하네.

이렇게 사려깊은 환대는 두고 두고 잊질 못할거야.

시간이 아쉽다는 말 이렇게 실감해 본 일은 없네. 꼭 아주머니랑 멋진 레스토랑에 가서 맛있는 [illegible]를 곁드린 식사를 대접하고 싶었네. 부디 내 소원 들어주기 바라네

현준이에게도 작은 선물 하나 해주고....

내년 여름에는 좀 더 건강하게 다시 만나겠네

하나님의 은혜와 축복이 늘 함께 하길...

1996. 9. 16 日.

남 세진.

남세진 교수의 박능후 제자에게 보낸 감사의 글

남세진 교수는 이러한 성품을 지녔기에 서울대학교 내에서 학생을 잘 이해하고 학생 생활의 다양한 면을 잘 이해하는 사람이 주로 맡아서 봉사하는 관악 캠퍼스 초대 기숙사 사감장, 대학신문사 주간, 학생부처장, 학생처장 등의 보직을 연이어 잘 수행할 수 있었을 것이다. 특히 당시 유신 정권 아래서 학생운동을 하든 안 하든 정부에 반항하거나 좋지 않은 감정

을 갖고 있는 대다수 학생들을 잘 이끌어 간다는 것은 여간 힘든 일이 아니었다.

이 당시의 한 가지 에피소드를 들자면, 경기고등학교를 졸업하고, 1965년 서울대학교 경제학과에 입학하여 재학 중 학생운동에 적극 참여함으로써 손학규, 조영래와 함께 '서울대 운동권 3총사'로 불린 김근태와의 인연이다. 잘 알다시피 김근태는 1965년부터 박정희 정권의 유신체제와 독재에 반대하는 학생운동에 참여했는데, 특히 1967년 한일회담 반대 시위, 베트남 파병 반대 운동, 1972년 유신 반대 시위 등에 관여하였다. 유신 이후 정부의 감시 대상이 되었고, 이후 수차례 수배 및 구속을 겪었으며, 대학을 졸업한 뒤에도 재야운동으로 이어지며 민주화 운동의 상징적인 인물로 부상하였다. 김근태의 학생운동은 단순한 시위 참여를 넘어서 민주주의의 원리와 사회적 불의에 대한 철학적 성찰을 기반으로 한 활동을 전개함으로써 이론과 실천이 결합된 지식인형 학생운동의 전형으로 평가되고 있다.

그리고 김근태는 오랫동안 지명수배를 받게 되는데, 그 기간은 굉장히 길고 복잡하다. 1971년 '서울대생 내란음모 사건'[13)]에 연루되면서 지명

주석

13) '서울대생 내란음모 사건'은 1971년 박정희 유신정권 시기 중앙정보부(중정)가 발표한 대표적인 공안 조작 사건 중 하나이다. 1971년 10월, 박정희 정부는 서울 전역에 위수령을 발동하고 '학원질서 확립을 위한 특별 명령'을 발표하는 등 학생운동에 대한 대대적인 탄압을 시작했다. 이는 3선 개헌 이후 유신 체제를 공고히 하려는 시도와 맞물려 있었다. 당시 학생들이 교련 철폐 투쟁 등 민주화 운동을 활발히 전개하고 있던 중에 1971년 11월 13일, 중앙정보부는 서울대 제적생 4명과 사법연수원생 1명이 국가 전복을 위해 내란을 음모했다고 발표했다. 당시 지목된 인물들은 김근태(서울대 상대 3년, 당시 지명수배), 조영래(사법연수원생, 이후 인권 변호사), 이신범(서울대 법대 4년, '자유의 종' 발행인), 심재권(서울대 상대 3년, 전국학생연맹 위원장), 장기표(서울대 법대 3년) 등 5명이었다. 중정은 이들이 '민주수호전국청년학생연맹'을 중심으로 반정부 시위를 획책하고, 사제 폭탄을 이용해 주요 관공서를 파괴·점령하며, 박정희 대통령을 강제 하야시키고, 혁명위원회를 구성하여 헌법 기능을 정지시킨 후 정부를 전복하려 했다는 혐의를 적용했는데, 특히 김근태는 지명수배 상태였고, 나머지 4명은 체포, 구속되었다. 조영래는 징역 1년 6개월, 이신범은 징역 2년, 심재권과 장기표는 징역 1년 6개월에 집행유예 3년 등을 선고받았다. 이 사건은 박정희 정권이 학생운동을 탄압하고 민주화 세력을 억압하기 위해 무리하게 조작해 인권 유린의 실상을 보여주는 대표적인 공안 사건 중 하나로 평가받고 있다(위키백과. https://ko.wikipedia.org/wiki/).

수배가 시작되었다. 이후 박정희 유신 정권의 '긴급조치 9호' 위반 등으로 1979년 10.26 사태 때까지 약 8년간 도피생활을 이어갔는데, 이 시기에 검찰이나 법원에서 체포하지 못한 그를 '공소외 김근태'라고 호칭하기도 했다. 이후에도 민주화 운동 과정에서 여러 차례 구속과 투옥을 반복했지만, 도피 생활로서의 장기 지명수배는 위 시기가 대표적이다. 즉, 1971년 11월 13일부터 1979년 10월 26일까지이다.

이를 토대로 전두환 정권하인 1983년 민주화운동청년연합(민청련)을 창립하여 초대 및 2대 의장을 맡는 등 민주화운동 조직화의 기초를 마련하였다. 1985년에는 남영동 대공분실에서 고문기술자 이근안에게 전기고문과 물고문을 당하는 등 심각한 고문 피해를 입었다. 이후 1995년 민주당 부총재로 입당하여 정계에 입문했고, 같은 해 새정치국민회의 창당에 참여하여 부총재를 맡기도 했다. 1996년부터 2008년까지 제15·16·17대 국회의원(서울 도봉구 갑)을 역임했으며, 2004년 7월부터 2006년 2월까지 노무현 정부에서 보건복지부 장관을 지냈다. 그리고 열린우리당 의장, 민주통합당 상임고문 등을 역임하며 당내 비주류로서 개혁과 통합을 추구했었다. 그 후 김근태는 파킨슨병과 뇌정맥혈전증으로 투병하다가 2011년 12월 30일 서울대학교병원에서 64세의 나이로 세상을 떠났다. 그의 고문 피해 경험은 영화 '남영동 1985'로 제작되어 대중에게 알려졌으며, 그의 삶과 정신은 김근태재단을 통해 계승되고 있다.

이러한 김근태를 위해 남세진 교수는 1970년대 후반부터 1980년 초반 시절인 대학신문사 주간, 학생부처장 시절 때 그의 구속을 면하거나 형을 가볍게 하는데 상당한 애를 썼다. 그래서 1981년 새해로 기억하는데, 남세진 교수는 김근태가 자택에 와서 세배를 드리고 갔다고 필자에게 알려주면서 무척 뿌듯해 하신 기억이 지금도 새롭다.

남세진 교수의 세 번째 성격의 특징은 책임감이 강하고 헌신성이 뛰어났다는 점이다. 항상 남과의 약속을 잘 지키고, 자신이 맡은 일은 끝까지 책임지고 성취해 냈다. 이러한 책임성과 성실성에 더해, 일을 할 때 팀워크를 중시했기에 어떤 조직에서도 늘 신뢰받는 존재로 여겨졌다. 서울대학교에서 초대 기숙사 사감장, 대학신문사 주간, 학생부처장, 학생처장, 미국학연구소장 등 다양한 보직을 맡으셔서 탁월하게 학생 지도 및 협업, 연구 활동의 집단지성의 강조 등 뛰어난 행정 능력을 보여주었다.

그리고 서울대 사회복지학과를 창설한 몽산 하상락 교수의 회갑기념논총 준비위원회 위원장을 맡아 1975년 8월 20일 서울 YMCA 대강당에서 회갑연을 서울대 사회복지학과 동창회와 함께 성대히 개최하여 많은 서울대 및 타 대학 교수들, 사회복지학과 동창회원들 및 학생들 앞에서 서울대 사회복지학과 최초로 교수 회갑기념 논총을 헌정하였다. 헌신성과 관련해서는 1979년 안식년을 통해 미국 애틀랜타대학교 사회사업대학원 객원교수로 가서도 동 대학 사회사업대학원 원장의 적극적인 권유로 명예

1975년 연구실에서 찍은 남세진 교수의 모습(당시 40세)

직인 외국인 학생처장직을 맡아 아시아계 학생이나 심지어 흑인 학생들의 상담이나 생활지도 등의 역할까지 수행할 정도였다. 특히 흑인 학생들을 상담할 때는 자신의 가무잡잡한 피부색깔이 크게 한 몫을 했다고 자랑스럽게 얘기하기도 하였다.

남세진 교수의 책임감과 헌신성을 생생하게 엿볼 수 있는 또 다른 사례로는 1980년 전두환 정권 때 1981년 7월부터 1982년 1월까지 잠시나마 당시 가장 힘든 학생운동과 관련하여 누구나 꺼렸던 대학신문 주간을 맡았던 것을 기점으로 하여 연이어 학생부처장(1982.1.15-1983.1.10), 학생처장(1983.1.10-1985.1.22)을 과감하게 맡은 것을 꼽을 수 있다. 주지하다시피 1980년에 전두환은 5.17 내란을 일으켜 헌정을 중단하였고, 이후 5.18 민주화운동을 시민 학살을 통해 무력으로 진압하였다. 그 직후 국가보위비상대책위원회(국보위)[14]를 신설하여 국정의 실권을 장악한 이후, 최규하 대통령이 대통령직을 사임함에 따라 통일주체국민회의에서 치러진 제11대 대통령 선거에서 압도적 승리로 대통령(1980.8.27-1981.2.24)에 올랐다. 이후 7년 단임 대통령제와 기존의 대통령 선출 기

주석

14) 국가보위비상대책위원회(국보위)는 1980년 5월 31일, 신군부 세력이 정치권력을 장악하기 위해 설치한 임시 행정기구로서 5.18 광주 민주화 운동을 무력 진압한 직후, 정국을 수습한다는 명분으로 국보위가 출범했다. 당시 대통령이었던 최규하는 긴급조치 발동을 거부했지만, 신군부는 대통령 자문기구 형식으로 국보위를 설립해 우회적으로 권력을 행사했다. 상임위원회와 13개 분과위원회를 통해 행정부, 군부, 정보기관을 통합 지휘하며 실질적인 통치 기능을 수행했으며, 특히 전두환은 국보위 상임위원장을 맡아 권력 인수를 명시화했고, 이후 대통령으로 선출되었다. 국보위 산하에 전두환(국군보안사령관 겸 중앙정보부장 서리) 위원장을 비롯한 총위원 수 30명(군인 18명, 공무원 12명)으로 구성된 상임위원회 및 13개 분과위원회(운영위, 법제사법위, 외무위, 내무위, 재무위, 경제과학위, 문교공보위, 농수산위, 상공자원위, 보건사회위, 교통체신위, 건설위, 사회정화위)를 두었다. 전두환 상임위원장은 13개 분과위원회 중 운영위원회의 위원장을 겸임하였다. 따라서 이 국보위 조직은 단순한 자문기구가 아니라, 행정부를 초월한 실질적 통치기구로 기능했다. 특히 각 분과위원회는 기존 정부 부처를 대체하거나 통제하며, 신군부의 정책을 직접 실행까지 하는 무소불위의 역할을 행했다. 당시 국보위가 행한 대표적인 활동은 김대중, 김영삼 등 주요 인사 탄압, 언론 통폐합 및 언론인 해직, 삼청교육대 설치로 사회정화 명분의 강제 수용, 국회를 대신해 국가보위입법회의로 개편하여 각종 악법을 제정하는 등 입법권 행사까지 행했다(위키백과. https://ko.wikipedia.org/wiki/).

관인 통일주체국민회의를 폐지하고 새롭게 대통령선거인단 제도를 골자로 하는 새 헌법을 통과시킨 후, 민주정의당 소속으로 제12대 대통령 선거에 출마하여 득표율 90.11%로 1981년 2월에 대통령(1981.2.25.-1988.2.24)에 당선돼 제5공화국을 출범시켰다.

1980년부터 전두환 정권은 5.18 광주민주화운동을 무력으로 진압하고 집권했기 때문에 정권의 정통성에 대한 근본적인 문제 제기가 터지기 시작했다. 학생들은 5.18 광주민주화운동에 대한 진상 규명과 독재정권의 퇴진을 요구했다. 1981년 학생 시위는 5.18 광주민주화운동의 정신을 계승하는 것을 주된 목표로 삼았는데, '반파쇼 민주투쟁 선언', '횃불은 다시 타오르리' 등의 유인물을 통해 광주항쟁의 영령을 기리고 그 투쟁 정신을 이어 갈 것을 선언했다. 1981년 5월 27일에는 서울대 사회과학대 경제학과 학생 김태훈 군이 서울대 중앙도서관 6층에서 투신하며 "전두환은 물러가라"고 외치는 사건이 발생했다. 이는 5.18 민주화운동 1주년을 맞아 학내에서 벌어진 침묵시위에 경찰이 강경 진압하는 모습을 보고 이에 항의하는 과정에서 벌어진 일이었는데, 당시 학생운동의 비장함을 여실히 보여주는 사례로 남아 있다.

이와 같은 상황에서 1980년 5.18 민주화운동 이후부터 서울대 공식 학보인 대학신문은 신군부 정권의 학원 탄압과 보도 통제로 인해 자율성을 상실해 갔다. 학생 기자의 징계와 집단사표 제출이 이어졌고, 편집권 등 학생 기자의 권한과 역할이 대폭 축소되자 학생들은 대학신문에 대한 불신이 점차 커져갔다. 심지어 학생들이 집단으로 신문 수령을 거부하는 사태가 발생하기도 했다.

사회대 16동 뒤편에 있는 김태훈 추모비 ⓒ서울대 저널 박나은 사진기자

1981년 당시 서울대학교 총장은 권이혁 교수였다. 그는 주로 예방의학과 보건학 부문에서 연구 활동을 해 왔으며, 의학자이자 교육 행정가로서, 그리고 테니스 등 여러 스포츠의 만능선수 경력이 화려했다. 그는 1980년 6월 30일부터 1983년 10월 14일까지 전두환 정권에 의해 서울대 총장직을 맡게 되었는데, 그 배경에는 전두환 정권이 학내 사정에 밝으면서도 정권에 협조적인 인물인 권이혁 교수를 총장으로 임명하여 학생운동을 통제하고 학원 안정화를 도모하고자 했던 것으로 보인다. 왜냐하면 권이혁 총장은 이후에도 전두환 정권에서 문교부 장관(1983-85년)과 한국교원대학교 총장(1985-88)을 지냈으며, 노태우 대통령 때에도 보건사회부 장관(1988-89년), 환경처 장관(1991-92) 등 고위직을 두루 거쳤기 때문이다.

남세진 교수는 의과대와 마주 보고 있으며 대학 본부가 있던 옛 문리대에서 1974년까지는 서울대 테니스 대회에서 우승을 하는 등 의과대 권이혁 교수와 테니스를 통해 가깝게 지냈으며, 성격도 서로 닮아 호방하여 자주 술잔을 나누기도 하였다. 이런 연고로 1975년에 관악으로 이사하여 초대 사감과 사감장을 맡아 학생들과 술도 함께 하면서 친근하게 대해 학생들에게 인기가 있다는 소문을 들은 권이혁 교수는 총장이 된 이후에 남세진 교수를 조용히 불러 만났다. 권 총장은 부탁 겸 선배 교수로서의 엄포로 1981년 7월부터 결원이 돼 있던 대학신문 주간으로 남세진 교수를 임명하게 되었다. 이 당시 학생들과 치열한 논쟁과 싸움을 벌여야만 하는 대학의 보직 가운데 가장 힘든 자리인 대학신문 주간 자리를 맡으려고 하는 사람들은 전혀 없었다고 해도 과언이 아니다.

그럼에도 남세진 교수가 이 자리를 맡게 된 배경에는 권 총장과의 친밀함이 제일 큰 이유이겠지만, 그 당시 1980년부터 1982년까지 서울대학교 부총장 서리를 맡고 있던 이현재 교수가 권 총장에게 한 조언과 권유도 한몫했을 것으로 보인다. 남세진 교수와 같은 사회대 교수인 이현재 교수는 충남 홍성 출신으로 사회대 경제학과 교수이자 사회대 학장을 지냈으며, 성품이 온화하여 사회대 교수들과 학생들로부터 좋은 평을 받고 있던 분이었다. 이현재 교수는 권이혁 총장과 호흡을 맞추어 1982년부터 1983년에는 부총장을, 그리고 권이혁 총장이 문교부 장관으로 옮겨 간 이후인 1983년 10월부터 1985년 7월까지는 제16대 서울대학교 총장을 맡았다. 이후 노태우 정부가 출범한 1988년에는 국무총리 서리를 맡았고, 같은 해에 제20대 국무총리로 취임했다. 총리직에서 물러난 이후 한국문화경제학회 고문, 한국정신문화연구원(현 한국학중앙연구원) 원장, 대한민국학술원 정회원, 호암재단 이사장 등을 역임했다.

1980년대 초반 서울대 대학신문은 계속하여 정부 당국이나 학생 편집인들의 거부에 의해 휴간과 복간을 반복하게 되었는데, 1981년 후반기 당시에는 대학신문 휴간이 꽤 지속되는 바람에 몇 개월 못 가서 주간 자리도 필요 없게 된 처지가 되었다. 그러자 권이혁 총장은 1982년 1월에 학생부처장직을 남세진 교수에게 맡겨 학생지도를 통해 학생시위의 양을 감소

하면서 시위의 강도를 약하게 만들 것을 당부했다. 대학신문 주간을 하게 되면 대체로 다음 보직은 학생처 보직을 맡는 게 당시 관례였지만, 그래도 이 자리를 맡게 된 배경에는 총장, 부총장의 강한 권유와 함께 남세진 교수가 세칭 TK 출신 중 TK인 경북고, 경북대, 서울대를 섭렵한 지역적 배경도 크게 작용했을 것으로 보인다.

당시 남세진 교수와 친한 친구로 1935년 같은 해 대구에서 태어나 경북고 동기로 육군본부 작전처 처장(1980.1-1981.7)이었던 이종구 준장이 있었다. 그는 육군사관학교 제14기로 임관하여 육사 하나회 회원이었기에 군대 내 여러 요직에 남보다 빨리 진급하였다. 육군 제20기계화 사단장(소장: 1981.7-1983.5), 수도방위 사령관(중장: 1983.5-1985.5), 국군 보안사령관(중장: 1985.6-1986.7), 육군 제2군 사령관(대장: 1986.7-1988.6), 제27대 육군본부 참모총장(대장: 1988.6.12- 1990.6.10) 등을 역임하며 군의 핵심 인물로 부상했고, 이후 대장으로 예편했다. 전역 후에는 국방부 장관에 임명되어 1990년 10월 8일부터 1991년 12월 19일까지 재직하며 국방 분야의 정책을 총괄했으며, 대한민국 예비역 장성모임 성우회 고문을 역임했다. 이 당시 두 사람이 가끔씩 만나 술도 마시곤 하는 것을 옆에서 보았는데, 남세진 교수는 친구 장군을 만난 얘기를 가끔 필자에게 하곤 하였다. 이 외에도 절친한 경북고 선후배들이 많았는데, 이에 대해서는 후술하는 제4장에서 다시 서술하기로 하겠다.

남세진 교수가 1982년 1월 15일부터 1983년 1월 10일까지 1년 동안 학생 부처장을 맡고 있던 시기는 전두환 정권의 강력한 탄압 속에서 학생운동이 조직화되고 투쟁력을 회복하며 새로운 운동 방향을 모색했던 시기였다. 전두환 정권은 유화책의 일환으로 1982년 1월에 교복과 두발 자율화 조치를 발표했지만, 이는 표면적인 자유화일 뿐 학생운동에 대한 억압적인 탄압은 계속되었다. 오히려 학생들은 이러한 조치를 정권의 기만으로 인식하고 학원 민주화를 요구하는 투쟁을 전개해 갔는데, 특히 1980년대 초반, 전두환 정권의 탄압으로 기존의 학생 자치기구인 총학생회는 해체되고 학도호국단이 학생 대표기구 역할을 대신하고 있었던 것이다. 하지만 서울대 학생들은 학내 서클을 중심으로 비밀리에 조직을 결성하고, 민주화 운동의 방향을 논의하면서 이후 한국의 학생운동을 주도하는 핵심적인 역할을 준비하는 시기였다고 할 수 있다.

또한 1982년 3월 18일에 동아대학교, 고신대학교 등 부산 지역 대학생들인 문부식, 김현장, 김은숙 등에 의해 발생한 부산 미국문화원 방화 사건은 학생운동에 큰 충격을 주었는데, 이 사건을 계기로 서울대 학생들은 광주민주화운동 진압 과정에서 미국의 역할에 대한 의문을 제기하며 반미의식을 표출하기 시작했다. 4월에는 "미국은 광주 시민 학살에 책임이 있다"는 내용의 유인물을 제작, 배포하며 반미 투쟁을 본격화했다. 5월에는 광주민주화운동 2주년을 맞아 서울대에서는 희생자들을 추모하고 난 다음에 광주 시민 학살 당시의 진상을 규명하라는 시위가 여러 차례 발생했다. 학생들은 침묵시위나 집회를 통해 광주항쟁의 정신을 계승하겠다는 의지를 밝혔는데, 이 과정에서 정부의 탄압으로 많은 학생이 연행되고 구속되기도 했다.

이런 시기에 남세진 교수는 어떻게 보면, 위로는 1980년 5.17 쿠데타와 광주민주화운동의 무력 진압으로 인해 정당성이 취약한 채 집권한 전두환 정권의 우격다짐과, 아래로는 학생들의 광주민주화운동 추모 및 진상 규명 요구와 반미 투쟁의 확산 등을 중간에서 잘 조절하면서 양 쪽을 다 이해시키고, 정부의 탄압으로 연행되고 구속된 많은 학생들의 피해를 최소화하기 위해 충분히 숙고하면서 대학본부의 학생 부처장의 일을 하나씩 해결해 나가려고 노력했다. 일종의 대화로서 문제를 해결해 나가는 균형 잡힌 매개자, 중간자의 역할을 수행하고자 애썼다. 정부에게는 탄압보다 유화책을 강조하였고, 학생에게는 폭력적 시위보다는 무분별한 행동을 예방하고, 운동의 순수성을 유지하도록 설득하는 데 힘을 썼다.

그리고 학생들의 시위 현장에서 발생할 수 있는 부상자 발생, 경찰과의 충돌 등의 돌발 상황에 대비하여 신속하게 대응하고, 이러한 위기 대처 및 관리를 할 수 있는 학생처 내 별도의 교직원 팀을 구성하여 활용하였다. 이 팀은 시위나 운동 과정에서 발생하는 의견 충돌이나 갈등을 가능한 한 공개하도록 하고, 시위나 활동이 끝난 후에는 반드시 평가회를 열어 잘된 점과 아쉬웠던 점을 공유하고 피드백을 나누게 하여 그 결과를 부처장인 자신에게 먼저 보고토록 하였다. 그러면서도 강자인 경찰이나 군인들보다는 약자인 학생들을 먼저 생각하고 보호 조처하도록 교직원들에게 항시 주의를 주었다. 그리고 학생들이 불이익을 당하는 것을 방지하는 데 필수적인 학생운동 참가 학생들의 신원과 개인 정보의 외부 유출을 방지하기 위해 각별히 노력하였다. 이런 노력들은 한 마디로 대학에서 과격한 학생운동과 시위를 하는 학생들에게 자신의 전문영역인 집단지도방법론을 적용해 갈등 상황을 완화시키려고 한 여러 가지 다양한 방법들이었음을 남세진 교수가 필자에게 자랑삼아 얘기하곤 하였다.

이러한 서울대 학생운동은 1983년 1월 10일 남세진 교수가 정식으로 학생처장이 되고 나서도 조금씩 가라앉기는커녕 더 거세졌다. 이 시기 국내외적으로는 한반도 정세의 긴장감이 고조되었다. 2월 1일에는 팀 스피릿 '83 한미합동훈련이 시작되었고, 이에 북한은 준전시상태로 돌입하여 어느 때보다 군사적 긴장이 극에 달했다. 이러한 국제정세는 당시 학생운동이 반미, 반정부 구호를 내세우는 데 영향을 미쳤을 것으로 보인다. 또한 9월 1일 대한항공 007편 격추 사건과 10월 9일 아웅산 묘소 폭탄 테러와 같은 대형 사건들은 사회 전반의 침울하고 불안한 분위기에 큰 영향을 주었으며, 정권의 억압적인 통치 방식과 맞물려 학생운동을 더욱 확산시키는 중요한 동인으로 작용하게 되었다.

이와 같이 1983년은 신군부 정권의 탄압에도 불구하고 학생운동이 다양한 대안 매체를 통해 학생들의 목소리를 내기 시작함으로써 다시 활기를 띠기 시작한 중요한 해라고 할 수 있다. 전두환 정권은 학생들을 통제하기 위해 전국 대학에 사찰기관원을 상주시켰고, '녹화사업'[15] 을 통해 학생들에게 운동권 친구에 대한 정보를 캐내도록 하는 등 탄압을 강화했다. 다시 말해, 전두환 정권은 학생운동 세력을 매우 두려워했으며, 이를 무력화하기 위해 다양한 탄압 정책을 시행했는데, 그 중 대표적인 것이 '녹화사업'이었다.

이 사업의 비인도적인 실상은 1983년 5월 4일 발생한 성균관대학교 학생 이윤성 사망 사건을 통해 드러났다. 이윤성 군은 1981년 경기고를 졸업하고, 같은 해 3월에 성균관대 역사철학계열에 입학하여 1982년 인문과학연구회 회장으로 활동하였다. 그러다가 그 해 11월 3일 학생의 날 가두시위에서 연행돼 11월 5일 강제징집 되었다. 이윤성은 다음 해 1983년 4월 30일 '녹화사업'으로 205보안부대에 연행되어 조사를 받던 중 부대 내에서 5월 4일 목을 맨 시신으로 발견되었다. 제대를 불과 일주일 앞둔 시점의 죽음은 전두환 정권의 학생운동 탄압이 얼마나 폭력적이고 반인도적이었는지를 보여주는 비극적인 사례로서 그 잔혹함은 이루 말할 수가 없었다. 이러한 탄압을 피해 학생운동 세력은 세칭 '언더 서클(under circle)'이라는 비밀조직이나 지하조직 형태로 움직이기 시작했다.

1983년에 다발적으로 발생한 서울대학교 학생 시위는 1980년대 민주화 운동의 중요한 한 축을 담당했으며, 여러 사건들을 통해 전개되었다. 1983년의 주요 사건들을 날짜별로 정리하면 다음과 같다.

2월 12일(학사제명 관련 시위): 서울대학교는 1982년 2학기 성적 불량자 197명을 학사 제명하는 조치를 발표했다. 이 학사 제명은 당시 전두환

주석

15) 한국민족문화대백과사전에 의하면, "녹화사업은 1982년 9월부터 1984년 12월까지 학생운동 전력자 등을 대상으로 '순화(純化)' 업무를 강압적으로 실시하고 프락치 활동을 강요한 행위"라 정의내리고 있다. 이 사업은 요주의 학생들을 현역 입영대상 여부와 관계없이 무조건 전방부대로 강제 징집하는 방식으로 이루어졌으며, 강제 징집된 학생들은 보안사에서 조사를 받아 심지어 프락치(정보원) 활동까지 강요받은 반인권적 사업이었다. 이는 학생운동의 내부 결속을 와해시키고, 운동의 정보망을 파괴하려는 전두환 정권의 교묘하고 잔혹한 시도였다고 할 수 있다.

정권이 학생운동을 억압하고 학내 통제를 강화하기 위해 도입한 졸업정원제[16]의 일환으로 해석되었다. 1980년대 초 학생운동의 주요 요구사항 중 하나가 바로 졸업정원제의 철폐였다는 점을 고려할 때, 이러한 대규모 학사제명은 학생들의 불만을 고조시키고 저항 의지를 자극하는 중요한 계기가 되었다. 이 사건은 비록 직접적인 대규모 시위 기록이 명시되지 않았더라도, 단순한 학사 운영을 넘어 학생운동 자체를 통제하고 억압하려는 정권의 정치적 수단이었음을 시사한다. 따라서 이 사건은 학생들의 반발을 촉발하고 이후의 민주화 시위의 중요한 배경이 된 대표적인 학생 관련 사건으로 알려졌다.

5월 2일(민주화 투쟁 기간 선포 및 교내 시위): 서울대학교 학생 약 10,000명 정도는 5월 2일부터 13일까지를 '민주화 투쟁 기간'으로 정하고 교내 시위와 밤샘 농성에 돌입했다. 이러한 선포는 학생들이 단발성 저항이 아닌, 장기적이고 체계적인 민주화 투쟁의 필요성을 인식하고 있었음을 보여 준다. 아울러 학생들 내부의 결속력을 다지고, 투쟁의 명확한 목표를 제시하며, 대중적 참여를 유도하는 중요한 전략적 행위였음도 보여 준다. 이 사건은 시위가 단순한 학내 문제를 넘어 정부의 정치 문제에 대한 시국성토 단계로 발전했음을 보여주는 중요한 학생운동의 전환점이 된 사건이었다.

5월 22일(인문대와 사회대 학생들 중심의 시위): 5월 18일 김영삼 전 신민당 총재가 단식농성에 돌입한 후 서울대 병원에 입원하여 단식을 이

주석

16) 이 제도는 1980년 7월 30일 발표된 '7·30 교육개혁조치'의 일환으로 도입되었다. '7·30 교육개혁조치'는 1980년 7월 30일, 당시 국가보위비상대책위원회(국보위)가 발표한 대대적인 교육개혁 방안으로서 이 조치는 한국 교육의 구조와 운영 방식에 큰 변화를 가져왔다. 주요 내용을 보면, 과외의 전면 금지, 대학별 본고사를 없애고 국가 주관 학력고사로 통일, 입학 기회를 늘리되 졸업은 제한된 정원 내에서만 가능케 하는 졸업정원제 도입 등이었다. 졸업정원제는 1981학년도 입학생부터 적용되었는데, 당시 정부는 대학 입학 기회를 확대하기 위해 입학정원을 졸업정원의 130%까지 늘렸지만, 졸업 시에는 정원에 맞춰야 했기 때문에 중도 탈락자가 발생하는 구조였다. 서울대학교를 포함한 국내 대학에서 졸업정원제가 시행된 시기는 1981년부터 1987년까지였다. 이후 이 제도는 교육의 질 저하, 학생 부담 증가 등 여러 문제로 인해 1987년에 폐지됨으로써 다시 입학정원제로 환원되었다(위키백과. https://ko.wikipedia.org/wiki/).

어가고 있다는 빅뉴스에 덮여서 그 당시 널리 알려지지 않은 학생운동이 바로 5월 22일에 일어난 인문대와 사회대 학생들 중심의 시위였다. 이 시위에 참석한 당시 사회복지학과 3학년 학생으로서 학원자율화추진위원회(학자추위) 부위원장을 맡고 있었던 김서용 선생(전 근로복지공단 상임이사, 전 (주)옵토레인 부사장)의 전화 인터뷰(2025년 8월 1일, 오후 6시-6시 50분)와, 1983년 4월에 해군 장교로 군 복무를 마친 후 바로 사회복지학과 조교로 임명받아 학과 사무실에 근무하고 있다가, 전투경찰이 문을 발로 차고 난입하여 학부 학생들을 연행해 가려는 것을 막아서서 호통 치면서 학생들을 보호했던 남구현 교수(한신대 사회복지학과 은퇴)의 전화 인터뷰(2025년 7월 31일, 오후 6시 45분-7시 20분)에 의하면, 1975년 5월 22일에 있었던 세칭 오둘둘 시위[17] 날짜에 맞춰 인문대와 사회대 학생들 중심의 시위가 인문대, 사회대 건물인 5동, 6동, 7동에서 발생했다는 것이다.

발단은 5.18 민주화운동 3년째를 맞이하는 5월에 접어들면서 사회대 학생 행정실에 사복형사들이 상존하다시피한 상황이 꽤 길어진데다 5.18 민주화운동의 지속적인 운동 흐름과 김영삼 총재의 5.18 단식 투쟁, 그리고 5월 말에 있을 동맹휴업 준비 등으로 학생들이 폭발 직전의 고조된 상

주석

17) 서울대 오둘둘 사건은 1975년 5월 22일, 서울대학교 관악캠퍼스에서 벌어진 대규모 반정부 시위로 당시 독재 정권에 맞선 학생운동의 상징적인 사건 중 하나이다. 이 사건은 김상진 열사의 추도식을 계기로 촉발되었으며, '오둘둘 시위'라는 별칭으로도 불린다. 특히 문리대 민속가면극연구회, 사범대 야학문제연구회 등이 주도로 하여 김상진 열사의 장례식 및 추도식을 반정부 시위로 확대한 사건이다. 5월 22일 오후 1시경 꽹과리 소리를 신호로 시위가 시작돼 중앙도서관 앞 계단에서 교직원·기관원과 학생들 간의 충돌이 있었고, 마이크 설치 후 추도식이 조시, 조사, 반독재투쟁선언문 낭독으로 진행되었다. 이때 약 2천 명의 학생이 집결하였으며, 이 중 500여명이 교문을 향해 행진을 시도하였으나 경찰이 교문을 봉쇄하여 20분 만에 강제 해산을 시켰다. 이 날 연행된 학생 수는 약 300명이었으며, 이 중 구속 학생은 56명이었고 56명 중 24명은 재판에 회부되었다. 이 사건으로 인해 박정희 정권은 서울대 총장을 사퇴시켰고, 치안본부장·남부경찰서장은 경질되었다. 이 사건은 이후 민주화운동의 흐름에 큰 영향을 주었고, 특히 서울대 사범대 학생들이 주축이 되어 전국교직원노동조합(전교조) 설립의 기반을 마련하는 계기가 되었다(위키백과. https://ko.wikipedia.org/wiki/).

황에서, 이날 관악경찰서 전투경찰대가 사회대 건물을 에워싸 위협하는 가운데 시위가 일어나게 된 것이다. 이 시위에 대처하는 관악사 기동대 전투경찰들은 최루탄을 터뜨리며 건물 내 복도뿐만 아니라 학과사무실, 심지어 교수연구실까지 무단 침입하여 학생이든 조교든 직원이든 교수든 가리지 않고 구타하는, 대학에서 상상도 할 수 없는 초유의 사태가 발생했다. 이날 시위는 전투경찰대가 인문대, 사회대 건물을 완전히 봉쇄하고자 하는 시도를 막는 과정에서 학생과 경찰들이 더욱 과격화되어 사회대 학생 행정실 일부가 잠깐 불에 타기도 했으나 곧 진화됐다. 이 날 200여명의 학생들이 경찰서로 연행돼 갔는데, 여학생들도 상당히 많이 연행되었다. 사회복지학과의 경우 1학년 5명, 2학년 8명, 3학년 2명 등 15명이 연행되어 7명은 25일 새벽에 훈방되었지만 8명은 29일까지 여러 경찰서에 분산, 수용되어 있다가 이후에 경찰서에서 나올 수 있었다.

5월 27일(동맹휴업 결의 및 가두시위): 서울대학교 학생 8,000여명이 29일까지 동맹휴업을 결의하고, 이 중 2,000여명이 신림동까지 진출하여 격렬한 시위를 벌였다. 시위 과정에서 학생들은 대학 내 중앙도서관을 점거하고 "민족해방", "민주화 해방 이룩하자.", "학살원흉, 친미독재를 몰아내자" 등의 구호를 외치며 격렬하게 저항했다. 이 대규모 시위는 이후 다른 대학으로 퍼져나갔는데, 서울대에서 시작된 동맹휴업이 다른 대학교로 확산된 점은 서울대가 학생운동의 메카이자 선두 그룹이었다는 평가를 남기게 되었다. 이는 서울대 학생들의 행동이 단순히 학내 문제를 넘어 전국적인 학생운동의 흐름을 주도하고 다른 대학들의 동참을 이끌어내는 강력한 파급력을 가졌음을 의미하며, 1980년대 민주화 운동에서 대학간 연대와 상호 영향력이 어떻게 작동했는지를 보여주는 중요한 사례이다. 그리고 거리시위 방식은 연행될 위험은 컸으나, 당시 학생운동이 대학 내에서 고립된 과격한 행동보다는 대중적인 참여와 조직적인 움직임을 통해 민주화 요구를 관철하려고 꼼꼼하게 기획하여 시도했음을 보여주고 있다.

11월 8일(황정하 학생의 추락 사망 사건): 1983년 11월은 서울대학교 학생운동에 큰 비극을 안겨준 달이었다. 11월 8일, 서울대학교 공과대학 도시공학과 3학년 학생 황정하가 교내 반독재, 로널드 레이건 미국 대통령의 방한 반대 시위 중 중앙도서관 5층 난간에서 추락하는 사건이 발생했다. 그는 8일간 사경을 헤매다 11월 16일 결국 사망했다. 황정하 학생은 당시 언더 서클로 불리던 '국제경제학회'에 가입하여 학생운동에 참여하고 있었다. 당시 전두환 정권은 학생 통제와 감시를 위해 학교에 기관원을 대거 상주시켰으며, 학생운동은 탄압을 피해 비밀조직 형태로 움직일 수밖에 없었다. 황정하 학생의 죽음은 1983년 서울대 학생운동의 가장 비극적인 사건으로, 당시 군부 독재정권 하에서 학생들이 감수해야 했던 극단적인 위험과 희생을 생생하게 보여주었다. 그의 희생은 또다시 서울대생들에게 큰 충격을 주었으며, 국가 현실에 대해 격렬한 저항을 불러일으켰다. 특히 그의 죽음은 개인의 고립된 희생 사건이 아니라, 민주화를 위한 투쟁 과정에서 발생한 일련의 비극적 희생의 연장선상에 있음을 분명하게 보여 주었으며, 1980년대 한국의 민주화 운동이 겪어야 했던 비극적인 단면을 명확히 보여 주었다는 점에서 역사적으로 중요한 의미를 갖고 있다.

11월 12일(레이건 대통령 방한과 학생시위): 1983년 11월 12일부터 14일까지 대한민국을 공식 방문한 로널드 레이건 미국 대통령의 방한은 당시 전두환 정권에 대한 학생운동의 반발을 또다시 격화시키는 폭발적 계기가 되었다. 이 사건은 전두환 정권의 정당성 문제와 광주민주화운동에 대한 미국의 역할에 대한 비판이 맞물려 학생 시위의 중요한 배경이 되었다. 구체적으로 당시 전두환 정권은 레이건의 방한은 자신들의 집권 정당성을 국제적으로 인정받는 중요한 외교적 성과로 보았기 때문에 적극적으로 추진한 반면, 학생들은 레이건의 방한이 독재 정권인 전두환 정권에 대한 미국의 지지를 보여주는 것이라고 판단했으므로 이는 전두환 정권의 폭력적인 통치에 대한 운동권 학생들의 저항을 더욱 부추기며, 운동을 강력하게 하는 요인이 되었다.

이뿐만 아니라, 1980년 광주민주화운동 당시 미국의 묵인과 방조에 대한 학생들의 분노는 여전히 커 레이건의 방한을 광주 학살의 배후 세력인 미국에 대한 규탄의 기회로 삼아 레이건 방한 기간 동안 서울대학교를 비롯한 주요 대학에서는 반미 구호와 전두환 정권 퇴진을 요구하는 격렬한 시위가 벌어졌다. 이 과정에서 많은 학생들이 경찰에 연행되거나 구속되었다. 레이건 방한 시위는 1982년 부산 미국문화원 방화사건 이후 학생운동 내에 확산되던 반미 의식을 더욱 고조시키는 계기가 되었다. 이후 학생운동은 단순히 전두환 정권의 독재 타도에만 국한되지 않고, 미국의 한반도 정책에 대한 비판적 시각을 결합하는 방향으로 나아가 급기야 반미 운동으로까지 확대되었다.

12월 21일(학원자율화 조치와 학생운동의 전환점): 1983년 12월 21일 전두환 정권은 '국민화합 조치'의 일환으로 '학원자율화 조치'를 발표하며 학생운동에 큰 전환점을 제공하였다. 이 조치는 1980년 5월 17일 이후 학생운동 관련 제적 학생 1,363명의 복교 허용, 구속학생 석방, 해직교수 복직, 그리고 캠퍼스 내 사복경찰 철수 등을 포함했다. 전두환 정권은 이 조치를 통해 정권의 안정성과 대외적 정당성을 확보하려 하는 통치 전략의 변화를 보여주었지만, 그 결과는 정권의 의도와는 정반대였다. 제적 학생 복교, 해직 교수 복직, 사복경찰 철수 등의 조치는 억압받던 학생운동에 숨통을 트이게 해 주었고, 이는 1984년 총학생회 부활과 함께 학생운동의 '폭발적 성장'을 가능하게 했다.

이는 군부 정권의 유화책이 오히려 민주화 운동의 활성화를 위한 쟁취 공간이 되었음을 의미하며, 1987년 6월 항쟁으로 나아가는 중요한 전환점이 되었다는 점에서 그 역사적 아이러니와 중요성을 지닌다. 특히 1984년 서울대를 시발점으로 총학생회가 부활하고 학도호국단이 폐지되는 등 학생운동의 조직적 역량이 폭발적으로 성장하는 발판이 되었던 것이다.

또한 학원자율화 조치 이후 1984년부터 서울대 대학신문의 경우, 학생 기자들의 편집권이 확대되고 학생 주도의 발행 체제가 인정되었으며, 1993년부터는 학생 기자들이 직접 편집장을 선출하는 제도가 시행되면서 진정한 편집권 독립이 이루어졌다.

이상의 내용을 기반으로 하여 종합적으로 1983년 서울대학교 학생운동의 성격을 평가하자면 다음과 같다.

첫째, 학원 탄압에 대한 저항운동이라 할 수 있다. 학원 탄압에 대한 저항운동은 크게 두 유형으로 전개되었는데, 우선 프락치 색출과 대응 형태로 나타났다. 즉, 전두환 정권은 학생운동을 통제하기 위해 '녹화사업'을 시행하고, 학생들 사이에 사찰기관원인 프락치를 심었는데, 1983년은 이러한 프락치 활동이 노골화되면서 학생들이 자체적으로 이를 색출하고 대처하는 움직임이 나타났다. 또 하나는 학생 징계에 대한 저항으로 나타났다. 학교 당국은 학생시위를 막기 위해 학생회 간부 등 주동 학생들을 징계했는데, 이에 학생들은 징계 철회를 요구하며 시위를 이어갔고, 이는 '파쇼악법 철폐'와 같은 구호로 이어지며 학교 문제를 넘어선 정치적 투쟁으로 확장되었다.

둘째, 5.18 광주민주화운동 재조명 및 계승 운동이라 할 수 있다. 1983년 학생운동 유인물에는 "2,000여 5월 광주시민의 넋이 옹호하고 있다"는 내용이 포함되어 있는데, 이는 5.18 민주화운동의 정신을 계승하여 군사정권에 저항하겠다는 의지를 보여준다. 또한 1982년부터 이미 "미국은 광주 시민 학살에 책임이 있다"는 내용의 유인물을 통해 5.18 당시 미국의 역할을 비판하고, 반미 감정을 표출하기 시작했으며, 이러한 기조는 1983년 로널드 레이건 미국 대통령 방한 반대 시위로 이어졌다.

셋째, 학생운동의 조직적 재건 운동이라 할 수 있다. 1980년 광주 항쟁 이후 학생운동은 크게 위축되었지만, 1983년은 다시 조직적인 활동이 시작된 해였다. 학생들은 지속적으로 세칭 언더 서클 등의 비밀 지하조직을 통해 전두환 정권에 대한 지속적인 저항을 모색하고, 유인물을 제작하여 배포하는 등 학생운동을 조직적으로 재건하려는 운동을 했는데, 이러한 활동들은 이후 1987년 6월 항쟁의 밑거름이 되었다.

넷째, 문화적 저항운동을 시도하였다. 1983년에 들어 당시 학생들은 시위 때마다 탈춤, 풍물, 마당극 등 전통 문화 형식을 통해 권력층을 풍자하고, 민주주의에 대한 열망을 상징적으로 표현했다. 이는 단순한 시위를 넘어 학생들 간의 연대와 공동체 의식을 강화하는 중요한 수단이 되었다.

결론적으로 말해서, 1983년 서울대학교 학생운동은 전두환 신군부의 강력한 탄압 속에서도 학생 비밀조직 활동을 통해 운동을 재건하고, 5.18의 정신을 계승하며, 반미 의식을 표출하는 등 다양한 방식으로 전두환 정권에 저항을 모색한 중요한 시기였다고 할 수 있다.

이러한 1983년 학생운동의 격렬한 대 정부 투쟁운동과 반미운동 속에서 남세진 교수는 학생처장으로서 학생시위를 막아달라는 정부로부터의 압박과 학생으로부터의 저항을 학생처장 스스로가 짊어져야 할 책임감과 학생들에 대한 스승으로서의 헌신성을 잘 엮어내 비교적 학생들로부터 비판을 덜 받았다. 어떠한 운동권 학생들로부터도 자신의 영욕을 위해 정부에 굽신거리거나 학생들을 이용해 출세를 하기 위해 처신한다든가 하는 말을 들어 본 적이 없고, 정부의 앞잡이라는 등 학생처장의 자리에 있으면 흔히들 듣게 되는 악평을 듣지도 않았다고 당시 운동권 학생 핵심 간부의 한 명으로서 수차례 쫓겨 다니기도 했던 김서용 학원자율화추진위원회(학자추위) 부위원장이 증언해 주었다. 당시 서울대 각 단과대학 학생담당 일부 교수들의 경우 운동권 학생들뿐만 아니라 일반 학생들로부터도 야유와 조소, 심지어 경멸까지 당하는 사례가 꽤 많았었다.

이러한 평가는 앞에서도 언급했듯이 상대자인 학생들의 의견을 잘 들어 주고 수용해 주면서 가능한 한 약자의 편에 서기를 좋아하는 남세진 교수의 복지 마인드와 함께, 자신의 전문영역인 집단지도방법론을 잘 활용하여 운동권 학생들과 바쁜 가운데서도 시간을 내어 만나서 협의하고 대화하고 개별적 상담도 하는 등 노력을 많이 한 결과라 여겨진다. 또한 남세진 교수는 1983년 후반기부터는 학생들의 주장 중 일부라도 정부에서 들어주는 유화정책을 펴기를 여러 번 간청했다는 말을 가끔 교수 휴게실이나 학생들과의 대화 때 말하곤 하였다. 그 영향인지 몰라도 전두환 정부는 1983년 12월 21일에 유화정책의 일환으로 '국민화합 조치' 및 '학원자율화 조치'를 발표하면서 1980년 5월 17일 이후 학생운동 관련 제적 학생 1,363명의 복교 허용, 구속학생 석방, 해직교수 복직, 그리고 캠퍼스 내 사복경찰 철수 등을 대대적으로 시행하였다.

남세진 교수의 책임감과 헌신성을 엿볼 수 있는 역사적인 또 하나의 사례가 있다. 남세진 교수가 세상을 떠난 후, 남세진 교수의 부인인 전남수 여사는 남편의 모든 유품을 불태웠다. 그후 이사를 하면서 책 속에 끼워져 있던 사진 몇 점과, 그리고 2025년 현재 시점에서 42년이 지났음에도 불구하고 아직도 깨끗하게 남아 있는 남세진 교수의 자필 메모 7장을 우연찮게 찾아내 그것을 인터뷰 때 필자에게 주었다. 그 자필 메모 7장을 보면 남세진 교수가 가진 평소의 맡은 바 일에 대한 책임감과 남다른 헌신성의 일부를 엿볼 수 있다.

이 메모는 서울대 본부 학생 부처장을 거쳐 1983년 1월 10일부터 학생처장직을 맡고 있던 남세진 교수가 그 해 10월에 한창 시위 중이던 서울대 학생대표 11명을 만나 대화한 내용을 간략히 기록한 것으로 여기에 유군이라고 적혀 있는 유시민 작가의 이름도 등장하고 있다. 이 메모의 기록 내용은 세칭 '서울대 학원프락치 사건'[18] 과 연관되어 있는데, 조달청 용지(1205-25(2-2) (을) 1981. 12. 18 승인/ 190mm x 268mm(인쇄용지 2급 60g/m², 조달청, 000,000매 인쇄) 7장에 만년필로 남세진 교수가 친필로 작성한 것으로서 메모의 전문은 다음과 같다.

〈메모 내용〉

10월 10일[19] 10시부터 11시 30분까지 교무처장, 학생처장, 학생부처장, 대학신문주간 등 4명의 교수와 2명의 연구관과 연구사가 학생대표 11명을 만나 (장학담당관실에서) 학생들의 요구조건에 대한 학교 측의 입장을 전달하기 위한 면담을 하였음.

주석

18) 서울대 학원프락치 사건은 1984년 9월 서울대에서 발생한 사건으로, 당시 군사독재정권 하에서 대학 내에 침투한 정보기관의 프락치(밀정) 문제와 관련된 논란을 불러일으켰다. 한국 현대사에서 프락치라는 용어는 1949년 '국회 프락치 사건'이나 1984년 '민주화추진위원회 사건' 등 과거에도 유사한 맥락에서 사용되었으며 사회적 긴장과 갈등을 증폭시키는 요인으로 작용했다. 서울대 학원프락치 사건의 주요 내용은 다음과 같다. 1983년 12월 21일 '학원자율화 조치'가 발표되면서 대학에 상주하던 경찰 병력이 철수되고, 제적되었던 1,363명의 학생들이 복교하고 해직 교수들의 복직이 부분적으로 허용되는 등 유화 국면이 조성되는 듯했다. 그러나 당시 대학가에는 여전히 공안기관원의 감시와 학생운동 내부에 침투한 프락치에 대한 불안감이 팽배했다. 정부 당국은 대학 내 경찰 상주 사실을 부인했지만, 학생들은 이를 전혀 믿지 않은 상황이었다. 이 와중에 1984년 9월 17일부터 약 10일간 서울대학교 학생회 간부 등이 학내에서 비서울대생 등 4명의 외부인을 정보기관의 프락치로 의심하여 감금, 조사하는 과정에서 폭행이 가해졌다. 이 외부인들은 복학생 모임, 법과대학 사무실, 강의실, 도서관 등에서 학생 활동에 대한 정보수집 활동을 하는 것으로 의심받았던 것이다. 당시 피해자 중 한 명인 전기동(30세) 씨는 자신이 방송통신대 법학과 학생으로 리포트 작성을 위해 서울대 법대 000교수에게 책을 빌리러 갔다가 붙잡혔다고 주장했으며, 그 교수가 신분을 확인해줬음에도 폭행이 계속되었다고 증언했다. 이와 같이 네 명의 피해자들은 자신들이 프락치가 아니며, 무고하게 감금 및 폭행을 당했다고 주장했다. 이들은 다. 그러나 학생들은 이 사건을 군사독재 정권의 학원 사찰 및 학생 운동 탄압에 대한 저항의 맥락으로 이해했으나 당시 경찰과 법원은 이들이 프락치가 아니라고 판단했으며, 세월이 흘러 2023년에는 법원이 당시 프락치로 내몰렸던 피해자들에게 국가가 배상해야 한다고 판결하기도 했다. 이는 당시 군사정권이 대학생들을 고문한 뒤 프락치로 활용하거나, 프락치로 내몰린 상황을 국가가 책임져야 한다는 점을 강조한 것이라 할 수 있다. 이 사건은 '서울대 프락치 사건'으로 불리기도 하지만, 피해자 측에서는 '서울대생 민간인 폭행 사건'으로 불러야 한다고 주장함으로써 현재는 두 개의 이름이 다 사용되고 있다.

19) 메모지 원본에는 연도 표기가 없으나, 메모지 전체 내용을 보건대 1984년이 확실하다.

「징계조치는 부당하니 철회하라」

대학의 기본적 기능은 연구와 교육이다. 이것은 대학의 생명이요, 존재이유이다. 학교에서는 이것보다 더 중요한 것은 없다. 따라서 이것을 방해하는 것이 가장 무거운 징계의 대상이 된다. 학생들 가운데 일부는 이것보다 더 중요한 것이 있다는 착각을 하고 있는 것 같다.

학생회 부활, 학과 대표, 단대 및 총학생회장 선거 등(최근의 예만 든다고 하더라도)을 위해 유세, 집회, 선거 운동, 합동 발표회 등을 도서관 앞과 강의실 및 연구실 주변에서 고성능 확성기를 통해 북을 치면서, 집단적으로 구호를 외치고 노래를 부르면서 강행함으로써 연구, 강의, 수업을 수없이 방해했다.

또한 학칙에 금지하고 있는 단체를 조직하였으며, 승인 없는 집회도 수없이 열었다. 이 두 가지가 가장 중요한 징계의 사유이다.

징계대상자는 대표급 학생이다. 학교에서의 징계란 사법 재판과는 다르다. 징계사유에 해당되는 학생 가운데 대표 학생을 찾아 일벌백계주의를 적용한다.

1학기는 지도적 차원에서 인내로서 설득을 하면서 지내왔고, 2학기에 와서 몇 번이나 경고를 하고, 학부형을 동원하면서까지 노력했다. 지도의 한계가 왔다고 판단되어 학교로서는 마지막 방법을 적용했다.

유 군[20]의 경우는 감금과 폭행이 주된 징계사유이다. 학원에서 있을 수 없는 폭행을 행사한 사건의 대표로서 징계한 것이다. 재판이 끝나기 전에 징계를 했다고 항의하지만 학교의 징계는 재판과는 상관없이 학교가 필요

주석

20) 여기서 말하는 유 군은 유시민 작가를 말하는데, 서울대학교 총학생회 대의원회 의장, 도서출판 학민사 편집부장, 한겨레 독일통신원, MBC 100분 토론 진행자, 이해찬 국회의원 보좌관, 개혁국민정당 대표집행위원, 제16대/17대 국회의원, 보건복지부 장관, 국민참여당 대표, 통합진보당 공동상임대표, 진보정의당 창당준비위원회 집행위원, 한국학술진흥재단 기획실장, 성공회대학교 교양학부 겸임교수, 노무현재단 이사장을 역임했으며, 2013년에 "직업으로서의 정치를 떠난다"고 밝히며 이후 작가 활동에 집중하고 있다.

하다고 판단할 때에는 언제나 가능한 것이다. 본인이 폭력 사실을 인정하고 이에 대한 책임을 지겠다고 직접 표현했다. 경찰 조서에도 그렇게 되어 있다. 만일 유 군이 대표로 징계 받지 않으면 (본인이 직접 폭력을 행사하지 않았고 다만 이러한 행동에 대한 도덕적 책임만 진다는 이유로) 폭력행사를 한 많은 학생을 찾아 모두를 징계해야 한다.

무기 이하의 징계를 받은 학생들은 위에서 지적한 사유에 대해서 총장실 난입 사건, 승인되지 않은 유인물 제작 등과 관계된 것이다. 대학은 교육기관이기 때문에 교육적 견지에서 징계사유가 없어졌다던가, 또는 학생이 개정의 정을 뚜렷이 나타내고 있다고 판단될 때, 징계를 중지할 수도 있다. 그러나 지금은 징계를 철회할 시기가 아니다.

「학생회를 인정하라」

현재 호국단 제도 하에서도 학생들이 원하는 자율적 활동을 충분히 할 수 있다. 구체적 사실로서 호국단 설치령에 호국단 기능 외에 학생자치활동(제2조, 제9조)에 관해 분명히 있다.

다만 학생들은 교수의 지도를, 그리고 사전승인 제도를 싫어하는 것 같다. 이것이 문제라면 학생들과 진지하게 논의해 볼 수 있다. 1학기 초부터 계속 학도호국단 대표와 수없이 접촉하면서 이런 점을 지적했지만 결국 학생들은 일방적으로 학생회를 조직했다. 학생들을 지도하고 승인하는 과정에서 학교가 무조건 모든 것을 반대한다고 하지만, 이 과정은 대학이 교육기관이기 때문에 불가결한 것이다. 학생은 학생대로 주장하는 바가 있고, 학교는 교육적 입장에서 주장하는 바가 있으며 이는 대립되는 경우가 있기도 하는 것이다.

현재 학생들이 만든 학생회 회칙을 보면 이것은 교육기관에서의 학생들의 조직이 아니라 사회단체나 정당과 같은 것이다. 학교가 어떻게 그런 단체를 인정할 수가 있는가? 학생은 교수의 지도를 받아야 한다. 이곳은 교육기관이다. 뿐만 아니라 호국단 설치령에 따르면 호국단 외의 조직은 허용되지 않는다. 따라서 학생회를 인정할 근거가 전연 없다.

「뿌락지 사건을 해명하고 교수는 동참하라」

대학인이면 누구나 대학이 사찰의 대상이 되는 것에 반대한다. 그러나 이번 경우 소위 학생대표가 만든 진상조사서를 보면 도저히 믿을 수 없는 것이 두 가지 점에서 나타나 있다. 즉 두께 0.9cm, 가로 3cm, 세로 2cm의 소형 기구를 가지고 녹음, 촬영, 망원, 도청, 무전 등을 했다고 되어 있는데, 이 분야를 전공하는 교수에게 물어 본 결과 현대 과학기술로서는 어느 나라에서건 절대로 만들지 못한다고 한다. 특히 도청 장치는 도청 장소에 어떤 기구를 부착시킴으로써 가능하며 망원은 줌이 되어야 가능하다.

또 하나는 정보를 제공하는 대가로 돈을 은행 온라인을 통해 받았는데 통장을 분실하고 말았다는 것이다.

이 두 가지는 중요한 물증인데 하나는 불가능한 것이고, 다른 하나는 없다고 하니 어떻게 믿을 수 있겠는가?

교수와 학생이 공동으로 조사위원회를 구성하자고 하는데 우리의 한계를 분명히 인식해야 한다. 즉, 학생이나 교수는 어떤 사람을 심문할 수도 없고 조사 능력도 없다. 다만 관련 기관이나 당국에 부탁할 수밖에 없다. 대학은 나름대로 활동을 했고, 지금도 계속 노력하고 있다.

학생들은 학교 당국이 무성의하다고 계속 주장하고 있는데, 우리 나름대로 많은 노력을 했다. 예를 들면, 경찰이 불법 연행을 한다고 할 때 학생처장이 직접 관할 경찰서에 가서 서장을 만났고, 부처장과 연구관이 가서 26명의 학생을 데리고 왔다. 이 외에도 여러 기관과 접촉을 하고 있다. 이러한 활동을 모두 자상하게 학생에게 보고해야 한다는 말인가?

학생 가운데는 경찰에게 폭행을 당했다고 하는데 그런 경우 나한테 직접 오게 하라. 그리고 그것이 사실이라면 즉각 항의하겠다.

학생한테 당부하고 싶은 것은 절대로 물리적인 힘으로 학생운동이 성공할 수 없다는 것이다. 이는 동서고금을 통해 증명되고 있다. 역사책을 읽어 보라!

그리고 대학에서 학생이 교수를 적대시해서는 안 된다. 어떻게 하든 교수와 학생은 가르치는 사람과 배우는 사람의 관계를 유지해야 한다. 이것이 없어지면 대학은 문을 닫아야 한다. 요즘처럼 연구와 교육을 방해하고, 교수를 적대시하고, 수업을 거부한다면 대학이 존재해야 할 근거나 이유가 없어지게 되고 따라서 대학은 문을 닫을 수밖에 없지 않느냐? 학생 활동은 extra-curricular-activity(과외 활동)이라는 점을 인식해야 한다.

이 7장의 메모를 살펴보면, 1984년 서울대학교에서 발생한 이른바 '프락치 사건'은 당시 권위주의 정권 하에서 학생운동이 직면했던 복합적인 현실을 보여주는 중요한 역사적 사건임을 알 수 있다. 사실 1980년대 초 한국은 1979년 박정희 대통령 암살과 1980년 5월 광주민주화운동의 유

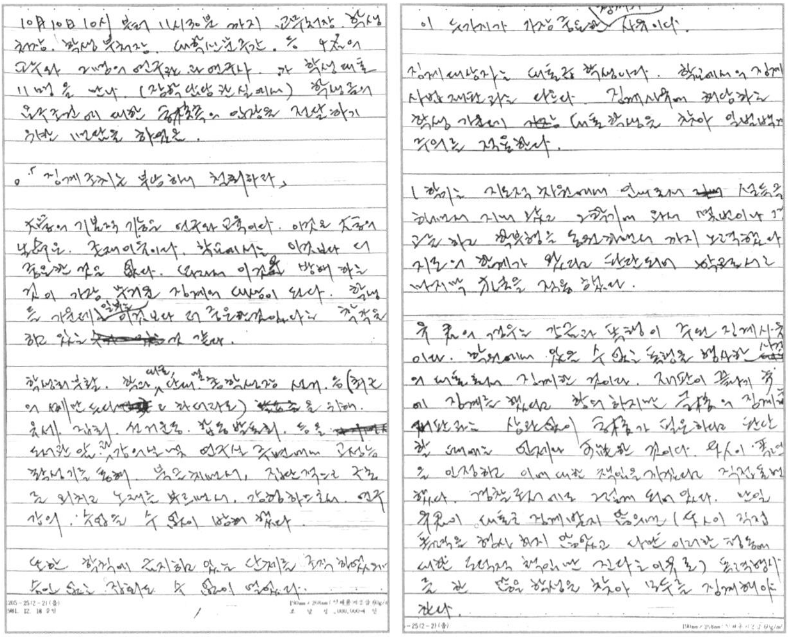

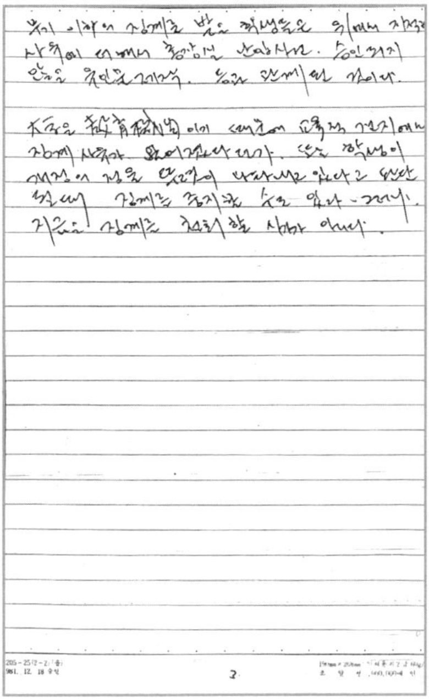

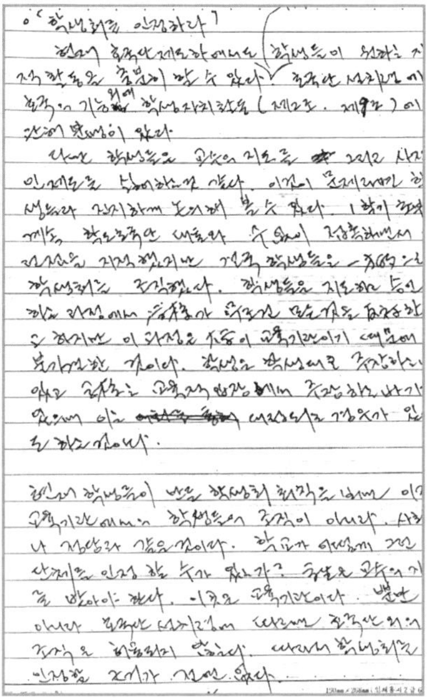

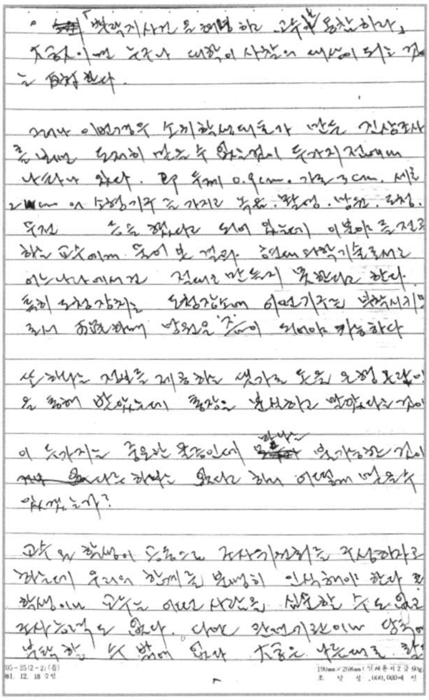

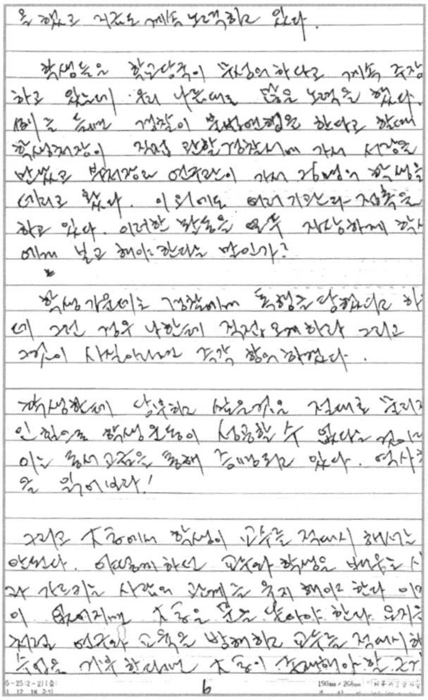

extra-curricular-activity

7

당시 남세진 학생처장이 직접 작성한 메모지 전문

혈 진압 이후 집권한 전두환 신군부의 강력한 군사독재 통치 아래 있었다. 전두환 정권은 언론 통제, 정치 활동 금지, 대학교 휴교령 선포 등 사회 전반에 걸쳐 엄격한 통제를 가했으며, 특히 민주화 운동의 거점이었던 대학은 집중적인 감시와 탄압의 대상이 되었다.

이러한 폭압적인 분위기 속에서, 전두환 정권은 미국 대통령 레이건이 11월 12일에 방한하여 11월 14일 방한을 마치고 미국으로 떠난 지 40일도 채 안되어 앞에서도 언급했듯이, 1983년 12월 21일부터 '국민화합조치' 또는 '학원자율화조치'라는 이름으로 일련의 유화책을 발표했다. 여기에는 1,363명의 제적 학생 복교 조치, 해직 교수들의 부분적 복직 허용, 그리고 대학 내 상주 경찰 병력의 공식 철수 등이 포함되었다. 이러한 조치는 겉으로는 학원의 자율성을 보장하고 사회적 긴장을 완화하려는 시도로 비쳤다.

그러나 학생들은 이러한 정부의 발표를 신뢰하지 않았다. 대학 구성원들은 여전히 대학 내 여러 곳에 공안 기관원들의 감시 장소가 존재하고 있었고, 교직원과 공안 기관원 간의 연계가 공공연하며, 정체불명의 젊은이들이 캠퍼스를 배회하고 있다는 불안감을 가지고 있었다. 특히 학생운동 내부에 침투한 프락치에 대한 뿌리 깊은 불안감은 학생들로 하여금 외부 사람에 대한 극도의 의심을 품게 만들었다. 이러한 배경은 1984년 서울대 프락치 사건이 발생하게 된 결정적인 요인으로 볼 수 있는데, 정부의 이중적이며 기만적인 유화책이 오히려 학생들의 의심과 자구적인 대응을 철저히 심화시키는 역설적인 결과를 낳았던 것이다.

사실 1984년 서울대 프락치 사건은 서울대학교 학생들이 정보기관의 프락치로 의심되는 외부인 4명을 감금하고 폭행한 사건으로, '서울대 민간인 감금 폭행 사건'으로도 불린다. 이처럼 두 가지 명칭이 함께 사용되는 현상은 사건의 본질과 관련하여 첨예한 역사적, 도덕적 논쟁이 존재함을 시사한다. 즉, 학생운동의 정당성과 피해자의 인권이라는 두 가지 첨예한 시각과 관점이 부딪치는 지점을 명확히 보여주기 때문이다. 따라서 이 사건은 1980년대 대한민국의 학생 민주화 운동이라는 거대한 흐름 속에서 발생했으며, 강력한 군사독재 체제를 구축하여 사회 전반에 걸쳐 전방위적인 억압 정책을 펼친 전두환 정권의 폭압적인 통치와 이에 맞선 학생들의 저항운동이라는 맥락에서 이해할 필요가 있다.

이 당시 이 사건의 핵심적 인물로 유시민을 들 수 있다. 유시민은 1978년 서울대학교 경제학과에 입학한 이래 학생운동에 적극적으로 참여했다. 1980년에는 서울대 총학생회 대의원회 의장으로서 활동하다 체포되어 제적당하고 강제 징집되는 고초를 겪었다. 이후 1984년 정부의 대규모 운동권 학생 복교 조치에 따라 서울대에 복학했으며, 당시 서울대 복학생협의회 집행위원장으로서 학생운동의 주요 인물로 활동했다.

유시민은 1984년 프락치 사건 발생 후에 사건을 수습하는 과정에서 구속되었다. 당시 경찰은 유시민이 폭행을 지시하거나 직접 가담한 사실이 없다고 진술했음에도 불구하고, 서울시경 고위 간부의 지시에 따라 신병 확보가 용이한 유시민에게 혐의를 씌웠다는 김영복 관악경찰서 수사과장의 주장이 제기되기도 했다. 그리고 당시 언론 보도에 따르면, 유시민 자신이 주범임을 자백하는 진술서가 억지로 작성되기도 했다고 한다.

아무튼 유시민은 이 사건으로 1심에서 징역 1년 6개월의 선고를 받았고, 항소심에서는 징역 1년으로 감형을 받았는데, 이렇게 감형을 받게 된 여러 이유들 중의 한 가지는 1985년, 당시 26세였던 유시민이 변호사의 권유로 직접 자신이 작성한 항소이유서의 내용 때문이었다. 지금도 이 항소이유서는 한국의 한 시대의 탁월한 기록으로 남아 있다. 이 항소이유서는 단순한 법적 변론을 넘어, 당시 청년들이 겪었던 시대적 고뇌와 개인적인 변혁을 담아낸 문학적, 역사적 문서로 평가받고 있다. 15장에 달하는 이 문서의 상당 부분은 프락치 사건에 대한 자신의 입장을 피력하고, 이후에는 폭력 과격 학생으로 지목된 자신의 개인사를 서술하고 있다. 항소이유서의 핵심 내용은 다음과 같다.

- 개인사의 변화와 사회 현실에 대한 자각: 유시민은 1978년 법관을 지망하던 순진한 19세 소년이 제적, 강제징집, 복교, 재제적, 구속의 과정을 거치며 '문제 학생'으로 변모해 가는 과정을 담담하게 서술했다. 그는 5월 어느 날 최루가스 속에서 머리채를 붙잡혀 끌려가던 여학생의 모습을 보고 변화했으며, "열여섯 살 꽃 같은 처녀가 매주일 60시간 이상을 일해서 버는 한 달 치 월급보다 더 많은 우리들의 하숙비"에 대한 부끄러움을 느꼈다고 고백했다. 이러한 서술은 그의 개인적인 경험이 사회 현실에 대한 깊은 자각으로 이어졌음을 보여준다.
- 법관의 꿈 포기: "사랑하는 선배들이 '신성한 법정'에서 죄수가 되어 나오는 것을 보고" 법관의 꿈을 버렸다고 밝히며, 당시 사법 시스템이 민주화 운동을 탄압하는 데 이용되는 현실에 대한 비판적 인식을 드러냈다.

- 녹화사업과 양심의 고통: 특히 그는 1980년 5.17 조치에 따라 군대에 강제 징집된 후, 제대를 두 달 앞두고 겪었던 '녹화사업' 또는 '관제 프락치 공작' 앞에서 "그들의 요구에 응하는 타협책으로써 일신의 안전을 도모할 수밖에 없었"던 양심의 고통을 절절하게 표현했다. 이 부분은 당시 정권이 학생운동을 통제하기 위해 얼마나 교묘하고 폭력적인 방법을 사용했는지, 그리고 그 과정에서 개인이 겪어야 했던 도덕적 고뇌를 생생하게 증언한다.

유시민의 항소이유서는 단순한 법정 진술을 넘어, 모순으로 가득 찬 조국을 사랑했던 한 젊은이가 온순한 인간에서 열렬한 투사가 되어가는 과정을 보여주며, 그의 삶의 여정이 특수한 예외가 아니라 그 시대 젊은이들이 공유했던 보편적인 경험이었음을 나타냈다. 이 문서는 담당 재판부뿐만 아니라 법조계에서 회람되고, 재야인사와 대학생들 사이에서 돌려 읽히면서 대단한 사회적 반향을 일으켰다.

1985년 7월 6일자 동아일보 6면 상단의 '窓'이라는 박스 기사에서 유시민의 항소이유서가 소개되기도 했으며, 기자는 유시민의 항소이유서 중 평범한 대학 신입생이었던 피고인이 '문제 학생'으로 지목되어 가는 과정을 소개하면서 '문제 학생'의 항소에 귀 기울여 달라고 요청했다. 이처럼 항소이유서는 한 개인의 법적 방어 문서를 넘어, 1980년대 민주화 운동에 참여했던 젊은 세대의 집단적인 경험과 고뇌를 대변하는 상징적인 문서가 되었다.

유시민의 항소이유서는 사건의 논란에도 불구하고, 당시 정권의 녹화사업과 같은 탄압 실태를 고발하며 대중에게 학생운동의 고뇌와 정당성을 알리는 데 기여했다. 이는 당시 대중이 학생운동의 어려움을 이해하고 공감대를 형성하는 데 중요한 역할을 했다. 다시 말해, 이는 시대를 초월하여 개인의 고통스러운 서사가 어떻게 당대의 정치적 저항과 불가분하게 연결되어 대중적 공감을 얻고 운동의 동력이 될 수 있는지를 보여주는 중요한 역사적 사례로 남아 있다.

결론적으로, 1984년 프락치 사건은 당시 남세진 교수의 메모에 언뜻 나타나 있듯이 학생운동이 직면했던 윤리적 딜레마를 여실히 드러냈다. 권위주의 정권의 탄압과 프락치 침투에 대한 극심한 불안감 속에서 발생한 자구적인 조치였지만, 공식적으로 피해자들이 프락치가 아니라는 사실이 밝혀지면서 학생운동의 정당성에 대한 비판적 시각이 제기되었다. 이러한 내부 성찰은 학생운동이 이후 더욱 대중적이고 비폭력적인 방식으로 전환하는 데 영향을 미쳤을 것으로 평가된다. 실제로 1984년에는 총학생회 재건을 위한 노력이 계속되었고, 학도호국단 폐지 및 총학생회 인정 등 학생 자치 활동의 진전이 이루어졌기 때문이다.

이러한 일련의 서울대 학생운동의 한 가운데서 남세진 교수의 메모 속에는 그래도 대학의 정체성과 폭력의 위험성, 스승의 위치와 학생의 자세, 스승의 도리, 법의 규범성과 한계성 등을 들어 당시 학생들을 치밀하게 설득하려고 한 학생처장의 고심 찬 인간적 노력을 엿볼 수 있다.

남세진 교수의 네 번째 성격의 특징은 갑작스런 변화보다는 예측 가능한 상황을 좋아해서 안정적이고 익숙한 방식을 선호하는 성격을 지녔다는 점이다. 자연히 전통과 규칙을 대단히 중요시함으로써 고집이 세다는 평을 듣기도 했고, 기본, 예의, 상식을 강조함으로써 다소 엄격한 딱딱한 면이 인간관계에서 부드러운 가운데 언뜻언뜻 묻어 나오기도 했다.

일여(一如)라는 남세진 교수의 불교의 영향을 받은 호에서 보듯이, 문자 그대로 풀면 一(일)은 하나, 일치를 뜻하며, 如(여)는 ~와 같다는 뜻으로서 종합해 보면 하나처럼 같다는 뜻이 들어 있다. 조금 더 깊이 들어가면, 불교에서 말하는 모든 존재는 본래 하나로 통한다는 '일체일여(一體一如)'와 같은 맥락에서 세상의 모든 차별과 다양성도 본질은 하나라는 통찰을 담아 기본과 전통을 소중히 여김으로써 융통성과 유연성이 다소 부족함을 보여 준다고 할 수 있다.

이는 어릴 때부터 자라날 때 모친의 지극한 불성의 영향이 크지 않았을까 추측된다. 이러한 종교적 차이는 결국 독실한 사모님의 기독교 정신과 다소 어긋나는 현상을 일상에서 가끔씩이라도 표출될 가능성이 있었다. 물론 남세진 교수는 병마에 시달리면서부터 사모님의 권유에 의해 교회에 잘 다니게 되었으며, 세상을 떠날 때는 사모님과 함께 다닌 교회의 안수집사 직분을 수여 받아 기독교 신앙인이 되었다.

이러한 성격을 바탕으로 남세진 교수가 한 평생 갖고 있던 신념은 크게 세 가지라 할 수 있다.

첫째는 사람을 소중히 여기는 정신, 즉 사람중심 철학을 한평생 중요시한 점이다. 사람을 소중히 여기는 정신은 말 그대로 한 사람 한 사람을 귀하게 생각하고, 존중하며 대하는 마음가짐을 말한다. 이는 단순한 예의나 예절의 차원을 넘어서 사람 그 자체의 존엄성과 가치를 인정하는 태도를 말하는데, 남세진 교수는 한 평생 이를 실천해 보려고 노력해 왔다.

그는 사람은 누구나 존중받아야 할 존재라는 인간 존엄성을 중시하였다. 나이, 성별, 직업, 외모, 능력에 상관없이 모든 사람은 그 자체로 가치 있는 존재라는 걸 인정하면서 서로를 지지하고 함께하고자 한평생 애써 왔다. 결국 사람을 소중히 여긴다는 건 "내가 소중하듯, 너도 소중하다"라는 마음으로 서로를 바라보고 대하는 정신인데, 이러한 정신은 바로 사회복지의 핵심 가치인 '상대방의 입장에서 출발하라(Start where they are!)', '있는 그대로 출발하라(Start as it is!)'라는 명제와 일맥상통하는데, 이 명제를 수업 첫 시간부터 굉장히 강조하였다. 한마디로 그는 모든 정책과 학문은 인간을 위한 것이라는 신념을 갖고 있었다.

둘째는 더불어 사는 삶을 중시하는 신념을 가졌다는 점이다. 더불어 사는 삶의 의미는 단순히 함께 사는 것 이상의 가치를 담고 있는데, 이 말은 개인이 혼자서만 살아가는 것이 아니라, 다른 사람들과의 관계 속에서 서로 배려하고 도우며 살아가는 삶을 의미한다. 그래서 남세진 교수는 경쟁보다는 협력을 중시하며, 나와 다른 생각이나 삶의 방식을 가진 사람들과도 평화롭게 어울리며, 다양한 가치와 문화 속에서 함께 살아가는 걸 훨씬 원했다. 그는 늘 사회나 공동체 안에서 나의 역할을 잘 알아 책임 있게 행동하였으며, 사회의 약자를 외면하지 않으며 혼자가 아닌 '우리'를 마음 중심에 두면서 살고자 했다.

셋째는 실천지향 학문관에 대한 신념이 투철했다는 점이다. 상아탑 안에서 머무는 탁상공론적인 단순한 이론이 아닌, 현장 연결성을 늘 강조하였다. "현장을 외면한 이론은 공허하며 무기력하기 때문에 이론을 현장에서 잘 써 먹어야 한다"는 얘기를 늘 달고 다녔다. 연구는 실제 일어나고 있는 사회문제, 특히 취약계층의 삶과 긴밀하게 연결돼야 하며, 학문은 정부 정책, 제도 개선에 대한 대안을 제시하는 역할을 충실히 수행할 때만이 가치를 지닌다고 강조하였다. 그리고 학자는 지식의 생산자이자, 현실 참여를 통해 사회적 약자의 대변자 역할을 수행하는데 윤리적 책임의식을 단단하게 가져야 함을 역설하였다. 이러한 신념은 그의 논문, 정책 자문, 그리고 많은 제자 양성을 통해 체계화됨으로써 '학자이자 실천가'로서의 정체성을 형성시키는 데 기여를 했다.

제 3 장

집단사회복지의 이론 구축과 실천

1. 남세진 교수의 연구 업적

남세진 교수의 모든 연구 업적을 시대별로, 그리고 주제별로 분류하여 그 특성을 살펴보고자 한다.

1) 연구 업적

남세진 교수의 모든 연구 업적을 저·역서, 학위논문, 학술논문 등 세 가지로 구분하여 다음과 같이 정리하여 제시하고자 한다.

■ 저·역서

1972. 〈간호사회학〉

1974. 〈한국사회사업사례집(I)〉, 한국사회복지연구소

1976. 〈한국사회사업사례집(II)〉, 한국사회복지연구소

1982. 〈현대사회복지론〉 김영모, 남세진, 신섭중 공편, 한국복지정책연구소

1986. 〈집단지도방법론〉, 서울대출판부

1988. 〈사회복지조사방법론〉, 서울대출판부

1992. 〈인간과 복지〉, 한울

1993. 〈한국사회사업(복지)실습 교육지침 및 평가모형개발〉, 한국사회사업(복지)대학협의회

1995. 〈한국사회복지론〉, 남세진, 조흥식 공저, 나남

1995. 〈한국 사회복지의 선택〉, 남세진 편, 나남

1997. 〈역할놀이〉 서울대 출판부

1998. 〈집단지도방법론〉(전정판), 남세진, 조흥식 공저, 서울대출판부

■ 학위논문

1960. "청소년 비행원인에 대한 고찰", 서울대학교 사회사업 석사학위논문

1982. "집단지도 실천이론 구축을 위한 연구", 서울대학교 사회복지 박사학위논문

■ 학술논문

1961. "Superego 결손치료에 관한 연구", 〈사회사업연구〉, 제1집.

1961. "한국사회사업의 진로: 역사적 고찰", 〈사회사업학보〉, 제1집.

1964. “Community Development in Asia Countries”, 미국사회사업학회 단행본.

1965. “Community Development of Organization의 비교연구”, 한국지역사회전문교육연찬회.

1965. “한국의 가정문제 연구”, 사회사업교육연찬회.

1966. “지역사회개발사업에 대한 소고”, 〈문리대학보〉, 제21호.

1966, “Purpose and Problems on Education for Social Group Work”. ECAFE 사회사업교육자회의 발표.

1967, “사회보장제도에 있어서 공적부조의 위치”, 서울문리대 사회사업학회.

1968, “지역사회개발에 있어서 욕구개발의 문제”, 〈문리대학보〉, 제23호.

1968, “가두사회사업연구”, 〈사회복지연구〉, 제2집.

1968, “사회보험의 기초이론”, 〈사회보장〉, 제1집.

1969. “집단지도의 기초이론”, 〈사회사업학보〉, 제4집.

1969. “사회복지협의회에 관한 연구”, 〈복지연구〉, 제3집.

1970, “학생집단 활동에 관한 연구”, 한국사회사업학회발표.

1970, “부녀복지문제에 대한 현실적 분석”, 국가발전과 부녀복지문제 세미나 주제.

1970, “사회복지종사자에 대한 인력조사 연구”, 보사부 세미나 주제발표.

1971, “Group Work 과정에서 나타나는 ‘Conflict’에 관한 연구”, 〈문리대학보〉, 제26호. 1971, “가족계획사업을 위한 사회사업의 효과적 방안에 관한 연구”, 단행본.

1971, “사회복지시설 (아동) 서비스에 관한 효과조사”, 보사부 사회사업지도자세미나.

1971, “집단발달단계에 따른 Principle 적용문제”, 사회사업학회.

1972, “지역사회 필요와 서비스에 관한 연구(통합적 방법의 적용문제)”, 한국사회사업대학협의회.

1972, “사회사업교육에 있어서의 사회복지이론”, 한일사회사업교육세미나 자료집.

1972, “농촌생활환경의 개조”, 지방행정, 제21권 제1호, 대한지방행정협회.

1973, “한국의 노인복지 문제와 대책”, 한일사회복지연구협의회 분과회 발표문.

1973, “가족계획과 사회사업교육”, 보사부 가족계획에 대한 사회사업 교육자세미나 토의자료.

1973, “문제아동, 청소년에 대한 예방대책”, 보사부 아동과 청소년 의 지도자세미나 회의자료.

1974, "사회사업종사자 훈련효과에 대한 연구", 보사부 조사발표회.
1974, "한국사회사업 교과과정 개발을 위한 연구: 통합적 접근", 한국사회사업학회.
1975, "미탁아 가정환경에 대한 조사연구", 보사부.
1975, "지식보급과 활동과정에 관한 집단단계이론의 통합연구", 몽산송수논문집.
1976, "아동복지를 위한 사회정책", 행동과학연구소.
1976, "지방분산 훈련효과에 관한 연구", 보사부.
1976, "서울시내 아동시설 조사연구", 발표회.
1977, "노인세대 조사", 여성단체협의회.
1977, "의료보호제도의 효율적 운영방안", 경기도 지역평가교수회.
1978, "한국사회사업 교과과정 개발을 위한 연구", 〈한국사회복지〉.
1978, "사회사업교육에 있어서의 사회복지이론", 한일사회사업교육세미나.
1978, "1980년대의 민간아동복지기관의 역할", 한국기독교복리회 창립 30주년.
1979, "어린이와 복지환경", 유네스코 세미나.
1980, "'War on Poverty'의 배경에 관한 연구", 〈서울대 사회대 사회과학논문집〉.
1981, "아동복지", 〈한국교육학회 학술세미나 논문집〉.
1982, "집단지도 실천이론 구축을 위한 연구", 〈한국사회사업학회지〉.
1982, "사회사업 전공대학원 교과과정 연구", 〈서울대 사회사업학과 보고서〉.
1985, "아동 및 청소년 복지의 전문화 방안", 전국사회복지대회.
1985, "청소년 복지대책", 한일수교 20주년 학술세미나.
1987, "우리나라 사회복지교육의 현황과 과제", 〈사회복지연구논문집〉, 제9집.
1987, "현대사회복지학의 이론과 실제", 〈현대사회〉, 봄호.
1988, "Social Work Education in Korea, Curriculum Development in Korea", Seminar on Social Work Education in Asia and Pacific Region.
1989, "장애자 청소년에 대한 집단지도", 〈사회복지연구〉 1호, 사회복지연구회.
1990, "미국 '대 빈곤전쟁(War on Poverty)'의 배경", 〈사회복지학의 이론과 실제〉.
1990, "미국의 대 빈곤전쟁에 관한 연구: 헤드스타트 프로그램을 중심으로", 〈사회복지연구〉, 2호.
1991, "체계이론에서 본 고부갈등: 부부체계와 부부간의 관계를 중심으로", 〈사회복지연구〉, 3호.

2) 시대별 특성

남세진 교수의 전체적인 연구 업적을 저·역서 및 학술논문을 구분하여 시대별로 정리해 보면 다음과 같다.

첫째, 학자와 교육자로서 초창기인 1960년대부터 1970년대까지는 처음 서울대 석사학위 논문인 "청소년 비행원인에 대한 고찰"(1960)을 시작으로 1960년대까지 학술논문은 있으나 저·역서는 없다. 아직 나이가 젊은 30대 중반 시기였기 때문이다.

그러나 1960년대 학술논문은 "Superego 결손치료에 관한 연구"(1961), "한국사회사업의 진로: 역사적 고찰"(1961), "Community Development in Asia Countries"(1964), "Community Development of Organization의 비교연구"(1965), "한국의 가정문제 연구"(1965), "지역사회개발사업에 대한 소고"(1966), "Purpose and Problems on Education for Social Group Work"(1966), "사회보장제도에 있어서 공적부조의 위치"(1967), "지역사회개발에 있어서 욕구개발의 문제"(1968), "가두사회사업연구"(1968), "사회보험의 기초이론"(1968), "집단지도의 기초이론"(1969), "사회복지협의회에 관한 연구"(1969) 등 다수가 존재한다.

1970년대에 들어서면 30대 후반기이자 40대 초반기인 1970년대 중반까지 기간 동안 3권의 저서가 눈에 띈다. 간호사회학(1972), 한국사회사업사례집(I)(1974), 한국사회사업사례집(II)(1976) 등이 그것이다. 그리고 학술논문은 "학생집단 활동에 관한 연구"(1970), "부녀복지문제에 대한 현실적 분석"(1970), "사회복지종사자에 대한 인력조사 연구"(1970), "Group Work 과정에서 나타나는 'Conflict'에 관한 연구"(1971), "가족계획사업을 위한 사회사업의 효과적 방안에 관한 연구"(1971), "사회복지시설 (아동) 서비스에 관한 효과조사"(1971), "집단발달단계에 따른 Principle 적용문제"(1971), "지역사회 필요와 서비스에 관한 연구(통합적 방법의 적용문제)"(1972), "농촌생활환경의 개조"(1972), "한국의 노인복지 문제와 대책"(1973), "가족계획과 사회사업교육"(1973), "문제아동, 청소년에 대한 예방대책"(1973), "사회사업종사자 훈련효과에 대한 연구"(1974), "한국사회사업 교과과정 개발을 위한 연구: 통합적 접근"(1974), "미탁아 가정환경에 대한 조사연구"(1975), "지식보급과 활동과정에 관한 집단단계이론의 통합연구"(1975), "아동복지를 위한 사회정책"(1976), "지방분산 훈련효과에 관한 연구"(1976), "서울시내 아동시설 조사연구"(1976), "노인세대 조사"(1977), "의료보호제도의 효율적 운영방안"(1977), "한국사회사업 교과과정 개발을 위한 연구"(1978), "사회사업교육에 있어서의 사회복지이론"(1978), "1980년대의 민간아동복지기관의 역할"(1978), "어린이와 복지환경"(1979) 등이 있다.

이러한 1960년대부터 70년대까지 남세진 교수의 초기 연구 업적들을 종합적으로 살펴보면 간호사회학, 사회복지사례집 등 사회복지 실천에 관한 저서가 소수 있으며, 학술논문들은 지역사회개발, 가정문제, 사회보장, 공공부조, 집단지도 이론, 사회사업 종사자 훈련, 노인복지, 가족계획, 아동복지 등 다양한 사회복지 실천 중심 주제들과 관련된 연구들이 많다. 그리고 보건사회부(현 보건복지부), 교육부, 지방정부와 연계된 실천적 연구가 다수를 차지하고 있다.

이외에도 젊은 시절 남세진 교수는 상당히 많은 강연을 부탁을 받아 대학 외부에서 특강을 했는데, 다음과 같은 두 편의 특강이 요약되어 매일경제(1971년4월 15일자, 국가발전과 부녀복지, 서울대 남세진 교수 강연요지)와 가톨릭신문(1973년 10월 14일자, 제886호 2면, 사회사업분야에 있어서의 수녀 역할, 남세진)에 크게 게재되기도 하였다. 이 당시 부녀복지는 이론적으로는 부녀를 대상으로 한 모든 복지활동 전반을 다루는 것으로 되어 있지만 현장 실무를 맡고 있는 행정적 차원에서는 주로 모자원이나 윤락여성보호에 한정된 사업임을 발견하게 되며, 현재의 여성복지를 이 당시에는 부녀복지로 칭하여 여성의 지위를 낮춰보는 가부장적 속성을 드러내 주고 있음을 알 수 있다. 두 신문에 게재된 내용을 제시하면 다음과 같다.

〈매일경제〉

- 국가발전과 부녀복지 서울대 남세진 교수 강연요지

부녀복지사업이란 모자원이나 윤락여성보호에 한정된 사업뿐만 아니라 부녀를 대상으로 한 모든 복지활동 전반을 의미한다. 그런데 왜 이 활동이 바람직하게 되어 지지 않는 반면 급격한 사회적, 경제적 변화의 후유증이 유독 여성에게만 일어나고 있는가?

지난12일 사단법인 부녀보호사업전국연합회는「국가발전과 부녀복지 문제」제하의 강연회를 여성회관에서 열고 이에 대한 효과적인 방안을 검토했다.

이날 강연에 나선 남세진 교수(서울대)는 그 후유증이 여성에게 가장 심각하게 대두된 이유는 전통적인 여성관과 현대 여성관 사이의 급격한 갈등 때문이라고 지적했다.

다음은 남교수의 강연요지.

전통적으로 우리나라의 여성생활은 사회가 부과한 삼종지도(결혼 전에는 아버지를 따르고, 결혼 후에는 남편을 따르며, 남편의 사후엔 아들을 따르다)에 집착, 여기서 자신의 행복과 만족을 구했으나 오늘의 여성은 남편이나 부모와 대등한 발언권, 결정권을 갖고자 한다. 이 두 생활 관념의 차이는 때로는 가정불화를 낳고 이혼으로 이끌기도 한다.

또한 도시화 과정에서의 인구집중, 그리고 3차 산업의 팽창은 부녀들에게 다방, 음식점, 요정, 바, 양장점, 미용원, 이발소, 목욕탕(터키탕), 호텔, 버스, 통신에의 종사율을 증대시켜 윤락의 전 단계를 제공해 준 셈이다.

이와 같이 여성에게 다각적으로 접근해오는 문제의 근원은 다음과 같다.

① 이 분야에 직접 관여해온 사람들의 국부적이고 보수적 성격, 그리고 변화 없고 융통성 없는 복지사업에 가장 큰 책임이 있는 것이다. 따라서 '돈만 있으면 해결 된다'는 몰이해를 벗어나 이 문제의 심각성과 복잡성을 이해해야 한다.

② 사회적 관심에서의 소외.

③ 예산상 지나친 정부 또는 외부에의 의존.

④ 윤락여성에 관한 복지활동이 수용, 직업보도, 귀향조처 등 소극적인데 그치고 있다. 융통성이 없는 방안을 벗어나 근본 요인, 즉 사회의 성 문란성, 유흥가와 팁 문제 등 구체적인 근원을 분석하자.

⑤ 부녀복지사업 종사자의 전문성 결여.

⑥ 과감한 분석과 평가를 할 수 있는 과학성과 합리성의 결여 등이 그 주원인이다.

이 같은 원인은 여성들로 하여금 사회의 어두운 구석구석에서 자기 나름의 생활수단을 좇게 조장하고 있다.

부녀문제는 부녀만의 문제가 아니라 모든 사회문제와 직접, 간접으로 관련 지워져 있음을 깨달아야 한다.

그러면 부녀복지 사업의 효율성을 위한 구제책은 무엇인가?

첫째, 이 문제에 대한 사회적 관심을 얻는다. 그러자면 사회적 영향력이 큰 매스미디어가 근로여성의 복지활동, 식모에 대한 적절한 서비스, 비행소년, 미혼녀에 대한 전문적 봉사, 가족계획사업 등의 문제를 클로즈업시켜 일반사회의 지지와 호응을 받아야 한다.

둘째, 전문교육과 지식인의 활동이 요청된다.

셋째, 부녀복지를 위한 자체조직을 한 곳에 집결시켜 현실적인 제약이나 소외를 탈피할 수 있는 힘을 가지게 한다.

넷째, 이 사업이 사회각층에 파고 들어가 활발한 사업이 전개되어야 한다.

그러자면 첫 단계로 사회적 영향력이 강한 단체(예를 들면 전국경제인연합회, 상공회의소)와 상호 관련을 맺고 일반가정 부인들과도 관련을 맺어야 하며 부녀복지사업의 참여자를 여성에 국한하지 말고 남성까지 동조자로 참여토록 해야 할 것이다.

〈가톨릭신문〉

- 사회사업 분야에 있어서의 수녀역할/남세진

전쟁고아와 빈민 구제사업을 중심으로 한국에 도입된 사회사업은 아직도 그 본연의 기능을 발휘하지 못한 채 일면에서의 몰이해와 비협조로 방황하고 있다. 다음은 지난 1일부터 3일까지 서강대학에서 「사회참여를 위한 수녀의식 개발」을 주제로 열린 수녀연합회 주최 분원장 세미나에서 남세진(南世鎭·서울문리대) 교수가 발표한 「사회사업 분야에 있어서의 수녀들의 역할」 강연초록이다.

사회사업은 자선사업 박애사업에서 출발하고 있으나 오늘에 와서는 전문적인 응용과학이 되었다. 그러나 우리나라에서는 아직 잘 인식되지 않아서 육아원이나 양로원을 하는 사업이면 모두 사회사업을 한다고 생각한다.

전문으로서의 사회사업은 개인이 자립자족을 할 수 있도록 과학적 방법으로 도움을 주는 것이며 여러 가지 자원을 개인적 집단적 그리고 지역사회적 요구에 대응하는 기술인 것이다. 따라서 사회사업은 과학이요 기술이다.

실천과학으로서 사회사업은 자체의 고유한 지식체계를 가지고 있으며 동시에 이것이 기초하고 있는 철학은 가치목적 그리고 원칙을 가진다.

사회사업의 학문적 체계는 일반 사회학 전반에서 필요한 지식을 수집 통합함으로써 이루어진다.

철학과 가치는 기독교 인도주의 그리고 민주주의에 있으며 개인의 고유성 인간의 존엄성 그리고 정의와 책임 등이 그 한 예이다.

사회사업의 목적은 개인, 개인의 환경 그리고 개인과 환경의 상호작용을 향상시킴으로써 개인이 만족의 수단을 가지도록 하는 데 있다.

원칙이란 이론을 실천에 옮김에 따라야 할 규칙과 기술로서 다음의 세 가지 핵심을 이룬다.

① 전문적 관계=사적 관계가 아닌 전문적 관계는 수용, 감정이입, 일관성 등으로 구성된다.

② 유목적적 계획과 행동=목적이 없는 여하한 행위도 용인될 수 없다.

③ 개별화=인간은 모든 면에서 남과 다르고 따라서 그의 환경 그리고 환경과의 상호작용 또한 고유하다. 때문에 이를 중심으로 하여 각 개인의 필요가 개별화됨으로써 도움의 목표가 분명하게 되고 효율적이 된다.

사회사업에는 5대 방법이 있다. 그 중 Social Case Work, Social Group Work, Community Organization & Development,의 세 가지는 일차적 또는 직접적 방법이고 Social Work Research와 Social Work Administration은 이차적 또는 간접적 방법이다.

이와 같은 사회사업을 배우고 실천함에 있어서 수녀는 어떤 유리한 입장에 있다고 볼 수 있다. 그 이유는,

① 수녀의 신분이 현실적 그리고 관념적 제약을 가지긴 하나 그것 자체가 요보호자(要保護者)와의 전문적 관계형성에 있어 유리하다. 사적 아닌 공적 전문적 관계라는 면에서, 그리고 사회적 신뢰감의 발생이라는 면에서 그러하다.

② 수녀는 자기 개인의 이익이나 재산의 소유와는 거리가 멀다는 일반

적 인식으로 사회사업 실천가로서 적격이며 또한 그러한 평을 일반으로부터 받을 수 있다는 점이다.

③ 사회사업이 너무나 전문화되는 경향에서 오는 폐단인 비헌신성 대신에 「헌신적 봉사」가 가능하다.

④ 사회사업가로서 자격 요건인 자기통제가 비교적 수녀에게 있어서는 훈련이 잘 되어 있으며 기독교적 신앙과 철학에 투철한 점에 있어서 사회사업 철학과 공통점을 발견할 수 있다.

둘째, 중기로 볼 수 있는 1980년대는 남세진 교수가 40대 중반기부터 50대 중반기까지로서 학문이 성숙해 가는 과정이라 할 수 있다. 서울대 박사학위논문으로 1982년에 집필된 『집단지도 실천이론 구축을 위한 연구』가 있으며, 저서로는 공저로 『현대사회복지론』(1982), 단독저서로 『집단지도방법론』(1986), 공저로 『사회복지조사방법론』(1988) 등이 있다. 현대 사회복지 이론과, 집단지도 및 조사방법론에 관한 실무에 적합한 방법론, 조사론 책을 저술하였다고 할 수 있다.

이 시기 학술연구로는 "'War on Poverty'의 배경에 관한 연구"(1980), "아동복지"(1981), "집단지도 실천이론 구축을 위한 연구"(1982), "사회사업 전공대학원 교과과정 연구"(1982), "아동 및 청소년 복지의 전문화 방안"(1985), "청소년 복지대책"(1985), "우리나라 사회복지교육의 현황과 과제"(1987), "현대사회복지학의 이론과 실제"(1987), "Social Work Education in Korea, Curriculum Development in Korea"(1988), "장애자 청소년에 대한 집단지도"(1989) 등이 있다. 이 시기 학술논문은 주로 아동·청소년 복지의 전문화, 사회복지 교육 커리큘럼 연구, 사회복지 이론과 실제의 접목을 시도하는 연구, 아동복지 환경 연구, 아시아, 미국 사례에 대한 비교연구 및 분석 등이 이루어지고 있음을 알 수 있다. 다시 말해, 실천에서 축적된 경험을 이론화하고 제도화하는 연구들이 많이 등장하고 있음을 알 수 있다.

셋째, 말기로 볼 수 있는 1990년대는 남세진 교수가 50대 중반기부터 서울대 은퇴를 한 65세까지로서 학문이 영글고 성숙해진 시기라 할 수 있다. 필자가 감히 말기라고 명명한 것은 이 시기에 남세진 교수가 당뇨 합병증 증세가 나타나 간경화 질환을 앓기 시작하여 병마와 싸우면서 연구를 한 시기이며, 은퇴 후 2년 남짓 후 작고하였기 때문이다. 이 시기에 저술한 책들을 살펴보면, 단독저서로 『인간과 복지』(1992), 『역할놀이』(1997) 등이 있으며, 공저로는 『한국사회사업(복지)실습 교육지침 및 평가모형개발』(1993), 『한국사회복지론』(1993), 『한국 사회복지의 선택』(1995), 『집단지도방법론』(전정판, 1998) 등이 있다.

특히 '인간과 복지'라는 교양 선택과목 강의에 필요한 책을 출판하였는데, 서울대 사회복지학과 학생이 아닌 타 학과 학생들이 상당수 수강을 하여 서울대에서 널리 알려진 대표적인 교양서 가운데 하나로 기억되고 있다. '인간과 복지'는 사회복지의 이론적 틀을 체계적으로 정리하면서도, 인간의 삶과 복지의 관계를 깊이 있게 탐구한 책으로 첫째, 통합적 시각에서 인간 행동, 환경, 사회문제를 유기적으로 연결하여 복지를 설명하고 있으며, 둘째, 현장성을 중시하여, 사회복지와 인간에 대한 이론적 설명과 함께 실제 복지제도의 사례를 들어 독자들이 쉽게 이해하도록 하고 있으며, 셋째, 한국 사회복지의 맥락을 잘 짚어내어 국민연금 등 한국 복지제도의 역사와 특징을 상세히 다루며, 제도적 이해를 높이는 데 도움을 주고 있다. 그래서 한 때는 300명 이상의 학생들이 수강 신청을 하는 바람에 300명 이상을 쪼개어 분반을 한 적도 있다. 이 책의 출간 목적과 간략한 책 소개 등을 담은 '서문'과 책의 내용 전체를 한 눈으로 보게 하는 '차례' 제목을 아래에 제시하고자 한다.

| 서문 |

인간은 가치적 존재이다. 인간의 존엄성은 지켜져야 한다. 인간은 성, 연령, 인종, 피부색, 종교, 사회계층, 경제, 문화 등 속성의 차이를 이유로 차별받아서는 아니 된다.

인간은 모두가 잠재력을 가지고 태어나며 그것은 각자 고유하다. 잠재능력은 환경과의 상호작용 속에서 가꾸어지고 만들어진다. 개인의 퍼스낼리티가 형성되며 사회적 기능의 수행력이 발전되는 것이다. 그래서 우리 모두에게는 무엇보다 이를 위한 기회가 중요한 것이다. 사회복지는 인간의 존엄성이란 가치에 기초하여 개인마다의 잠재능력을 개발하는 기회를 제도적으로, 그리고 전문적 서비스를 통하여 제공하는 것이다.

30년 동안 대학 강단에서 강의를 해오면서 이 이야기는 전공에 관계없이 모두에게 알려야 한다고 생각해 왔다. 이 책을 출판하게 된 동기라 할 수 있다.

이 책의 내용은 인간과 환경, 그리고 사회복지기관의 연계성을 이해하는 데 도움이 되도록 편성되어 있으며 이 분야에 관련된 지식들을 소개하고 있다. 제 I 부에서는 개인을 정신분석학적 입장에서 이해하고 동시에 체계론적 입장에서 주요한 환경들을 관련시켜 보도록 하위체계들을 설명하고 있다.

제Ⅱ부는 사회복지가 무엇인가를 학자들이 주장하는 모형과 역사적 변천과정을 통해서 밝혀보고 특히 현대사회의 사회문제를 산업화과정과 연결시켜 봄으로써 사회복지의 입지를 명확히 하려하고 있다.

제Ⅲ부는 오늘날의 사회복지제도, 분야 그리고 전문직을 주요 항목별로 구성하여 서술하고 있다. 마지막 부분에서는 사회사업 전문직과 복지사회에 대해 기술하고 있다.

이 책의 출간을 위해 자료정리와 원고작성에 큰 도움을 준 동료 조흥식 교수에게 감사하며, 원고 교정에 수고한 대학원생 박용권, 이지수, 남기철 제군에게 고마움을 전한다.

1992. 1.

관악산 기슭에서

저자

〈목차〉

인간과 복지 / 차례

서론 4

제 I 부 인간의 이해 13

제1장 개인행동의 이해 15
제1절 기본적 입장 15
체계이론 15
생태체계적 모형 18
제2절 성격 및 행동에 관한 이론들 19
Freud와 정신분석 20
Erikson과 주기이론 29
Jung 38
Rogers와 인본주의 현상학 41

제2장 인간과 환경 45
제1절 가족 45
역할체계로서의 가족 45
원인 또는 결과로서의 가족 46
진화적 체계로서의 가족 47
구조적 측면 48
기능적 접근 50
제2절 집단 53
서론 53
집단의 분류 54
집단의 구조 및 역동적 측면 57
집단의 발달적 양상 66
제3절 조직 70
서론 70
조직이론 72
조직체계의 특성 79
제4절 지역사회 84

체계로서의 지역사회 84
지역사회의 정의와 종류 85
지역사회의 기능 88
제5절 문화 92
서론 92
문화의 속성 93
인류의 특이양상 96
상징, 가치, 규범 99
사회의 특질 102

제 II 부 복지의 이해 111

제3장 복지의 개념 113
제1절 복지의 어의와 정의 113
제2절 복지관 115
Wilensky와 Lebeaux의 복지모형 116
Titmuss의 복지모형 116
Marshall의 복지모형 117
George와 Wilding의 복지모형 117
제3절 사회복지발달사 119
고대사회 120
중세사회 121
근대사회 122
현대사회 125
제4절 사회복지의 구성 134
사회복지의 주체와 객체 134
사회복지의 기술론과 정책론 138
사회복지의 분야 139
제5절 사회복지와 사회사업 140

제4장 현대사회의 사회문제 143
제1절 산업화초기의 영향 143
제2절 산업화후기의 영향 146
제3절 산업사회의 특성과 사회문제 149
제Ⅲ부 현대사회복지론 157

제5장 사회보장론 159
제1절 사회보험 160
사회보험의 개념 160
사회보험의 기원과 발달 162

사회보험의 체계 163
우리나라 사회보험체계 167
제2절 공적부조 170
공적부조의 개념 170
공적부조의 역사 171
공적부조의 기본원리와 실시상의 원칙 172
우리나라의 공적부조체계 174
제3절 사회복지서비스 177
사회복지서비스의 개념 177
사회복지서비스의 원칙 178
우리나라 사회복지서비스체계 180

제6장 분야론 189
제1절 아동 및 청소년 복지 189
아동 및 청소년 복지의 개념 189
아동 및 청소년 복지의 기본적 요소 190
아동 및 청소년 복지사업의 원칙 191
아동 및 청소년 복지 프로그램과 서비스 192
제2절 부녀복지 195
부녀복지의 개념 195
부녀복지의 대상과 서비스 197
제3절 노인복지 202
노인복지의 개념 202
노인복지의 원칙 204
노인복지의 대책 205
제4절 장애인복지 206
장애인복지의 개념 206
장애별 특징과 판별기준 207
장애인 복지대책 211
제5절 가족복지 213
가족복지의 개념 213
가족복지사업의 기능 213
가족복지사업의 내용 215
제6절 의료복지 217
의료복지와 의료사회사업 217
의료사회사업의 대상 218
의료사회사업의 기능 220
의료사회사업의 내용 220
제7절 학교복지 222
학교복지와 학교사회사업 222

학교사회사업의 대상 223
학교사회사업의 기능 225
학교사회사업의 내용 225
제8절 교정복지 227
교정복지의 개념 227
교정복지의 내용 228
비행청소년 교정 관계시설 231
제9절 산업복지 232
산업복지와 산업사회사업 232
산업복지의 대상 233
산업복지의 원칙 235
산업복지의 내용 235
제10절 자원복지 237
자원복지의 개념 237
자원복지의 기능 239
자원복지의 원칙 240
자원복지의 내용 241

제7장 사회사업론 243
제1절 서론 43
욕구 243
실천에 활용되는 제이론 246
제2절 사회사업의 개념 250
정의 250
목적 250
가치와 철학 253
기초지식 254
제3절 사회사업의 과정 256
사정 256
계획 258
행동수행 260
종결 262

제8장 복지국가와 복지사회 265
제1절 복지국가의 의미 265
제2절 복지사회의 의미 268
제3절 현대사회복지의 동향 270

참고문헌 275

이 시기 저서들을 보면 역할놀이, 사회복지실습 교육지침, 한국사회복지론, 한국 사회복지의 선택 등 저서를 통해 학문후속세대 양성에 힘을 많이 쏟은 것으로 보이며, 특히 한국의 고유한 이론 개발과 사회복지의 제도화에 관심을 많이 가졌던 것으로 여겨진다. 아울러 국제비교연구 및 외국정책에 대한 비판적 분석이 강화된 연구들이 등장하였다.

이 중에서 『한국 사회복지의 선택』은 남세진 편저로, 당시 서울대 사회복지연구소 소장이던 최일섭 교수가 발간사 첫 머리에서 밝혔듯이 "이 책은 LG사회복지재단의 지원을 받아 서울대학교 사회복지연구소가 발간해온 연구총서의 마지막 권으로서, 특히 서울대학교 사회복지학과에 30년간 봉직하면서 교육과 연구에 정열을 쏟으신 일여 남세진(一如 南世鎭) 선생님의 회갑을 기리면서 선생님의 가르침을 받은 전국의 사회복지(사)학과의 제자 교수들에 의해 집필된 것"(남세진, 1995)으로 한국 사회복지의 발전 과정에서 나타난 주요 쟁점들을 심층적으로 파악하여 그 대안을 다룬 상당히 방대한 학술서이다. 서론에서 남세진 교수는 한국 사회복지의 발전 과정과 그 속에서 제기된 다양한 선택의 문제들을 조명하면서 사회복지의 효율성과 평등성, 국가와 민간의 역할 분담, 제도적 통합과 다양성 사이에서 한국이 어떤 방향을 선택해야 하는지를 고민하며, 이 책이 그러한 논의의 장이 되기를 기대한다고 밝히고 있다.

이 책의 발간사와, 남세진 교수가 쓴 서론 전체의 글과, 무려 총 35개의 주제로 구성되어 있는 각 장마다 사회복지의 핵심 쟁점과 대안들이 정리되어 있다. 이 책은 특히 남세진 교수의 서울대 학부 혹은 석사, 박사 과정의 제자들인 학계 교수 35명의 글로 채워져 있는 매우 방대한 책이라 할 수 있으며, 각 장의 저자들의 연령 차이를 보면 무려 40살 가까이 차이가 나고 있다. 전체 목차를 보면, 이러한 35명 가운데는 서울대 1기 졸업생인 김현용 교수(한림대 사회복지학과 명예교수), 조휘일 교수(서울여대 사회복지학과 명예교수), 2기 졸업생인 김융일 교수(작고, 전 가톨릭대 사회복지학과 교수), 6기 성민선 교수(가톨릭대 사회복지학과 명예교수), 7기 김

남세진 지음, 『인간과 복지』 표지

성이 교수(이화여대 사회복지학과 명예교수), 8기 최성재 교수(서울대 사회복지학과 명예교수), 12기 나병균 교수(한림대 사회복지학과 명예교수)도 포함되어 있다.

이제부터 이 책의 발간사와, 남세진 교수가 쓴 서론 전체의 글과, 총 35개로 구성되어 있는 전체 주제들의 목차를 아래와 같이 제시하고자 한다.

| 발간사 |

이 책은 LG사회복지재단의 지원을 받아 서울대학교 사회복지연구소가 발간해 온 연구총서의 마지막 권으로서, 특히 서울대학교 사회복지학과에 30년간 봉직하면서 교육과 연구에 정열을 쏟으신 일여 남세진(一如 南世鎭) 선생님의 회갑을 기리면서 선생님의 가르침을 받은 전국의 사회복지(사)학과의 제자 교수들에 의해 집필된 것이다.

서울대학교 사회복지연구소는 창설 후 지난 4년간 수많은 연구를 통해 한국의 복지정책과 제도의 개선에 적지 않은 기여를 하였다고 자부하고 있다. 더욱이 오늘날 대부분의 학내외 연구소가 재정적 자립이라는 '강박관념'에 사로잡혀 학문적인 발전보다는 시류에 휩쓸려 연구 프로젝트를 남발하고 있는 현실을 개탄할 때, 본 연구소가 사회복지의 학문과 교육에 진정으로 보탬이 될 수 있는 연구총서를 기획한 것은 매우 뜻깊은 일이며, 이제 그 마지막 10권을 완성하게 된 것을 흐뭇하게 생각하는 바이다.

『한국사회복지의 선택』이라는 제목의 이 책은 편집 책임을 맡으신 남세진 교수와 전국의 사회복지(사업)학과의 제자 교수 그리고 서울대학교 사회복지연구소의 연구원들이 한국적 맥락 속에 사회복지의 이론과 실천 및 전문직에서 현재 쟁점이 되고 있는 주제와 대립되거나 다양화되고 있는 이론, 의견이 제시되고 있는 주제들을 선택하여 대학의 교재와 실무분야의 참고서적으로 활용될 수 있도록 편집하였다. 변화무쌍한 사회복지 환경 속에서 우리가 안고 있는 쟁점들은 이 책에서 다루고 있는 35개보다 훨씬 많을 수 있다고 생각한다. 그러나 선정된 주제들은 현재와 장래의 사회복지 학문과 실무가 발전하고 도약하기 위해서는 심각하게 연구와 논의를 계속해야 할 성질의 것이다. 따라서 쟁점에 관한 대안들이 구체적인 해결방안을 제시한다기보다는 논의를 자극하기 위한 것임을 밝혀두고자 한다.

사회복지학의 황무지에 파종을 하시고 밤낮 없이 결실을 위해 헌신하신, 한국사회복지학 개척자의 한 분이신 남세진 선생님의 가르침에 대해 이 책에 기고한 제자들은 물론 수많은 제자들이 깊이 감사하고 있음을 밝혀두고자 한다. 투병 중에 계신 선생님을 위한 가족과 제자들의 끊임없는 기도가 하나님으로부터 반드시 응답이 계실 것을 믿으며, 계속 교육과 연구에 참여하실 수 있기를 소망할 뿐이다.

끝으로 이 책을 편집하는 데 참여해 주신 동료 교수들과 연구소의 연구원 및 박사과정의 학생들에게 감사를 드리며, 다시 한 번 남세진 선생님의 회갑을 축하드리고 만수무강하시기를 기원한다.

1995년 5월

서울대학교 사회복지연구소 소장 **최일섭**

| 서론 |

한국사회복지의 쟁점: 남세진(서울대학교 사회복지학과 교수)

한국에서 전문사회사업이 실제에 적용되고 학문영역으로서 교육 및 연구가 시작된 지 근 40년의 세월이 흘렀다. 사회문제의 예방과 해결을 주 관심대상으로 하는 사회사업분야와 응용사회과학으로서의 사회사업학 내지 사회복지학은 실천 및 연구의 대상인 개인, 가족, 지역사회 그리고 국가의 변화에 조응해야 하기 때문에 많은 변화를 겪을 수밖에 없는 속성을 지닌다.

이 책에서 다루고 있는 35개에 달하는 한국사회복지의 쟁점들은 최근에 갑작스럽게 부각된 문제들이 아니고 지난 40년간의 정치·경제·사회 여러 영역의 변화에 따른 필연적인 소산으로서 복지정책의 결정에 책임을 지고 있는 정치인과 관료, 사회문제 해결의 일선에서 일하고 있는 사회복지사와 관련 실무자 그리고 사회복지 교육과 연구에 전념하는 학자들과 학생들이 진지한 토론을 통해서 그 대안을 마련해야 할 것들이다.

이제 이러한 쟁점들이 부각된 배경을 종합적으로 살펴보고, 쟁점분야별로 중심적인 개념들을 논의해 보기로 한다.

전문사회사업(학)은 6·25 전쟁을 계기로 대거 발생한 빈곤문제와 가족해체라는 가장 기본적이고도 중요한 사회문제에 대처하기 위해 주로 미국에서 발달한 전문사회사업의 실제와 이론을 도입함으로써 시작되었다. 따라서 초기의 전문사회사업은 구호 대상자에 대한 물질적인 서비스와 함께 궁핍에 처한 개인과 가족에 대한 적응능력의 배양에 그 역점을 두어왔다. 이때 전문사회사업이 강조한 점은 빈곤문제가 종래의 자선적인 구호로서만 해결될 수 없고 무지와 나태와 불운으로 고통을 받는 대상자들에게 훈련과 상담을 통해 재활능력을 높여주어야 하며, 이는 인간행동에 대한 과학적인 지식과 기술을 통해서 이룩될 수 있다는 신념이었다. 따라서 사회문제의 근원은 사회구조의 결합에서보다는 개인적인 결합에서 비롯된 것으로 간주되었으며, 구호 대상자는 체제의 희생자라기보다는 체제로부터 일탈자라는 보수적인 이데올로기가 사회사업의 실무와 교육에서 무비판적으로 수용되었다.

전쟁의 상처는 어느 정도 치유되었으나 절대빈곤 상황은 계속되었고 자유당의 일당독재 하에서 국민의 자유가 억압당하는 상태에서 군사혁명이 일어나 또 다른 형태의 군부독재가 시작되었다. "도탄에 빠진 민생고를 시급히 해결하고…"라는 혁명공약에서 볼 수 있듯이 혁명정권과 이어 출범한 제 3·4 공화국의 중심 과제는 만성적인 빈곤문제를 해결하는 것이었다.

특히 제 3·4 공화국의 성장제일주의정책은 산업화·도시화를 촉진시켰고, 그 결과 사회·경제·문화 등 모든 사회 전 분야의 분화와 가치관의 변화를 초래하였다. 이러한 사회 전반의 변화와 함께 국민들의 욕구도 양적·질적으로 다양화하였고 청소년문제, 도시빈곤문제 등 다양한 사회문제들이 나타나기 시작하였다.

이 3·4공화국 시기에는 새로운 사회복지 욕구에 대한 대응책이 다양하게 나타났는데 첫째, 5·16 군사정부에 의해 사회복지제도가 무더기로 입법화되어 우리나라 사회복지제도의 기초를 마련하였으나 그 당시 사회경제적 상황이나 정부의 재정능력 부족으로 인하여 실제로 시행된 것은 극히 소수에 불과하였다. 또한 아직까지 전근대적인 구호방식을 뛰어넘지 못하고 시설보호사업과 영세민을 대상으로 하는 제한부조중심으로 일관했다. 특히 조국근대화를 달성하기 위하여 '선경제개발 후분배'정책과 북한의 위협을 막기 위한 군비강화정책을 강조하였을 뿐 사회복지에 대한 큰 관심을 거의 기울이지 않았다.

10·26으로 출범한 제5공화국은 출범 초부터 '민주주의의 토착화, 복지사회의 건설, 정의사회의 구현, 교육개혁과 문화창달' 등 네 가지 국가목표를 제시하여 새로운 시대에 대응하려는 의지를 천명하였다. 제5공화국 출범 당시 우리 사회에는 산업화와 도시화가 급속히 진전되어 핵가족화와 생활구조의 변화, 도시빈곤문제, 산업재해, 청소년 문제, 장애인 문제, 노인문제, 가족해체 등의 다양한 사회문제가 나타나게 되었다.

따라서 제5공화국은 '복지사회의 건설'이라는 슬로건 아래 5·16 이후 무더기로 입법화된 사회복지관계 법률들을 대폭 수정하였고 또한 새로운 법률을 입법화하였다. 그러나 제5공화국의 억압적이고 권위적인 체제 특성으로 인해 국민의 불안을 가중시켰으며 '복지사회의 건설과 빈곤으로부터의 해방'이라는 국가목표는 하나의 슬로건으로 끝나고 말았다.

1987년 6월 항쟁으로 등장한 제6공화국은 과거의 정권유지 혹은 선 성장, 후 분배 논리에 그 명분만을 유지하기 위해 사회복지를 실시했던 차원에서 벗어나 국민들의 사회복지에 대한 욕구에 반응해서 전면적 의료보험의 실시, 국민연금과 최저임금제의 실시라는 세 가지 획기적인 사회복지제도를 실시하였고, 88 장애인 올림픽 이후의 장애인 복지에 대한 관심 증가, 보육사업의 확대, 사회복지관의 전국적인 확대, 재가복지봉사센터의 운영, 사회복지 전문요원의 배치 등을 통한 사회복지를 일정수준 발전시켰다. 그러나 6공화국은 '한국형 복지모형'이라는 국가 개입을 가능한 최소화하고, 가족의 기능을 강화하며, 요보호자 자신의 자조와 자활을 강조하고 민간의 복지자원을 최대한 동원하려는 정책을 실시하여 국민의 사회복지 수준은 아직 미흡한 수준이다.

1993년에 출범한 문민정부는 그 동안 진행되어 온 '제7차 경제사회발전계획'의 정책기조를 '신경제 5개년계획'으로 대체시킴으로써 사회복지의 기본내용을 변화시켰다. 즉, 새로운 제도의 개발에 치중하기보다는 기존 제도의 내실화에 중점을 두어 복지시책 및 관리 운영의 효율화를 통해 국민의 복지증진과 경제사회발전이 조화될 수 있는 체계를 확립하는 것을 기본방향으로 삼고 있다.

위에서 살펴보았듯이, 1960년대 이후 우리나라는 저소득층을 위한 생활보호사업 및 노인·장애인·아동 등 사회취약계층 보호를 위한 각종 서비스의 확충, 전국민 의료보험의 실시, 국민연금제도의 도입 등 사회복지제도의 기틀을 착실히 다져왔다. 그러나 아직도 공적 부조나 사회복지 서비스 분야는 국가발전 수준에 부응하지 못하고 상대적으로 낙후된 상태이다. 즉, 사회복지정책을 효율적으로 집행할 공공복지 전달체계가 취약하고, 민간의 인적·물적 사회복지 자원을 효율적으로 발굴·육성·활용할 수 있는 체제가 미흡하며, 생활보호대상자에 대한 보호수준이 열악하고, 전 국민의 다양한 사회복지 욕구를 충족시킬 수 있는 정책이나 모든 주민이 함께 참여하는 지역사회 복지서비스의 개발이 미흡하였다고 할 수 있다. 따라서 21세기를 내다보는 우리나라의 사회복지는 이러한 문제점을 극복할 수 있는 방향으로 전개되어야 할 것이다.

1947년 이화여대에 기독교사회사업학과가 설치되면서 전문사회사업으로 도입된 사회복지학은 그 동안의 한국사회의 급격한 사회변화로 인해 야기된 사회문제의 증가와 사회적 욕구의 증대에 부응하여 사회복지정책, 사회복지 서비스 분야의 영역으로 연구와 교육의 관심을 지속적으로 확장시켜 왔다. 또한 1980년대에 들어서 사회복지학과를 설치한 대학의 양적 팽창이 급속히 지속되어 1995년 현재 46개의 대학 및 전문대학에서 사회복지학의 교육이 이루어지고 있다.

교육내용에서도 미국의 대학원 과정을 거의 그대로 도입함으로써 미시적인 사회사업 기술을 중시했던 초기의 교과과정으로부터 다소 벗어나 오늘날에는 사회복지행정 및 정책에 관한 거시적인 방법론들의 비중이 초기에 비해 높아졌을 뿐만 아니라 과거 정신분석학 이론에 입각한 사회사업의 미시적 방법론에서도 새로운 이론의 끊임없는 소개와 도입이 이루어짐은 물론 현장에서의 실천이 강조되고 있다.

또한 사회복지의 실천영역도 다양해져 1960년대 말까지 외원단체나 일부 사회사업 시설에 한정되었던 사회복지 실천영역이 오늘날에는 사회복지 전문요원, 지역사회복지관의 사회복지사, 의료사회사업가 등으로 그 영역이 확대되었다.

그러나 이러한 외형적인 면으로 보면 한국 사회복지 교육 및 실천의 저변은 과거에 비해 크게 확대되었다고 할 수 있지만 그 내면에서 충실한 발전을 이룩했는지에 대한 정확한 평가가 아직 이루어지지 않고 있다. 즉, 한국 사회복지 교육의 목표, 교육방법에 관한 문제, 연구경향에 관한 문제, 서구이론의 한국적 적용에 관한 문제, 실천의 평가문제 등 각종 문제들이 존재하고 있다고 할 수 있다.

따라서 이 책에서는 한국 사회복지의 발전과정에서 나타난 여러 가지 문제나 쟁점들 중에서 사회복지의 가치와 역사, 사회복지 정책과 행정, 사회복지 실천방법론 그리고 사회복지 분야론으로 나누어 각각의 쟁점들을 살펴보도록 하겠다.

먼저 제1부에서는 사회복지의 가치와 역사에 관련된 여러 가지 쟁점들을 살펴본다. 사회복지 가치분야에서는 사회복지정책의 추구하는 가장 중요한 가치인 평등과 이에 대립되는 것으로 여겨지는 효율 사이의 관계를 살펴보고, 둘째 우리나라에서 지금까지 계속 추구되어 온 성장 우선주의의 논리 속에 내재되어 온 사회복지와 경제성장의 관계를 살펴본다. 세 번째는 사회복지의 기능을 가족제도의 보충적인 것으로 바라볼 것인가 아니면 다른 사회제도와 동등한 수준의 일차적인 제도로 바라볼 것인가라는 국가주의와 가족주의의 쟁점을 살펴보고, 마지막으로 우리 헌법에 나타난 생존권적 기본권이 어떤 성격을 가지고 있는지를 살펴본다. 그리고 사회복지 역사분야에서는 우리나라 사회복지의 발전에 중요한 영향을 미친 외원기관들의 성격과 활동 그리고 우리나라 사회복지에 미친 영향들에 대해서 살펴본다.

제2부에서는 사회복지 정책과 행정에 관한 여러 가지 쟁점으로서 본격적인 지방자치시대를 맞이하여 사회복지 행정체계가 어떻게 이루어져야 하는가의 문제, 즉 중앙정부와 지방정부간의 업무분담체계, 사회복지 전달체계 그리고 재정문제에 관련된 쟁점, 국가부문과 민간부문의 역할분담에 관한 문제, 사회복지 전달체계에서 사회복지 사무소와 보건복지 사무소의 장단점 그리고 사회복지 서비스 유료화론에 관련된 쟁점을 살펴보겠다.

그리고 사회복지정책의 각 영역은, 먼저 의료보험에서는 조합주의 통합주의 논쟁의 배경과 사회정책적 의미를, 국민연금에서는 공적 연금과 사적 연금과의 관계정립에 관련된 이슈와 국민연금기금의 운용에 관한 쟁점들을 검토한다. 그리고 노동복지 문제에서는 노동복지의 발달에서 노동조합의 역할 및 참여 문제와 최저임금의 결정기준에 관련된 이슈, 고용보험의 성격과 실시에 따른 쟁점을 살펴본다. 주택정책에서는 사회주택의 필요성에 대한 논란과 우리나라 주택문제의 해결에 바람직한 대안을 모색해보며 사회복지와 조세의 문제에서는 조세제도의 특성과 조세의 소득재분배 효과 등을 검토하기로 한다.

제3부 사회복지 실천방법론에서는, 먼저 사회사업실천의 토착화와 관련된 주체로서 일반주의 접근이 우리나라에서 수용 가능한지에 대해 살펴보고, 두 번째로 개별지도론, 집단지도론, 지역사회조직론의 전통적인 3대 방법론과 이러한 전통적인 방법론의 통합방법론으로의 전환 배경과 근거를 살펴보도록 한다. 그리고 전통적 사회사업 실천이론과 급진적 사회사업 실천이론 사이의 개입방법, 실천모델 등의 특성에 대해 살펴보고, 임상사회복지사가 어떤 이론에 근거해서, 어떠한 연구방법을 가지고, 어떤 연구주제를 중심으로, 어떤 방법으로 모델을 개발해야 하는가에 대해 고찰해보기로 한다. 마지막으로 개별사회사업과 가족치료에서는 사회사업의 초점을 개인에게 두었을 때와 가족에게 두었을 때 중요하게 고려해야 하는 요인들에 대해 검토해 본다.

제4부 사회복지 분야론에서는 아동, 노인, 장애인, 여성, 의료사회사업, 민간복지, 사회복지 실천현장 등 각 분야에서 제기되고 있는 쟁점들을 살펴보고자 한다.

먼저, 아동복지 분야에서는 요보호아동에 대한 보호방법으로서 시설보호와 가정보호의 장단점 및 우리나라에서의 바람직한 대안을 살펴보고, 입양과 관련해서는 우리나라 입양실태의 문제점을 입양제도의 전개과정과 관련시켜 살펴보고 개선방향을 모색하도록 한다.

둘째, 노인복지 분야에서는 고령화시대에 접어들고 있는 우리 사회에서의 노인에 대한 재가보호 및 시설보호의 현황과 정책적 논의 그리고 노인들을 위한 바람직한 서비스의 대안과, 현재 급속하게 발전하고 있는 실버산업의 현황과 발전방향에 대해 살펴본다.

셋째, 장애인복지 분야에서는 장애인복지 실태와, 장애인복지에서 시설재활과 지역사회재활의 목표와 개입방안들에 대해 검토해 본다.

넷째, 여성복지 분야에서는 여성의 복지를 증진시키고자 하는 대표적 여성복지 관련 법률인 남여고용평등법의 제정배경, 법 내용, 정책결과에 관련된 쟁점들을 살펴보고, 다음으로는 아내학대에 대한 전통적인 사회사업실천과 페미니스트 사회사업실천 사이의 이론 및 개입방법 등을 비교하고 우리나라 현실에서 페미니스트 사회사업실천의 함의를 찾아보고자 한다.

다섯째, 의료사회사업 분야에서는 먼저 병원 내 의료사회사업가의 역할에 관한 논쟁에 대한 관점과 내용에 대한 고찰을 통해 현대사회에서 요구되는 의료사회사업가의 역할에 대해 살펴보고, 알코올중독을 설명하는 대표적인 모델로서 의료모델과 사회학습모델의 장단점을 살펴보고 우리나라 임상에서의 함의를 살펴보고자 한다.

여섯째, 민간복지 분야에서는 먼저 인적 자원 동원으로서 자원봉사활동의 개념과 동기, 우리나라 자원봉사활동의 문제점과 대책을 제시한다. 그리고 물적 자원 동원으로서 우리나라 공동모금의 현실과 과제 그리고 대안을 모색한다.

마지막으로, 사회복지 실천현장과 관련된 쟁점으로, 실습과 지도감독 분야에서는 실습교육의 목표와 교육책임 문제 그리고 우리나라 실습교육의 실태를 살펴보고 바람직한 실습교육을 위한 방안을 제시한다. 그리고 사회복지 실무자의 위상에서는 사회복지 실무자들을 어떻게 바라볼 것인가, 즉 전문가로 바라볼 것인가 아니면 노동자로 바라볼 것인가에 대한 양 입장을 고찰해보고 우리나라 사회복지 실천가의 사회적 위상에 대해서 살펴본다.

지금까지 우리나라 사회복지에서 현재 제기되고 있는 쟁점들에 대해 살펴보았다. 그러나 다양하고 복잡한 사회 속에서 항상 변화하는 사회복지의 쟁점들은 이보다 훨씬 더 많을 것이다. 이 책은 그 중에서 가장 중요하고 우리의 현실에 중요한 의미를 부여하는 쟁점들을 선택하였다. 이 책의 논의가 각 쟁점에 대한 구체적인 해결방안을 제시하지는 못하지만 한국 사회복지의 현실에 대해서 어떻게 바라볼 것인가에 대한 관점을 제시해줄 수 있을 것이다. 이 책의 논의를 통해 사회복지에 대해 관심을 가지고 있고 사회복지 현장에서 일하고 있는 모든 사람들이 우리의 현실에 대한 명확한 이해를 가질 수 있기를 바란다.

| 차례 |

발간사 / 5 서 론 / 7

제 1 부 사회복지 가치와 역사

제 1 장 평등과 효율 김태성
평등의 개념 / 30
효율의 개념 / 41
평등과 효율의 관계 / 46

제 2 장 사회복지와 경제성장 김기원
실태 / 54
경제성장의 사회적 비용 / 55
사회복지와 경제성장의 관계성 / 56
바람직한 대안 / 67

제 3 장 가족주의와 국가주의 오정수
쟁점의 비교 / 70
선택의 근거 / 76
바람직한 대안 / 77

제 4 장 생존권적 기본권과 공적 부조 윤찬영
헌법과 생존권적 기본권 / 80
공적 부조법으로서 생활보호법 / 84

제 5 장 한국사회복지의 변천과 외원기관의 역할 최원규
외국 원조기관이란 / 93
외원기관의 활동 / 98
일부 외원기관의 철수 / 103
한국 사회사업계와의 관계 / 105
외원의 성격 / 106
외원기관의 활동이 한국 사회복지에 미친 영향 / 106
제 2 부 사회복지 정책과 행정

제 6 장 중앙정부와 지방정부간의 사회복지 역할분담 남기민
사회복지 역할분담의 현황과 문제점 / 112
사회복지 역할분담의 원칙과 방법 / 118
사회복지 역할분담의 개선방안 / 121

제 7 장 국가와 민간 간의 사회복지의 역할분담 백종만
사회복지 서비스의 범주 / 128
역할분담 유형 분류 / 129
역할분담 유형 연구의 평가 / 132
역할분담 유형의 정책적 실천적 함의 / 135
한국에서의 역할분담 실태와 문제점 / 138
한국에서의 국가와 민간 간의 역할분담의 방향 / 140

제 8 장 보건복지사무소와 사회복지사무소 최성재
보건복지사무소 모형과 사회복지사무소 모형의 이슈 / 146
보건복지사무소의 타당성과 예상되는 장단점 / 147
사회복지사무소 모형에 대한 타당성과 장단점 / 152
두 가지 모형의 비교 평가는 경험을 통하여 가능 / 156

제 9 장 사회복지 서비스의 유료화 김종해
문제 제기 / 159
서비스 유료화론 / 161
국가 제공론 / 164
맺는 말 / 169

제 10 장 의료보험의 통합주의와 조합주의 나병균
한국 의료보험 논쟁의 발단 / 173

두 차례에 걸친 의료보험 논쟁의 전개와 내용 / 175
사회보장 관점에서 살펴본 조합주의와 통합주의 / 180
제 11 장 공적 연금과 사적 연금간의 관계정립 권문일
공적 연금과 사적 연금의 실태 분석 / 185
공사연금 관계에서 제기될 수 있는 쟁점 / 191
공사연금 관계 조정 / 198
바람직한 연금체계 설정시 고려해야 할 사항 / 203

제 12 장 국민연금 기금관리 이상은
국민연금기금 관리와 공공자금관리기금법 / 208
국민연금기금 관리를 둘러싼 논쟁점 / 212
국민연금기금 관리운영상의 중단기 대책 / 217

제 13 장 저소득층 주택문제와 사회주택 이영환
사회주택의 필요성 / 222
사회주택에 대한 논란 : 역사적 경험 / 225
우리나라의 공공임대주택의 현황과 과제 / 229

제 14 장 노동복지와 노동조합 감정기
개념 정의 / 237
노동복지의 발달과 노동조합의 역할 / 238
한국 노동조합의 정치참여 / 241

제 15 장 최저임금의 결정기준 최 균
최저임금제의 개념, 의의 및 전개 / 250
한국 최저임금제의 실시현황 / 252
최저임금제의 결정기준과 문제점 / 257

제 16 장 한국 고용보험의 성격과 평가 유동철
고용보험의 성격 / 264
고용보험의 쟁점과 대안 / 266
글을 맺으며 / 275

제 17 장 조세와 사회복지 진재문
사회복지제도의 재원으로서 조세제도 / 279
조세 제도 / 283

조세와 사회복지의 바람직한 방향 / 289

제 3 부 사회복지 실천방법론

제 18 장 일반사회사업실천의 수용 가능성 김융일
문제 제기 / 295
일반사회사업실천의 개념 / 298
일반사회사업실천의 수용 가능성 / 302

제 19 장 전통적 3대 방법론과 통합방법론 오세란
전통적 3대 방법론과 통합방법론의 실태 / 312
3대 방법론의 통합방법론으로의 전환의 근거 / 314
바람직한 대안 / 319

제 20 장 전통적 사회사업실천이론과 급진적 사회사업실천이론 조흥식
서론 / 325
양대 실천이론의 비교 연구틀 / 327
양대 실천이론의 비교 / 332
결론 / 336

제 21 장 임상사회복지의 연구방향 김성이
실천 모델의 연구와 개발 / 340
자료에 근거한 실천 연구 / 343
서비스의 중심으로서의 사회성 / 346
예방적 차원의 개입의 필요 / 349
요약 / 353

제 22 장 개별사회사업과 가족치료 김혜란
개별사회사업 / 360
가족치료 / 363
개별사회사업과 가족치료의 선택 / 366
제 4 부 사회복지 분야론

제 23 장 아동의 시설보호와 가정보호 김현용
요보호아동의 발생원인과 발생추이 / 375
한국의 아동복지 서비스 정책 / 378

요보호아동 서비스의 전망과 대책 / 382

제 24 장 우리나라 입양실태와 개선방안 윤혜미
우리나라 입양제도의 현황 / 388
우리나라 입양제도의 전개과정 / 391
입양제도의 문제점과 개선방향 / 395
맺는말: 입양에 관한 인식전환의 필요성 / 400

제 25 장 노인복지와 실버산업 현외성
노인복지와 실버산업의 연관성 / 405
실버산업의 등장과 그 배경 / 407
우리나라 실버산업의 실태 / 413
실버산업이 가져 올 노인복지에의 파급효과 / 416

제 26 장 노인의 시설보호와 재가보호 최혜경
우리나라의 시설보호와 재가보호 현황 / 420
시설보호 대 재가보호: 정책적 논의 / 427
바람직한 대안 / 433

제 27 장 장애인 시설재활과 지역사회재활 홍순혜
우리나라 장애인 복지 실태 / 444
재활의 정의, 목표와 영역 / 448
재활을 위한 접근: 시설재활과 지역사회재활 / 451
바람직한 재활의 방향 / 454

제 28 장 여성복지정책의 과제: 남녀고용평등법을 중심으로 이혜경
남녀고용평등법의 제정 배경 / 462
남녀고용평등법의 법 내용에 나타난 쟁점 / 464
남녀고용평등법의 정책 결과 / 468
제 29 장 아내학대에 대한 페미니스트 사회사업 접근 신은주
아내학대의 정의 / 474
아내학대에 관한 페미니스트 접근 / 476
페미니스트 관점의 사회사업접근에 대한 논의 / 480

제 30 장 병원 내 의료사회사업가의 역할 황숙연
의료사회사업가의 역할에 관한 견해 / 486

의료사회사업가의 역할갈등의 원인과 결과 / 489
의료사회사업가의 역할에 대한 통합적 준거틀 / 491
바람직한 대안: 의료사회사업가의 위상정립 / 492

제 31 장 알코올중독 개입모델 : 의료모델과 사회학습 모델 김혜련
알코올중독에 대한 상이한 시각 / 498
대표적인 예: 단주친목, 알코올교육과 사회기술훈련 / 502
제언 / 505

제 32 장 사회복지와 자원봉사 조휘일
사회복지와 자원봉사의 관계정립 / 509
자원봉사활동의 이론적 배경 / 513
한국 자원봉사활동의 문제점과 대책 / 519

제 33 장 한국 공동모금의 현실과 대안 이창호
한국 공동모금의 현재 / 526
민간이양에 따른 과제 / 528
문제해결의 대안 / 535
결론 / 541

제 34 장 실습과 지도감독 성민선
실습교육의 실태 / 546
실습교육의 3대 요건 / 549
바람직한 실습교육을 위한 방안 / 555

제 35 장 사회복지 실무자의 사회적 위상 이인재
사회복지 노동자 / 562
사회복지 전문가 / 564
전문가로서의 사회복지 노동자 / 566
우리나라 사회복지 실천가의 사회적 위상 / 569
필자 약력 / 575

그리고 마지막으로, 서울대 남세진 교수의 저서는 아니지만 남세진 교수의 정년인 2000년도 은퇴식 때 이를 기념하기 위해 여러 다양한 사회복지실천분야를 종합적으로 묶어 단행본을 출간하자는 의견이 남세진 교수의 학부 또는 석사, 박사 제자들로부터 정년은퇴 1년 전부터 나왔다. 몇 번의 회합 끝에, 책 제목은 '사회복지실천분야론'으로 하고 남세진 교수의 첫 박사 제자인 필자가 주도로 하여 많은 관심 있는 연구자들과 실무자들이 읽어볼 수 있는 학술서를 출간해 2000년도 정년은퇴 기념행사 때 스승인 남세진 교수에게 봉헌하기로 결정하였다.

이 책 출간에 호응하여 다양한 사회복지실천분야 중 자신의 전문 영역 분야 한 개를 선택하여 한 개의 장을 맡아 쓰겠다는 사람을 모아 보니 총 16명이었다. 그 결과 다음과 같이 조흥식 교수(1장), 오승환 교수(2장), 박현선 교수(3장), 공계순 교수(4장), 신영화 교수(5장), 우국희 교수(6장), 성정현 교수(7장), 오세란 교수(8장), 이상균 교수(9장), 황숙연 교수(10장), 이용표 교수(11장), 유채영 교수(12장), 김혜련 교수(13장), 조성희 교수(14장), 이현주 책임연구원(15장), 김용득 교수(16장) 등 교수와 책임연구원들이 공동으로 저술하게 되었다. 그러니 공저자가 필자를 포함하여 16명이나 되는 꽤 볼륨이 있는 체계적인 책이 되었다.

이 책은 사회복지실천의 다양한 분야나 영역을 체계적으로 소개하는 전문서로서 사회복지실천의 이론과 실제를 연결하는 데 중점을 두고 발간한 것이다. 이 책은 총 3부로 구성되어 있으며, 각 부는 사회복지실천의 이해, 분야, 실천의 확장에 대한 내용을 담고 있다. 이 책에서 머리말과 차례 전체를 다음과 같이 제시하고자 하는데, 대표집필을 맡은 필자가 쓴 머리말을 읽어 보면 이 책을 발간하게 된 동기와 함께 사회복지학에서 사회복지실천이 특정 이론에만 국한되지 않고, 여러 학문 분야의 지식과 기술을 통합적으로 적용해야 한다는 점을 강하게 제시하고 있음을 알 수 있게 해 준다.

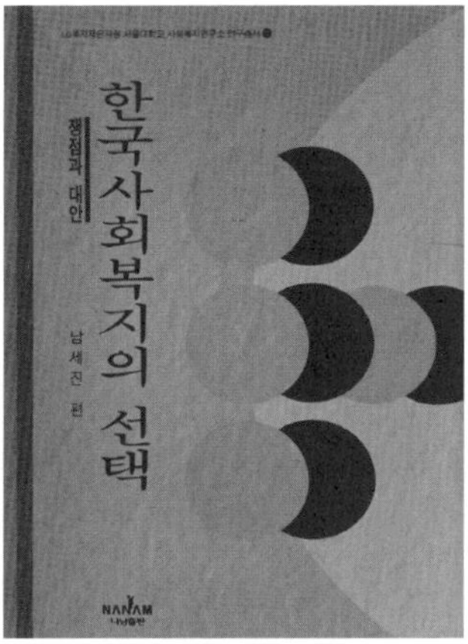

남세진 편, 『한국사회복지의 선택』 표지

| 머리말 |

이 책을 발간하게 된 계기는 다음과 같다. 우선 35년 동안 서울대 사회복지학과에서 집단지도방법론을 비롯한 사회복지실천 관련 과목 교육과 연구를 통해 많은 제자들을 배출하시다가 금년 8월 말에 정년퇴임하시는 남세진 선생님의 업적을 기리고자 하는 여러 제자들의 뜻을 함께 모은 데서 출발한다. 여기 16편의 글을 쓴 저자들은 모두 남 선생님께 가르침을 받은 제자들로서 현재 학계에서 혹은 연구원에서 학생들을 가르치거나 연구를 통해 선생님의 사회복지실천에 대한 정열과 학식을 이어 가고자 노력하고 있다.

다음으로는 사회복지실천 분야에 관한 사회적 수요와 관심이 엄청나게 늘어난 데 대해 학술적이고 이론적인 차원에서 이를 체계적으로 정리할 필요성과 함께 구체화된 접근방법을 모색할 책임성을 저자 모두가 공감한 데서 비롯된다.

오늘날 급속한 사회 변화에 따라 해결해야 할 사회복지실천 문제들은 점점 많이 발생하고 있다. 이에 따라 사회복지실천 분야의 실천 영역과 활동 범위도 점점 넓고 다양해지고 있다. 인간의 사회적 기능수행의 문제를 해결하는 데 도움을 줄 뿐만 아니라 사회적 기능수행을 향상시키기 위해서 다양한 자원들을 사용하는 능력을 촉진시키고 개인과 집단의 역량을 강화시키는 새로운 사회복지실천 분야가 사회에서 생겨나고 있는 것이다.

이 책은 이러한 다양한 사회복지실천 분야에 대한 이해와 사회복지실천 분야에서 어떻게 이론을 활용하며 적용할 것인가에 대해 관심을 갖고 있는 모든 사람들을 위해 기획된 것이다. 특히 결손가족 아동, 빈곤청소년, 아동학대, 아내학대, 노인학대, 이혼문제, 발달장애아 가족문제, 학교폭력, 의료문제, 지역사회 정신보건, 약물중독, 알코올 중독, 실직자 가족문제, 사례관리, 사회복지조직 내 팀 협력 문제 등 우리나라에서 현재 이슈가 되고 있는 사회복지실천 분야에서의 여러 문제들에 대해 이론을 어떻게 적용하며, 이들 문제에 대해 어떻게 사회복지실천 접근을 하는가에 관한 외국의 경험과 함께, 이들 분야에서 이론과 실천의 간격을 메우는 방법들을 제시하고자 하였다.

그리고 이 책을 펴내면서 감히 강조하고자 하는 바는 적어도 위의 각 사회복지실천 분야에 대해 저술한 내용들은 그 분야에서 학문뿐만 아니라 풍부한 임상적 경험을 가진 저자들에 의해 이루어졌다는 점이다.

따라서 이 책은 일차적으로는 현재 우리나라에서 이슈가 되고 있는 사회복지실천 문제에 관심을 갖고서 그 문제에 대한 이론 적용 및 실천방법에 관해 학술연구를 시도하고자 하는 대학원 과정 학생들에게 연구방향을 안내해 주는 데 큰 도움이 되고자 하였다.

나아가서 우리나라의 다양한 사회복지실천 분야에서 제기되는 구체적인 서비스 문제들에 대해 자세히 알고자 하는 학부과정 학생들에게도 도움이 되도록 하였다. 아울러 사회복지실천 현장에서 어떠한 이론을 적용해야 하고, 실천전략과 방법을 어떻게 모색해야 할 것인가에 대해 관심을 갖고 있는 현장 실무자들에게도 도움을 줄 수 있도록 하였다.

그러나 아직도 사회복지실천 분야 자체에 대한 학문적인 미정립, 집필방법상에서의 일관성 부족, 사회복지실천 분야를 모두 포괄하지 못한 점 등 여러 가지 면에서 미흡한 것이 많다. 독자 여러분들의 서슴없는 비판과 아울러 지속적인 조언을 기대한다.

끝으로 늘 우리와 함께 하시는 하나님과 이 책이 나오기까지 도움을 주신 학지사 김진환 사장님을 비롯한 전 직원들께 감사를 드리면서, 남세진 선생님과 사회복지실천 문제에 대한 이론 적용과 실천방법에 관심을 갖고서 사회복지실천 분야의 발전에 애쓰시는 모든 분들에게 이 책을 바친다.

2000년 6월, 관악에서

대표집필 조흥식

〈차례〉

제1장 사회복지실천과 실천 분야 ········· 15
사회사업방법과 사회복지실천의 의미 ········· 15
사회사업방법의 의미/15
사회복지실천의 의미/16
사회복지실천 분야의 이해 ········· 17
사회복지실천 분야의 의미/17
사회복지실천 분야의 구성/19
사회복지실천 분야의 전제/23
사회복지실천 분야의 유형/26
우리나라 사회복지실천 분야의 현재와 미래/28
사회복지실천 분야와 이론의 활용 ········· 29
사회복지실천 분야와 이론의 관계/29
이론과 실천의 간격을 메우는 방법/33
이론 활용의 고려사항/37

제2장 결손가족 아동과 사회복지실천 ········· 41
결손가족 아동의 적응문제 ········· 41
결손가족의 정의와 현황/41
결손가족 아동의 적응문제/42
결손가족 아동의 적응에 관한 이론 ········· 44
가족상실론적 관점/45
가족체계이론/49
가족스트레스 이론/53
결손가족 아동의 적응을 위한 개입방안 ········· 57

아동중심 개입 프로그램/57
가족중심 개입 프로그램/59
제3장 빈곤청소년과 사회복지실천 ········· 63
빈곤청소년의 부적응논의와 그 한계 ········· 63
빈곤청소년의 적응에 대한 이론적 모델 ········· 66
결핍 모델/67
위험 모델/67
위험/보호요소 모델/69
빈곤청소년과 적응유연성 ········· 70
적응유연성의 정의/70
빈곤청소년의 적응유연성을 저해하는 위험요소/71
빈곤청소년의 적응유연성을 증진하는 보호요소/75
빈곤청소년과 사회복지실천 ········· 79

제4장 아동학대와 사회복지실천 ········· 87
아동학대에 대한 이해 ········· 87
아동학대의 정의 및 유형/87
아동학대의 영향/89
아동학대의 원인/90
아동학대의 발견 및 신고 ········· 91
아동학대의 조기발견 및 신고의 중요성/91
아동학대의 신고를 저해하는 요소/93
아동학대 사례에 대한 자료수집 및 사정 ········· 95
아동학대의 발생 여부 확인/95
아동학대 위험도 사정/98
아동학대 사례에 대한 사정/100
아동 및 부모에 대한 개입방법 ········· 103
아동에 대한 개입방법/103
부모 및 가족에 대한 개입/107

제5장 아내학대와 사회복지실천 ········· 117
아내학대란 무엇인가 ········· 117
아내학대 피해자의 심리사회적 특성 ········· 120
아내학대에 대한 이론적 접근 ········· 123
정신분석론적 접근/123
사회학습이론적 접근/125
인지행동적 접근/125
가족체계론적 접근/127
여권주의적 접근/128
아내학대와 사회복지실천 ········· 132

학대받는 아내의 능력고취과정/133
능력고취접근의 실천적 요소/134
제6장 노인학대와 사회복지실천 ······ 143
현대사회에서의 노인학대 ······ 143
노인학대에 대한 이해 ······ 144
노인학대의 등장배경/144
노인학대의 정의 및 유형/146
노인학대의 원인/154
노인학대 관련 조사 ······ 156
노인학대와 관련된 사회적 개입 ······ 159
노인학대와 관련된 앞으로의 과제 ······ 164

제7장 이혼문제와 사회복지실천 ······ 171
이혼 및 이혼적응의 개념 ······ 171
이혼의 개념/171
이혼적응의 개념/173
이혼의 실태 ······ 174
이혼 후 경험하는 심리사회적 문제 ······ 177
이혼여성이 경험하는 문제/177
이혼가정의 아동이 경험하는 심리사회적 문제/182
사회복지실천 ······ 186
이혼여성을 위한 사회복지실천/186
이혼가정의 아동을 위한 사회복지실천/189

제8장 발달장애아 가족과 사회복지실천 ······ 197
발달장애아의 부모가 겪는 문제의 유형들 ······ 197
대인적인 문제/198
심리적인 문제/199
생활상의 문제/199
발달장애아 부모들이 갖는 역기능적 태도 ······ 200
부인/200
죄책감/200
거부/201
자기평가기준의 혼란/202
성공적인 적응과 관련된 요인들 ······ 203
발달장애아동 부모를 위한 집단사회복지실천 프로그램 ······ 205
Gammon의 집단 프로그램/206
Tolman과 Rose의 집단 프로그램/208
오세란의 집단 프로그램/209

제9장 학교폭력과 사회복지실천 ………………………………………… 215
학교에서의 또래폭력이란 무엇인가 ……………………………………… 215
학교폭력의 실태 ……………………………………………………………… 218
또래폭력의 특성 및 발생과정 ………………………………………………… 220
피해학생 및 가해학생의 특성/220
또래폭력에 대한 방관적 태도/224
또래폭력의 발생과정/225
학교에서의 또래폭력에 영향을 미치는 주요 요인 ………………………… 227
인구학적 요인/227
심리적 특성요인/228
가족 관련 요인 : 부모의 양육태도/231
학교의 사회심리적 환경요인/231
학교에서의 또래폭력, 그 예방 및 개입을 위한 사회복지실천전략 ……… 235

제10장 의료문제와 사회복지실천 ………………………………………… 243
현대사회의 의료문제와 만성질환 ………………………………………… 243
만성질환자에 대한 의료사회복지실천의 준거틀 ………………………… 244
생태체계적 관점/244
만성질환에 대한 이해/246
만성질환자와 가족/251
만성질환자의 환경에 대한 이해/256
만성질환자에 대한 의료사회복지사의 역할……………………………… 258
새로운 도전과 과제 …………………………………………………………… 262
의료사회복지사의 역할 정립/262
의료사회사업실천과 윤리적 문제/263

제11장 지역사회정신보건과 사회복지실천 ……………………………… 269
지역사회정신보건의 개념 …………………………………………………… 269
지역사회정신보건의 역사 …………………………………………………… 270
도덕치료/271
정신위생운동/271
지역사회정신보건운동/272
법과 옹호운동/273
소비자운동/273
우리나라 지역사회정신보건의 현황 ………………………………………… 274
대상인구/274
정신의료기관 및 정신보건시설/275
지역사회정신보건 프로그램의 대표적 유형 ……………………………… 279
프로그램 실천요소 …………………………………………………………… 281
지역사회정신보건 프로그램의 서비스 구성요소/281

프로그램 환경요소/287

제12장 약물중독과 사회복지실천 ······ 295
약물중독과 변화동기 ······ 295
실천 모델: 초이론 모델 ······ 297
개념적 구성체/298
초이론 모델의 유용성과 한계/304
실천방법 ······ 305
사회복지실천의 관점/305
실천기법 : 동기화면접/306
변화단계별 실천방법/314

제13장 알코올 중독과 사회복지실천 ······ 321
알코올 중독 개입 모델 ······ 321
재발예방 프로그램 ······ 327
재발예방의 이론적 근거/327
높은 위험상황과 재발예방/330
문제해결과정과 재발예방/333
생활문제와 재발예방/335

제14장 실직자가족과 사회복지실천 ······ 345
가족위기에 대한 정의 ······ 345
실직자가족이 경험하는 위기상황 ······ 346
실직자가족의 위기상황을 설명하는 이론적 기반 ······ 350
스트레스 사건/351
스트레스 누적/353
가족자원/354
가족인식/354
위기 수준/355
가족의 대처/356
가족의 적응/356
실직자가족에 대한 위기이론의 적용가능성 ······ 357
실직자가족의 위기상황에서 고려할 수 있는 개입방안 ······ 359
실직자를 위한 개입방안/359
실직자가족을 위한 개입방안/362
개입과정에서 기대되는 전문가의 역할/365

제15장 사례관리와 사회복지실천 ······ 371
사례관리의 정의 ······ 371
사례관리의 역사적 배경 ······ 374

탈시설화의 영향/374
서비스 전달의 지방분권화/375
복합적인 욕구를 가진 인구의 증가/376
기존 서비스의 단편성/376
사회적 지지와 사회적 망의 강조/377
비용억제의 필요성/378
사례관리자의 역할 ······ 380
사례관리를 위한 기술 : 클라이언트 의뢰 ······ 384
사례관리를 위한 지역사회 기반조성 ······ 390

제16장 사회복지조직 내 팀 협력 ······ 395
사회복지 서비스와 팀 협력 ······ 395
팀 협력의 필요성 ······ 396
서비스의 변화/397
사회복지 조직관리 모델 변화/398
팀 협력의 개념 ······ 399
팀 협력의 개념/399
팀 협력의 분류/400
팀 협력의 이점/402
팀 협력의 발달단계와 지원요소 ······ 403
팀 협력의 영향요인 ······ 407
팀 협력의 지원요인/407
팀 협력의 저해요인/410
합의 ······ 412

찾아보기 ······ 417

조흥식 외 공저, 『사회복지실천 분야론』 표지

3) 주제별 분류

남세진 교수의 저·역서, 학위논문, 학술논문을 주제별로 분류한 내용들을 간략히 정리하면 다음과 같다.

제1주제: 집단지도(Group Work)

남세진 교수는 집단지도의 이론, 실천, 교육 방법 등을 중심으로 지속적인 연구를 진행하였다.

- 저서; 집단지도방법론(1986, 1998 전정판), 역할놀이(1997)
- 학위논문; "집단지도 실천이론 구축을 위한 연구"(박사, 1982)
- 주요 논문; "집단지도의 기초이론"(1969), "Group Work 과정에서 나타나는 'Conflict'에 관한 연구"(1971), "집단발달단계에 따른 Principle 적용문제"(1971), "지식보급과 활동과정에 관한 집단단계이론의 통합연구"(1975), "장애자 청소년에 대한 집단지도"(1989)

제2주제: 사회복지 일반 이론 및 철학

사회복지의 기초 이론, 이념적 정립에 대한 연구를 하였다.

- 저서; 인간과 복지(1992), 현대사회복지론(1982, 공편), 한국사회복지론(1995, 공저), 한국 사회복지의 선택(1995, 편저)
- 주요 논문; "한국사회사업의 진로: 역사적 고찰"(1961), "사회복지이론과 실제"(1987), "현대사회복지학의 이론과 실제"(1987)

제3주제: 사회복지 교육과 커리큘럼 개발

한국 사회복지교육의 교과과정 개발, 실습 교육, 제도화 등 이론 및 제도적 발전에 기여하였다.

- 저서; 사회복지조사방법론(1988), 한국사회사업(복지)실습 교육지침 및 평가모형개발(1993)
- 주요 논문; "Purpose and Problems on Education for Social Group Work"(1966), "한국사회사업 교과과정 개발을 위한 연구: 통합적 접근"(1974), "사회사업교육에 있어서의 사회복지이론"(1978), "우리나라 사회복지교육의 현황과 과제"(1987), "Social Work Education in Korea, Curriculum Development"(1988)

제4주제: 아동 및 청소년 복지

아동, 청소년 복지정책 및 환경 개선, 아동과 청소년의 문제행동 예방 등에 관한 연구를 하였다.

- 학위논문; "청소년 비행원인에 대한 고찰"(1960, 석사)
- 주요 논문; "문제아동, 청소년에 대한 예방대책"(1973), "아동복지를 위한 사회정책"(1976), "어린이와 복지환경"(1979), "아동복지"(1981), "청소년 복지대책"(1985), "아동 및 청소년 복지의 전문화 방안"(1985)

제5주제: 지역사회개발과 사회복지 실천 현장

지역사회개발(Community development), 사회사업종사자 훈련, 실천 방법 등의 현장 중심 연구를 시행하였다.

- 주요 논문; "Community Development in Asia Countries"(1964), "지역사회개발사업에 대한 소고"(1966), "지역사회개발에 있어서 욕구개발의 문제"(1968), "가두사회사업연구"(1968), "지역사회 필요와 서비스에 관한 연구"(1972), "사회사업종사자 훈련효과에 대한 연구"(1974), "서울시내 아동시설 조사연구"(1976)

제6주제: 가족, 여성, 노인복지

여성, 노인, 가족문제 등 세대 간 갈등 및 가족 구조를 분석하였다.

- 주요 논문; "한국의 가정문제 연구"(1965), "부녀복지문제에 대한 현실적 분석"(1970), "한국의 노인복지 문제와 대책"(1973), "노인세대 조사"(1977), "체계이론에서 본 고부갈등"(1991)

제7주제: 사회보장 제도 및 정책 분석

공공부조, 사회보험, 복지서비스 제도에 대한 분석과 개선 방안을 구체적으로 제시하였다.

- 주요 논문; "사회보장제도에 있어서 공적부조의 위치"(1967), "사회보험의 기초이론"(1968), "의료보호제도의 효율적 운영방안"(1977)

제8주제: 국제사회복지 및 비교연구

미국, 일본, 아시아 사회복지 교육 및 정책 사례를 연구하였다.

- 주요 논문; "Community Development in Asia Countries"(1964), "Social Work Education in Korea, Curriculum Development in Korea"(1988), "미국의 대 빈곤 전쟁에 관한 연구"(1990), "헤드스타트 프로그램 분석"(1990)

제9주제: 빈곤, 사회정의, 정책의 역사

빈곤 정책(특히 미국의 War on Poverty), 정책의 철학적 배경, 역사적 과정 등을 분석하였는데, 이러한 연구는 앞의 주제들과 중첩되는 경우가 많았다.

- 주요 논문; "'War on Poverty'의 배경에 관한 연구"(1980), "미국의 대 빈곤전쟁에 관한 연구: 헤드스타트 프로그램을 중심으로"(1990)

제10주제: 연구 방법 및 조사

사회복지조사 방법론 및 다양한 실증 조사연구와 관련하여 그 효과성을 분석하였다.

- 저서; 사회복지조사방법론(1988, 공저)
- 주요 논문; "사회복지종사자에 대한 인력조사 연구"(1970), "사회복지시설(아동) 서비스에 관한 효과조사"(1971), "미탁아 가정환경에 대한 조사연구"(1975), "지방분산 훈련효과에 관한 연구"(1976)

4) 주요 연구 업적의 분석을 통한 사회적 기여

이상 남세진 교수의 연구 업적을 종합적으로 살펴볼 때, 현재와 같이 전문화되지 않고, 학문 체계화가 덜 갖추어져 있으며, 연구 층이 상대적으로 두텁지 않았던 시기임에도 불구하고 다음과 같은 몇 가지 사회복지학 학문 및 사회복지 실천현장과 국가 복지정책의 발전에 적잖이 기여한 점이 있었음을 발견할 수 있었다.

첫째는 사회복지 이론과 실천을 연결시키는데 이바지한 점이다. 집단사회복지, 실습교육, 조사방법 등 실천적 접근과 체계적인 이론화를 동시에 진행했음을 발견할 수 있었다. 특히 한국 최초의 집단사회복지, 집단지도 실천이론을 체계화하였으며, 관련 교과서로 집단지도방법론의 저술과 전정판 출판은 집단지도론을 한층 더 전문화, 체계화시켰다고 할 수 있다.

이와 관련해서는 좀 더 세부적으로 자세히 후술하고자 한다.

둘째는 사회복지 교육의 선도자로서의 역할을 충실히 수행했다고 할 수 있다. 한국 사회복지 교육과정 개발 및 평가모형 제시, 사회복지 교육 제도화에 핵심적 역할을 수행했다고 할 수 있다.

셋째는 사회복지조사 및 실천현장과 관련하여 생생한 실태조사 기반의 사회복지정책을 제언했으며, 누구보다도 국가 정책에 영향을 주기 위해 정부와의 다양한 협력 연구를 많이 하였다는 점이다.

넷째는 사회복지정책에 대한 관심을 상당히 갖고 있었다는 점이다. 비록 남세진 교수는 사회복지실천과 관련하여 아동, 노인, 청소년, 여성 등을 대상으로 하는 미시 사회복지를 교육하고 이에 대한 연구를 많이 하였지만, 궁극적으로는 아동, 노인, 청소년, 여성 등의 복지 문제에 대한 예방적, 정책적 대안 모색과 방법 등의 접근을 시도하는데 선도적 역할을 수행한 것이다.

다섯째는 한국형 사회복지 이론 구축에 기여한 점을 들 수 있다. 사회복지 이론 정립과 관련하여, 외국, 특히 미국의 미시적인 사회복지학 이론과 비교되는 한국형 사회복지 이론 구축에 기반이 되는 이론의 통합적·체계적 접근을 제시하고자 상당히 노력한 것이다.

마지막으로 국제적인 시야를 갖게 하는 국제비교 연구를 확장한 점이다. 남세진 교수는 우수한 영어 실력을 바탕으로 한 국제대회 참가 경험을 토대로 아시아, 미국 사례에 대한 비교연구 및 분석을 많이 하였다. 그리하여 각국의 사회복지제도에 대한 비판적인 비교분석을 강화함으로써 궁극적으로 바람직한 한국의 사회복지 발전 방향을 제시하는데 힘을 쏟았다.

2. 남세진 교수와 집단사회복지

남세진 교수는 한국 사회복지학계에서 초창기 백근칠 선생의 뒤를 이어, 이화여대 문인숙 교수와 함께 집단사회복지(social group work) 분야의 권위자로 잘 알려져 있다. 특히 남세진 교수는 한국적 맥락에 맞는 집단사회복지 이론과 실천 모델을 개발하는 데 주력하였다. 그의 연구는 서구 중심의 집단이론을 한국 사회문화에 맞게 재구성하고, 실천현장에서 적용 가능한 프로그램을 개발하는 데 중점을 두었다.

우선, 남세진 교수의 집단사회복지에 관한 연구물을 살펴보면, 박사학위 논문부터 집단사회복지 분야 연구로서 제목은 『집단지도 실천이론 구축을 위한 연구』(1982)이다. 그리고 저서로는 『집단지도방법론』(1986), 『역할놀이』(1997), 필자와 함께 저술한 1986년도 『집단지도방법론』의 전정판인 새로운 『집단지도방법론』(1998) 등이 있으며, 연구 논문이나 보고서를 보더라도 "집단지도의 기초이론"(1969), "학생집단 활동에 관한 연구"(1970), "집단발달단계에 따른 Principle 적용문제"(1971), "지식보급과 활동과정에 관한 "집단단계이론의 통합연구"(1975), "집단지도 실천이론 구축을 위한 연구"(1982), "장애자 청소년에 대한 집단지도"(1989) 등 다수가 있다.

이 중에서 다음 두 권의 저술은 집단사회복지, 집단지도방법론의 이론적 기초를 구축하여 집단지도 실천 현장에서 이를 활용하는 데 크게 기여한 바가 있다. 이 두 책은 바로 1986년에 첫 남세진 교수가 단독으로 출간한 『집단지도방법론』과, 또 하나는 1986년도 『집단지도방법론』의 전정판으로 남세진 교수와 필자가 함께 공동으로 새롭게 출간한 1998년 『집단지도방법론』이 그것이다. 이제부터 이 두 책의 출간 목적과 간략한 책 소개 등을 담은 '머리말'과 책의 내용을 한 눈으로 짐작하게 하는 '목차' 제목을 제시하고자 한다.

우선, 1986년에 첫 남세진 교수가 단독으로 출간한 집단지도방법론의 머리말과 목차 제목을 다음과 같이 제시한다.

| 머리말 |

인간의 존엄성은 그 무엇보다 우선하며 개인은 성, 연령, 인종, 신앙, 사회적·경제적 지위 등에 상관없이 인간으로서 존경되어야 한다. 이것은 사회사업의 기본철학이며 가치이다.

모든 인간은 잠재능력을 가지고 태어나며 개인차가 막대하다. 이 개인의 절대성은 개인의 형성과 사회의 발전에 있어 필수적 요건이며, 민주주의 사회의 아름다움을 구성하는 요소이기도 하다. 이 개인의 고유한 잠재능력이 개발됨으로써 인간은 개인의 문제를 해결할 뿐만 아니라 자기가 속한 집단과 사회의 문제를 해결함에 공헌하게 된다. 이것은 사회사업의 신조이다.

인간사회의 가장 큰 비극의 하나는 개인이 자기능력에 적응한 삶을 영위하지 못하는 것이다. 이것은 개인의·환경의 장애에서 연유된다. 현대 사회사업은 이러한 장애물을 제거하고 유리한 조건을 창출하는 전문의 하나이다. 개인 및 사회의 욕구를 충족시키며 개인의 사회적 기능을 향상시킨다는 말은 이를 표현하고 있다.

잠재능력의 개발은 자아의 발견에서 시작된다. 이것은 남과의 관계 속에서 반영된 자기의 모습을 찾고 받아들이는 경험의 기회가 있음으로써 가능하다. 한편 인간에게는 자기비하감과 소속감이라는 본질의 필요를 가지고 있어서 이를 충족하고자 하는 경향이 곧 힘이 되기도 한다. 집단 활동의 개인적 필요가 여기에 있다. 인간은 남과의 관계 속에서 살아야 하고 집단과 사회를 떠나 살 수는 없다. 더욱이 현대사회는 다양한 적응력을 요구하고 있다. 가족기능은 이미 약화되어 있어서 요구에 상응하는 역할을 수행하지 못하고 있다. 적응 능력을 향상시키는 경험 기회는 이제 가족 밖에서 가져야 한다. 또한 현대는 민주주의 사회를 이상으로 삼으며 건전한 민주시민이 시민으로서의 성장 목표이기도 하다. 자아를 발견하고 자기의 책임을 수행하며 타인을 존경하고 남과 협동을 하는 것이 민주시민이며 이는 집단 속에서 남과 관계를 맺는 경험을 통해서 익히게 된다. 집단 활동의 사회적 필요가 여기에 있다.

집단지도는 집단 경험의 전문적 실천을 통해 개인적·사회적 욕구를 충족케 하는 방법이다. 인접과학에서 나오는 관계이론과 자아의 경험을 토대로 하여 이를 종합화 체계화한 전문사회사업의 한 방법이다.

사회사업에 대한 전문적 접근은 20세기 초 미국에서 비롯되었으며 1920년대 대학원에 전공학과가 개설되면서 전문으로서의 체계화를 위한 학문적 활동이 본격화되었다. 이러한 새로운 발전은 전 세계에 영향을 주었으며 우리나라에서는 1950년대 후반에 대학에 사회사업학과가 설치되었다.

전문사회사업, 그 가운데 특히 집단지도방법은 학문으로서의 출발이 늦었을 뿐만 아니라 본래의 속성이 실천에 기반을 둔 응용과학이기 때문에 아직 체계화에 있어 미숙한 부분이 있으며 다양한 접근과 상이한 이론이 상존하고 있다. 이 책은 주된 흐름간의 공통점을 중심으로 여러 가지 접근을 흡수하는 방향으로 집필되었다.

Dorwin Cartwright와 Alvin Zander, Marvine Shaw, 그리고 Malcolm Knowles의 집단역학에 관한 이론, Eduard Lindeman과 Gisela Konopka의 가치이론, Konopka와 Helen Phillips의 원칙과 기법, Grace Coyle과 Harleigh Trecker의 민주주의와 집단지도의 관계이론, Helen Northen, Charles Garvin, Robert Vinter를 대표로 하는 집단발달이론에 기초한 집단지도 접근, Gertrude Wilson과 Gladys Ryland 그리고 Trecker의 프로그램 분석 등을 주된 흐름으로 다루었다.

이 책은 대학에서 사회사업(복지)을 공부하는 학생 그리고 여러 가지 기관과 단체에서 집단 활동을 담당하고 있는 전문가에게 집단지도방법에 관한 전문지식을 전달시키기 위해 만들어졌다. 우리나라의 사회적·문화적 배경에 맞추기보다 원리에 충실하고 있음이 이 책의 특성이지만 동시에 이것이 약점이기도 하다. 우리나라 현실에 입각한 자료의 부족을 솔직히 인정해야 하겠다. 모자라는 부분은 계속해서 보충해 나갈 것을 다짐한다.

이 책을 쓰도록 용기를 준 본 학과 동료교수에게, 그리고 출판을 가능케 해 준 출판부 임종철 교수님과 직원 여러분에게, 마지막으로 원고 정리에 수고한 신은주 조교에게 마음속 깊이 감사를 드립니다.

1986년 2월

저자 씀

〈목차〉

제1장 집단지도방법의 개념

제1절 사회사업과 집단지도 1
사회사업의 현대적 개념 1
집단지도의 정의 3
집단지도의 전제 5
집단지도의 적용영역 7
제2절 집단지도에 있어서의 가치 9
제3절 이론적 접근과 모델 13
조직적 환경의 접근 14
발달적 접근 16
상호작용주의적 접근 18
접근간의 공통점 19
모델 21

제2장 집단지도의 역사

제1절 전문의 방법으로서 등장 25
제2절 집단지도 실천이론의 발달과정 29

제3장 집단과정의 이해

제1절 집단의 정의와 제이론 40
집단의 정의 40
제이론 42
제2절 집단의 역동성 47
집단의 상호작용 47
목적 49
감정의 유대 50
지위와 역할 55

하위집단 59
가치와 규범 62
참여와 유형 66
분위기 66
응집력 69
지도력 71
갈등 74
제3절 집단구성원의 기능 및 요약 78
구성원의 기능적 역할 78
응용을 위한 원칙 81

제4장 집단지도의 기본요건

제1절 집단지도에 있어서의 집단 85
자연발생적 집단과 인위적 집단 85
과제중심 집단과 성장중심 집단 86
조직 및 활동의 종류에 따른 분류 87
제2절 집단지도전문가 90
전문적 역할 90
기본적 태도와 능력 92
구체적 목적 94
집단지도전문가의 역할 101
제3절 기본원칙과 기법 102
원칙 102
기법 110
제4절 프로그램 116
프로그램의 의의 116
프로그램의 분석과 활용원칙 118
집단구성원의 조건에 대한 배려 122
프로그램 활동을 좋아하고 싫어하는 이유 123
역할놀이 124

제5장 집단지도의 과정

제1절 개관 129
제2절 진단 131
초기사정과 진단서작성 131
문제의 파악 133
집단 속에서의 진단 135
목표설정 136

매개수단 …… 139
비협조적 행동에 대한 지도계획 …… 141
제5절 갈등의 해결 …… 143
개입전략 …… 143
전문적 관계 …… 146
구성원 상호의 관계 …… 149
상호작용 …… 150
제6절 평가 …… 153

제6장 집단발달과 개입전략

제1절 집단발달의 개념과 제학설 …… 157
집단발달의 개념과 전제 …… 157
발달단계의 구분에 대한 제 학설과 통합 …… 159
제2절 단계별 집단의 특성 …… 166
출발단계 …… 166
탐색과 시험단계 …… 168
문제해결단계 …… 170
종료단계 …… 172
제3절 단계별 개입전략 …… 173
제 학설의 재구성 …… 174
준비단계 …… 176
초기단계 …… 178
중간단계 …… 183
종료단계 …… 186

제7장 집단지도의 실제

제1절 노인집단지도 …… 189
노인의 욕구와 집단경험 …… 189
집단지도의 활용 …… 192
제2절 청소년을 위한 집단지도 …… 196
청소년기의 특징과 현실적 문제 …… 196
집단지도 …… 198
제3절 아동과 집단지도 …… 200
집단지도관점에서 본 아동관과 문제 …… 200
집단경험의 필요 …… 201
아동과 놀이 …… 202
제4절 사례분석 …… 204
아동수용시설에서의 집단지도 …… 204

남세진 저, 『집단지도방법론』 표지

정서장애아동을 위한 집단지도 ·· 213
장애아동을 위한 캠프 ·· 217
참고문헌 ··· 227
찾아보기 ··· 241

다음으로, 남세진 교수와 필자가 함께 공동으로 새롭게 출간한 1998년 『집단지도방법론』은 남세진 교수가 심혈을 기울여 저술한 1986년도 판인 『집단지도방법론』보다 집단지도의 이론과 실제를 한층 더 포괄적으로 다루고 있으며, 집단지도의 개념, 역사, 이론, 실제 적용까지 폭넓게 설명하고 있다. 아울러 서양의 집단지도의 기법을 그대로 적용하기보다, 한국 사회의 문화적·사회적 배경에 맞는 집단지도방법이 필요하다는 점을 강조하면서 한국적 맥락에 맞는 집단지도방법론을 소개하고 있다. 이 책의 머리말과 목차 제목을 다음과 같이 제시한다.

| **머리말** | 전정판에 붙여

인간은 일생동안 다양한 집단경험과 활동을 통하여 성장, 발달해 나가므로 특히 복잡한 현대를 살아가면서 각종 사회문제나 역기능에 직면하게 되는 모든 이들에게 가치 있고, 의미 있는 집단 경험과 활동은 필수적이라

할 수 있다.

집단지도란 전문가에 의한 의도적인 집단과정과 경험을 통해, 개인의 사회적 기능수행을 향상케 하며, 또한 개인, 집단, 지역사회의 당면 문제들에 대해 보다 효과적으로 대처해 나갈 수 있도록 도움을 주는 전문적인 사회사업방법 가운데 하나이다. 따라서 집단지도는 사회구성원의 삶의 질을 높이기 위해 사회복지사업을 수행하는 데 없어서는 안 될 중요한 실천방법의 하나라 하겠다.

이 책은 1980년대에 첫 출간되었는데, 그 동안 집단지도방법론의 이론과 실천은 많은 사회변화의 추세에 따라 엄청나게 바뀌어 왔음이 사실이다. 이번에 이러한 변화에 부응하여 새롭게 교과내용을 대폭 수정, 증보하는 일대 변화를 시도하였다.

특히 이번에 전정판을 내는 데 조흥식 교수와 공동으로 수행함으로써 보다 새롭고 알찬 내용들을 많이 보강할 수 있었다. 집단의 분류, 집단지도의 역사, 집단지도의 기본요건, 집단지도의 과정 등 여러 부분에 새로운 이론과 기술들을 많이 소개하였다.

이와 함께 이번 전정판의 특징은 무엇보다도 현재 집단지도의 실천영역에서 많이 이루어지고 있는 다양한 실질적인 집단지도방법의 적용영역을 뚜렷하게 제시하여 실무에 참고하도록 하였다는 점이다. 대표적인 치료집단으로서 슬픔 관리 집단, 약물 의존자 집단, 섭식장애 집단, 배우자 학대 집단, 그리고 자조 및 교육집단으로서 자조집단, 스트레스 관리 집단, 시간관리 집단의 적용을 위한 이론과 기술 및 실제 사례를 소개하였으며, 또한 감수성 집단에 요구되는 중요한 정체성 형성과 가치 명료화, 성적 주제에 대한 둔감화, 대인관계의 향상 등에 관한 것과, 의사결정 집단으로서 공적토의 집단, 회의계획 등에 관한 이론과 기술 및 실제 사례를 자세히 소개하였다.

따라서 이 책은 대학에서 집단지도에 대해 학문적 관심을 갖는 학부 및 대학원 학생 등을 비롯한 여러 학문 분야 사람들뿐만 아니라, 현장에서 직접 집단을 상대하는 다양한 실무자들에게도 도움을 줄 수 있도록 하였다.

그러나 아직도 우리나라의 집단지도의 역사와 실제 사례들을 정리하지 못하는 등 부족한 것이 많다. 앞으로 계속 보완할 생각이지만, 독자들의 적극적이고도 지속적인 비판과 아울러 애정 어린 조언을 기대한다.

끝으로 늘 동행하시는 하나님과, 이 책이 나오기까지 도움을 주신 서울대 출판부 관계자 여러분, 그리고 교정을 위해 애쓴 강경심, 김수완, 김유경, 김지은, 류수진, 서동명, 임진아, 최인이 등 서울대 대학원생 모두에게 감사를 드리면서, 이 땅의 사회복지사업에 관심을 가지고 집단을 통한 사회구성원의 복지 발전에 애쓰는 모든 분들에게 이 책을 바친다.

1997년 1월, 관악에서

남세진 • 조흥식

〈목차〉

전정판에 붙여 iii

제1장 집단지도의 개념 / 1

제1절 집단에 대한 이해 ··· 3
제2절 사회사업과 집단지도 ··· 14
제3절 집단지도의 가치 ··· 31

제2장 집단지도의 이론적 접근과 모델 / 35

제1절 이론적 접근 ··· 37
제2절 모델 ··· 41

제3장 집단지도의 역사 / 47

제1절 출현기(1861-1927년) ··· 49
제2절 방법으로서의 정착기(1928-1946년) ··· 54
제3절 통합기(1947-1963년) ··· 57
제4절 집단단위(1964년 이후) ··· 59

제4장 집단지도의 기본요건 / 61

제1절 집단성원 ············ 63
제2절 집단지도전문가 ············ 73
제3절 프로그램 ············ 84

제5장 집단이론 / 95

제1절 장이론 ············ 97
제2절 사회교환이론 ············ 100
제3절 집단성격이론 ············ 103
제4절 정신분석이론 ············ 107
제5절 의사거래분석 ············ 111
제6절 형태주의이론 ············ 117
제7절 행동주의이론 ············ 124
제8절 현실치료이론 ············ 132
제9절 체계이론 ············ 138

제6장 집단역학의 이해 / 145

제1절 사회적 상호작용 ············ 147
제2절 목적 ············ 153
제3절 정서적 유대 ············ 155
제4절 지위와 역할 ············ 160
제5절 하위집단 ············ 164
제6절 가치와 규범 ············ 166
제7절 참여유형 ············ 170
제8절 분위기 ············ 171
제9절 응집력 ············ 173
제10절 지도력 ············ 183
제11절 갈등 ············ 193

제7장 집단발달과 개입전략 / 209

제1절 집단발달의 개념과 제학설 ············ 211
제2절 단계별 집단의 특성 ············ 220
제3절 단계별 개입전략 ············ 226

제8장 집단지도의 과정 / 239

제1절 집단 사전단계 ··· 241
제2절 집단 초기단계 ··· 251
제3절 집단 사정단계 ··· 258
제4절 집단 중간단계 ··· 275
제5절 집단 종결단계 ··· 290

제9장 집단지도의 실제(Ⅰ): 치료집단 / 303

제1절 슬픔관리(Grief Management) 집단 ··· 308
제2절 약물 의존자(Chemical Dependence) 집단 ··· 319
제3절 섭식장애(Eating Disorders) 집단 ··· 327
제4절 배우자 학대 집단 ··· 334

제10장 집단지도의 실제(Ⅱ): 자조 및 교육집단 / 341

제1절 자조집단 ··· 343
제2절 스트레스 관리 집단 ··· 346
제3절 시간관리 집단 ··· 354

제11장 집단지도의 실제(Ⅲ): 감수성 집단 / 361

제1절 정체성 형성과 가치 명료화 ··· 363
제2절 성적 주제에 대한 둔감화(Desensitization) ··· 370
제3절 대인관계의 향상 ··· 378

제12장 집단지도의 실제(Ⅳ): 의사결정 집단 / 389

제1절 공적토의 집단 ··· 391
제2절 회의계획 ··· 395

참고문헌 / 409
찾아보기 / 419

남세진, 조흥식 공저, 『집단지도방법론』(전정판) 표지

이와 같이 남세진 교수는 한국 사회복지학계에서 집단사회복지, 집단지도방법론의 이론적 기초를 정립하고, 실천 현장에서 이를 체계적으로 적용하는 데 크게 공헌한 인물로 평가할 수 있다. 그의 업적을 이론적 측면과 실천적 측면으로 나누어 살펴보고자 한다.

1) 집단사회복지의 이론 구축

이론적 차원에서 사회복지학에 공헌한 내용은 다음 세 가지로 정리해 볼 수 있다. 첫 번째로 집단의 역동성에 대한 이론적 논의를 활성화하였다. 집단 내 상호작용, 리더십, 집단 응집력 등 집단역학(dynamics)에 관한 이론적 논의를 국내 사회복지학계에 소개하고, 실천 현장에서의 적용 가능성 방안을 연구했다.

두 번째로 남세진 교수는 사회사업의 3대 실천 방법론, 즉 개별사회복지, 집단사회복지, 지역사회조직 중에서 초기 한국 사회복지학계는 주로 개별사회복지(social casework)에 집중되었으나, 남세진 교수는 집단지도의 중요성을 부각하며 개인–집단–지역사회 의 3대 실천 방법이 균형 있게 발전할 수 있는 토대를 마련했다. 특히 상대적으로 취약한 집단지도방법론의 이론 소개와 확장에 주력하여 집단지도방법론의 중요성을 학계에 부각시켰다.

세 번째로 집단지도방법론의 체계화에 기여하였다. 남세진 교수는 집단사회복지(social group work)를 하나의 독립적인 전문 실천방법론으로 정립하고, 그 목표, 원칙, 단계, 기술 등을 명확히 체계화하였다. 특히, 미국 등 서구에서 도입된 집단지도이론을 한국의 사회문화적 맥락에 맞게 현지화(localization)하는 데 주력함으로써 현장중심 이론 정립에 노력하였다. 기존 서구 중심의 집단지도 모델을 한국의 가족 중심 문화에 맞게 재해석하고자 하였는데, 대표적으로 우리나라 문화의 큰 특성인 체면 문화와 정(情) 개념을 집단역학의 한 요소로 어떻게 구현해야 하며, 전통적인 서구식 집단상담 기법을 두레, 품앗이와 같은 한국적 소집단 문화에 어떻게 융합시킬 것인가 하는 문제에 대해 필자와 생전에 여러 번 토의하고 논의한 적이 있었으나 체계적인 연구물로 내지는 못했다.

2) 집단사회복지의 실천

실천적 차원에서 사회복지학에 공헌한 내용도 다음 두 가지로 정리해 볼 수 있다. 첫 번째로 사회복지실천 현장에서의 적용 모델을 제시하는 데 꾸준히 힘써 왔다. 남세진 교수는 다양한 아동, 청소년, 학생, 장애인 대상 집단 프로그램을 개발하고, 사회복지 기관이나 학교에서 이를 적용하도록 지도하였는데, 특히, 발달적 집단, 과업 중심 집단, 치료적 집단 등 다양한 집단 유형에 따른 접근법을 구분하여 실제 사례중심 강의와 함께 실습교육을 강조했다.

그 결과로 남세진 교수는 다양한 사회복지 대상자들을 위한 집단 프로그램을 개발하고 적용하였는데, 그 중 대표적인 사례를 들자면, 청소년들이 자신의 가치를 인식하고 긍정적인 자아상을 형성할 수 있도록 돕는 집단 프로그램인 '청소년 자아 존중감 향상 프로그램'이 있고, 장애인들이 사회적 기술을 향상시키고 지역사회와의 연계를 강화할 수 있도록 돕는 집단 프로그램인 '장애인 사회적응 훈련 집단 프로그램'이 있다. 이러한 프로그램들은 서울대 사회복지학과의 실습과정이나 사회복지기관에서 실제로 적용되었다.

이와 같이 남세진 교수는 집단지도방법론의 현장 실습을 통한 모델 개발을 중시했는데, 학생집단 활동에 관한 연구(1970), 장애자 청소년에 대한 집단지도(1989) 등의 연구물들은 이러한 모델 개발의 결과라 할 수 있다.

두 번째로 집단 프로그램의 효과성을 측정하기 위한 평가 및 성과 분석 방법 개발을 시도하였다. 집단사회복지 프로그램의 효과를 정량적, 정성적으로 평가하려는 시도를 통해 프로그램 실천 효과성의 과학화에 기여했다. 집단발달단계에 따른 Principle 적용문제(1971), 지식보급과 활동과정에 관한 집단단계이론의 통합연구(1975) 등에 전문적이고 깊이 있는 평가 수준은 아니지만 그의 효과성 평가에 대한 기초적인 시도가 잘 나와 있다.

이러한 남세진 교수의 집단사회복지에 대한 학문적 차원의 역사적 전개는 초기인 1970년대까지는 미국 사회복지 교육과 실천 현장에서 사용된 집단지도방법론의 개념을 그대로 도입하여 강의하고, 현장실습을 시켜 사회복지기관이나 교육현장에 확산시키는데 주력했다고 할 수 있다. 이 당시 집단지도 현장실습은 주로 YMCA, YWCA, 적십자사, 청소년직업훈련원 등에서 적용된 청소년 활동중심 실습이 주를 이루었다.

남세진 교수가 학자로서 활동을 시작하여 열심히 실습 지도를 한 1960년대와 1970년대는 한국 사회가 경제 개발과 산업화를 빠르게 추진하던 시기였다. 이 과정에서 빈곤, 도시 문제, 소외 계층 발생 등 다양한 사회 문제가 야기되었고, 사회복지의 필요성이 점차 인식되기 시작하였다.

우선, 1960년대, 1970년대 서울YMCA와 한국YMCA연맹 산하 각 지역 YMCA, 그리고 YMCA가 운영하는 복지 시설, 청소년 수련원 등에서 실습이 이루어졌는데, 집단지도 사회복지실습은 단순한 복지 활동을 넘어, 청소년 지도·시민의식 함양·지역사회 개발을 위한 실천적 교육의 장으로 활용되었다. 이 시기의 실습은 미국식 집단사회사업 모델을 도입하면서, 집단 내 상호작용과 리더십 개발을 중시했다.

1960년대는 대체로 청소년(high YMCA) 자치와 시민교육 중심의 집단지도 실습을 했는데, 첫째, 서울 YMCA는 청소년들이 직접 도시를 운영하는 자치도시 프로그램을 통해 리더십과 공동체 의식을 키우도록 지도하였다. 둘째, '노래하는 시민' 프로그램 실습이 있었는데, 이는 시민의식 고취를 위한 문화행사 기획 및 진행을 실습하는 것이었다. 셋째, 청소년 집단활동을 통한 사회화 실습을 하는 것이었다. 청소년 또래 집단 내에서 규범학습, 갈등 해결, 자아 정체성 형성을 돕는 집단지도 실습을 하도록 했다. 넷째, 미국 YMCA 모델을 도입하여 집단사회사업의 원칙(개별화, 수용, 참가, 체험 등)을 적용한 실습 교육을 실시하였다.

1970년대는 지역사회개발과 사회운동 연계 실습을 주로 진행하였다. 서울에서는 첫째, 대학생 사회봉사 집단 실습으로 YMCA 연맹 주도로 대학생들이 팀을 이루어 지역사회 봉사활동, 캠페인, 조사활동 등을 수행하였다. 둘째, 도시빈민 집단지원 실습으로 서울 YMCA는 도시 영세민을 위한 집단상담, 교육, 생활지원 프로그램에 실습생을 배치하였다. 셋째, YMCA 사회개발특별위원회 활동 실습으로 시민의식 개발과 지역사회조직을 위한 집단지도 실습이 확대되었다. 넷째, 청소년 스포츠단 및 캠프 어린이 스포츠단 활동 실습으로 캠프 활동을 통해 청소년과 어린들이 건강한 성장과 공동체 경험을 하도록 하는 집단지도 실습이 이루어졌다. 다섯째, 시민의식 함양을 위한 실습으로 시민논단·십대의 광장·신학강좌 프로그램 기획과 시민의식 함양을 위한 토론, 교육 프로그램 활용 등의 실습을 통해 민주시민을 양성해 냄으로써 민주주의 발전에 기여하게 하였다.

이와 같이 1960년대와 1970년대 YMCA 실습은 단순한 복지기관 내의 실습 경험을 넘어, 사회복지 전문성과 시민운동 및 지역사회 개발의 중심 축으로의 결합을 도모하는 중요한 실습 경험을 제공하였다.

그리고 정치사회적으로 암울한 시기인 1980년대 YMCA 사회복지실습의 성격은 첫째, 지역사회 중심 실천을 강화했다는 점이다. YMCA는 지역사회복지관 설립과 운영에 참여하면서 지역 주민을 대상으로 한 다양한 프로그램을 실습 현장으로 활용한 것이다. 둘째, 재가복지서비스의 도입을 통해 노인과 장애인을 대상으로 한 가정봉사원 파견사업, 방문상담, 진단치료 등 재가복지 형태의 실습이 이루어졌다는 점이다. 이는 기존의 시설중심 복지에서 벗어난 새로운 접근이라 할 수 있다. 셋째, 자원봉사 활용을 급속도로 확대했다는 점이다. YMCA는 자원봉사자 교육과 활용에 적극적이었으며, 실습생들도 자원봉사자와 협력하여 프로그램을 운영하는 경험을 쌓도록 했다. 넷째, 사회행동모델을 도입한 점이다. 저소득 지역에서의 주민조직화, 재개발 반대운동, 환경운동 등 사회행동 중심의 실천이 일부 YMCA 지부에서 실습 내용으로 포함되기도 했다.

1990년대 YMCA 사회복지실습은 특징은 첫째, 사회복지관 중심의 전문화된 실습을 실시했다는 점이다. 1990년대에는 YMCA가 운영하거나 협력하는 종합사회복지관에서 실습이 주로 이루어졌으며, 사례관리, 집단프로그램 운영, 지역사회조사 등 보다 전문화된 실습이 이루어졌다. 둘째, 사회복지전담공무원제도와의 연계 실습이 이루어졌다는 점이다. 1987년 도입된 사회복지전담요원제도와 연계하여, 실습생들이 공공복지 전달체계와 민간복지기관의 협력 구조를 경험할 수 있었다. 셋째, 자조집단과의 협력 실습이 많아졌다는 점이다. 장애인 부모모임, 노인 자조집단 등과 협력하여 실습생들이 집단지도, 프로그램 기획, 권익옹호 활동에 참여하는 기회가 확대되었다. 넷째, 사회복지 전문교육과 연계 실습이 활성화되었다는 점이다. 대학과 YMCA 간의 협력으로 실습생들이 이론과 실천을 연결하는 교육을 받으며, 실습 후 평가와 피드백 체계도 점차 정비되어 갔다.

1980년대 후반부터 민주화의 열기가 높아지고, 1990년대 들어 문민정부가 들어서면서부터는 YMCA 실습은 단순한 현장 체험을 넘어, 지역사회복지의 실천적 모델을 직접 경험하고 참여하는 교육적 기회로 기능했다(민경배, 1993; 전택부, 1994; 서울YMCA, 매년; 한국YMCA연맹, 매년).

1970년대 초반의 종로거리 모습(종로 YMCA를 중심으로)
네이버 블로그 https://blog.naver.com/s5we/150177025588

한편, 서울대 사회복지학과에 여학생이 한 학년에 한 명 진학할까 말까 한 시절에 그래도 YWCA에 집단지도 실습을 택해 실습을 하는 학생들이 간혹 있었으나 슈퍼바이저가 부족해 체계적이지 못했다. 기독교 인도주의를 기반으로 한 YWCA 실습은 신앙과 사회참여를 결합해 여성의 사회적 역할을 점차적으로 확장해 간다는 것(한국YWCA연맹, 2002)이어서 실습 대학생들의 욕구를 당시에 채워주지 못한 부분이 있었다. 더구나 당시에는 여성 YWCA 간사인 경우 결혼을 하면 그만 두는 경우가 많아 슈퍼바이저 양성이 쉬운 일이 아니었을 것으로 짐작된다. 당시 남세진 교수도 간혹 여학생이 한국YWCA연맹이나 서울YWCA에 실습을 가겠다고 하면 적극적으로 추천하기 보다는 말리는 추세였다.

1970.6.29 YWCA노래모임 '청개구리의 집' 개관공연 모습(기타를 든 이는 가수 서유석 씨)
네이브 블로그 https://blog.naver.com/s5we/220738758635

대한적십자사 사회복지실습의 경우, 1960년대와 1970년대의 집단지도 중심의 사회복지 실습 내용은 당시 한국 사회복지의 발전 초기단계라는 배경에서 이해할 필요가 있다. 이 시기의 적십자사는 사회복지 교육 및 실습의 선도적 역할을 했으며, 사회복지학과 학생들의 주요 실습기관 중 하나였다. 1960-70년대는 한국전쟁 이후 재건과 산업화가 진행되던 시기로, 사회복지 체계가 제도적으로 자리 잡기 시작하던 시기로서, 특히 적십자사, 기독교 사회복지기관 등 민간단체가 공공복지의 공백을 메우는 중요한 역할을 했다. 따라서 이 시기 실습은 한 마디로 구호 중심의 실습이라 할 수 있다. 구체적인 실습은 첫째, 재난 및 전쟁 피해자 구호 실습으로 긴급구호 활동이 실습의 핵심이었으며, 실습생들은 전쟁고아, 미망인, 피난민 등을 대상으로 한 구호물자 배분, 응급처치, 상담보조 등에 참여했다. 둘째, 보건·의료 중심 실습으로 혈액관리, 헌혈 캠페인, 예방접종 지원 등 보건사업과 연계된 실습이 이루어졌다. 셋째, 외국원조기관과의 협력 실습으로 국제적십자사 및 외국 NGO와 협력하여 구호물자 관리, 국제구호활동에 대한 이해를 돕는 실습이 포함되어 있었다.

1980년대에 들어와서는 여타 다른 사회복지실습과 마찬가지로 첫째, 지역사회복지로 확장이 되는 사회복지관 운영 참여 실습이 이루어졌는데, 대한적십자사가 운영하는 사회복지관에서 아동·노인·장애인 대상 프로그램 기획 및 운영 실습이 이루어졌다. 둘째, 재가복지 실습 도입으로 가정봉사원 파견사업, 방문상담, 생활지원 등 지역사회 내 재가복지 실습이 확대되었다. 셋째, 1987년 도입된 사회복지전담공무원제도와 연계하여 공공복지 전달체계에 대한 실습이 강화되었다.

1990년대는 실습의 통합적 접근이 주를 이루었는데, 재난관리와 복지의 통합 실습이 강조되었다. 재난 대비 교육, 심리적 응급지원, 지역사회 재난 대응 훈련 등 복지와 재난관리의 융합 실습이 이루어졌던 것이다.

이와 같이 사회복지사 1세대들이 대한적십자사 실습을 통해 전문성을 키웠고, 이후 제도권 복지로 진출함으로써 대한적십자사 실습은 구호 및 자원봉사 활동에서 전문적 사회복지실천으로 전환하는 데 일정부분 기여했다고 할 수 있다(한국사회복지사협회, 2000; 대한적십자사, 매년 사업보고서).

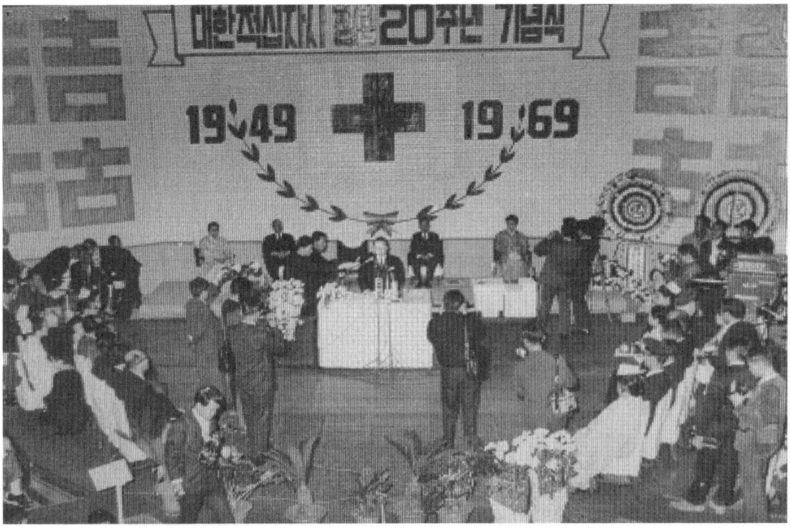

1969.10.27 대한적십자사 창립 20주년 기념식(드라마센터)
민주화운동 기념사업회 https://archives.kdemo.or.kr/isad/view/00725605

1960년대 청소년직업훈련원은 사회복지 목적보다는 경제개발에 필요한 기술 인력을 양성하는 데 주력했다. 따라서 훈련생들에게 기술을 가르치는 것이 주요 목표였으며, 사회복지 실습생을 받아 집단지도를 시행할 만한 시스템이나 인력이 갖춰져 있지 않아 대학에서 실습기관으로 승인을 하지 않았다. 그러나 1970년대에 들어와서 국제협력사업으로 시작된 정수[21] 직업훈련원의 설립[22]은 경제개발시대 산업화를 위한 기능인력 양성의 상징이었기에 제대로 된 발전계획 하에 구축되었으며, 사회복지 실습생을 받아 집단지도를 시행할 수 있는 시스템이나 인력도 어느 정도 갖추

주석

21) "본래 기관명을 서울직업훈련원으로 정했으나 훈련원 건설공사가 한창 진행되던 중 청소년들이 기능을 바르게 닦고 배우는 터전이라는 뜻에서 '바를 정(正)'과 '닦을 수(修)'를 넣어 '정수직업훈련원'으로 변경했다."고 한국폴리텍대학 사이버역사관 '폴리텍의 발자취'에서는 서술하고 있으나 실제로는 직업훈련원의 명칭을 '정수(正修)'라고 붙인 것은 다음 두 인물의 이름에서 따온 것이 정설로 돼 있다. '정(正)'은 당시 대통령이었던 박정희의 이름에서, '수(修)'는 그의 부인이었던 육영수 여사의 이름에서 따온 것이다. 이러한 명칭은 단순한 헌정이 아니라, 두 인물이 이 기관 설립에 깊이 관여하여 직업훈련원의 최고 모델을 만들고자 하는 의지를 보여주는 상징적 표현이기도 했다.

게 되었다.

정수직업훈련원이 국제협력사업으로 시작된 이유는 1972년 당시 미국의 루이지애나주에서 5선 의회 공화당 소속 하원의원이면서 미국 연방의회 재무위원회에서 활동하며 예산 및 재정 정책 분야에서 중요한 역할을 했던 오토 E 패스만(Otto E. Passman) 의원이 방한 계획을 한국 정부에게 알리면서 청와대를 예방하고 육영수 여사의 관심사인 청소년 선도자금으로 300만 달러를 전달하겠다는 뜻을 밝힌 데서 비롯되었기 때문이다. 청와대 비서진은 이 자금의 사용계획을 강구하여 여러 방안이 제시됐는데, 그중 불우 청소년들이 사회생활을 영위할 수 있는 능력을 기르는 직업훈련원을 설립하는 방안이 채택되었던 것이다. 이와 같이 원래는 미국 정부의 지원으로 설립할 예정이었으나 패스만 의원의 방한 계획이 12월 중순으로 연기되면서 300만 달러는 실현화되지 않아 결국 청와대의 지원금과 정부 예산으로 서울특별시 용산구 보광동에 건립되었지만, 대신 미국에서는 주한미군이 사용하던 물자 일부를 직업훈련 자료로 제공했다.

이와 같은 직업훈련원 설립을 목표로 하여 곧바로 훈련원 설립추진위원회가 구성되어 설립 절차를 밟아나갔다. 추진위원장은 당시 보건사회부 장관이든 정희섭 장관[23]이 맡았으며, 남세진 교수는 평소 서울대 사회사업학과에 대해 관심이 많았을 뿐 아니라 사회사업 분야에도 상당한 지식

주석

22) 정수직업훈련원 설립 배경 및 과정과 초기 사회복지실습에 대한 내용들은 다음 여러 자료 및 인터뷰 내용을 필자가 정리한 것이다.
- 한국폴리텍대학. 사이버역사관. 폴리텍의 발자취.
  http://www.kopohistory.com/footprints
- 한국폴리텍대학 역사서. 제1권 통사편.
  http://www.kopohistory.com/book01/index.html
- 한국폴리텍대학 역사서. 제2권 캠퍼스사편I.
  http://www.kopohistory.com/book02/index.html
- 한국폴리텍대학 역사서. 제3권 캠퍼스사편II.
  http://www.kopohistory.com/book03/index.html
- 조흥식 교수(2025)의 조휘일 교수와의 전화 인터뷰. 2025. 8. 7. 오후 6시 40분-7시 40분.

1967년 정희섭 보건사회부 장관(왼쪽 두 번째)이 홀트씨(미국 홀트아동복지회 회장)에게 감사패 수여 기념촬영(국가기록원, 관리번호 CET0062039)

과 정보를 갖고 있던 의사 출신 정희섭 장관의 부탁으로 설립추진위원이 되어 정수직업훈련원 설립계획을 도맡아 일을 진행했다.

1973년 당시 정수직업훈련원의 직제(조직 구성)는 설립 목적에 맞춰 기능인력 양성과 인성교육을 동시에 수행할 수 있도록 다음 부서를 구성하였다.

주석

23) 정희섭(鄭熙燮, 1920.2.1.-1987.10.26)은 대한민국의 의사 출신 정치인이다. 1920년 2월 1일, 평안남도 평원군에서 태어났다. 평양의학전문학교, 나가사키 의과대학을 졸업했으며, 일제강점기 시절, 한국 광복군의 의무병 활동 이력이 있다. 개봉에서 하남의원에 근무하면서 광복군 징모 제3분처에 활동하였다. 독립군 시절 부상병 치료를 도왔다. 이후 대한민국 육군에서 복무, 육군의무관과 국군의무사령부 사령관을 역임하여, 준장으로 전역하였다. 정치인 시절 대한민국의 초대 노동청장, 제9대와 제12대 보건사회부 장관, 그리고 제9·10대 국회의원을 역임하였다. 특히 원광대학교가 실습병원이 없는 이유로 의과대학 설립에 큰 난항을 겪고 있었을 때, 자신이 이사장이었던 씨그레이브 병원을 무상으로 기증한 것으로 알려졌으며, 원광대학교의 '대학을 빛낸 5인'에 포함되었다. 정희섭은 1987년 67세의 나이로 별세했는데, 대한민국의 독립유공자로서 1990년에 건국훈장 애족장에 추서되었다.
(위키백과 https://ko.wikipedia.org/wiki/%EC%A0%95%ED%9D%AC%EC%84%AD 참조).

첫째, 훈련부를 두어 8개 기술 분야(다듬질, 선반, 용접판금, 자동차정비, 기계공작, 목공예, 자수, 전자) 교육 및 실습을 담당하도록 하였다. 훈련부를 담당하는 기술지도교사는 기업 실무 경험이 풍부한 기능인을 교사로 채용하여 실습 중심 교육을 진행하도록 했다.

둘째, 생활지도부를 두어 훈련생의 생활 관리, 상담, 규율을 유지하도록 했다. 다양한 연령대와 배경을 가진 남성 청소년 훈련생들이 대부분 기숙사에서 함께 생활하기 때문에 생활지도 담당자는 단순한 관리자가 아니라, 멘토이자 보호자, 때로는 상담자의 역할까지 수행하게 하도록 했다.

셋째, 행정지원부를 두어 훈련생 선발, 예산 관리, 시설 운영 등을 맡아 경영하도록 했다.

한편으로는 이러한 3개부서 직제에 맞는 기업에서 실무경력이 풍부한 기능인들을 기술지도교사로 채용하고 국내외 연수, 교과개발 및 훈련내용 선정, 실습과제 개발 및 견본 제작 등을 준비했다. 그 뿐만 아니라 남세진 교수는 미국 미네소타대학 사회사업대학원에서 배워 온 집단지도방법론을 통한 생활지도의 필요성을 강조하여 생활지도부를 설치하였기 때문에 사회사업 전문가를 채용하려는 계획을 갖고서 사람을 구하려고 노력하였다. 만방으로 채용 공고를 내어 알리다가 마침내 미국 시카고 제인 아담스 홀 사회복지센터와 미국 평화봉사단 사무소에서 각각 1년씩 2년간을 미국 사회사업실천과 자원봉사를 배우고 귀국하여 당시 태화기독교사회관 총무로 2년차 근무하던 서울대 사회사업학과(현 사회복지학과) 제1회 입학생(1959년 입학) 조휘일 총무를 불러 생활지도 과장으로 전격 스카우트 하였다. 조휘일 총무는 생활지도 과장으로 1973년 2월에 처음 부임하여 1982년 3월 한국직업훈련관리공단 산하기관에 편입되기 직전에 전직하게 되었는데, 정수직업훈련원에 초기 9년을 이곳에서 근무하였다.

아무튼 이러한 훈련원 설립추진위원회의 설립추진 계획에 따라 대통령 부부의 뒷받침으로 서울특별시 용산구 보광동에 훈련원 건물과 기숙사의 신축공사는 신속하게 착착 진행되어 갔다.

이러한 과정을 거쳐 1973년 2월 9일 재단법인 정수직업훈련원이 발족되었으며, 정수직업훈련원은 노동청이 운영하는 다른 훈련원과 달리 독립된 재단법인 형태로 운영되었다. 설립자는 당시 영부인 육영수 여사였고, 초대 이사장은 정희섭 보건사회부 장관이 맡았다. 훈련원의 훈련 목표는 '성실·정밀·보국'의 원훈 아래, 기능과 인성을 겸비한 국가에 대한 책임감을 갖춘 인재 양성이었다. 이후 학생들을 선발하여 1973년 9월부터 다듬질, 선반, 용접판금, 자동차정비, 기계공작, 목공예, 자수, 전자 등 8개 공과에서 1기생 교육을 시작했다. 다음 해인 1974년 9월 1일에 역사적인 1년 과정 첫 졸업생 229명을 배출했다. 이와 같이 선정된 8개 공과는 수요가 많고 취업이 용이한 직종과 여성이 선호하는 직종이었다.

훈련대상자는 소외되고 불우한 저소득청소년을 우선으로 하며 중졸자, 고퇴자로 하되, 우수한 비진학 청소년을 흡수하기 위해 각 경찰서 및 군수, 장학사 단위로 1명씩 추천을 받은 후 경쟁시험으로 선발했다. 선발된 훈련생에게는 교육비와 기숙사비, 식비 등 일체를 무료로 제공했고, 수료 후 취업을 보장했다. 기능사 2급 자격 취득을 목표로 1년 동안 2,160시간에 해당하는 실습 위주의 훈련을 진행했다. 처음 3개월은 기초기능과 기본적인 지식, 6개월은 응용실습, 후반 3개월은 현장에서 생산하는 제품제작 경험을 쌓는 종합실습을 받도록 했다.

이러한 정수직업훈련원은 1973년 10월 17일 박정희 대통령 내외가 참석한 가운데 개원식을 열고 본격적인 출발을 알렸다. 이후 재단법인으로서 전폭적인 행정적·재정적 지원과 우수한 교사진을 강점으로 꾸준히 발전하다가 1977년 6월 재단법인에서 노동청 산하 직업훈련법인체로 전환하였고, 1982년 3월 한국직업훈련관리공단 산하기관에 편입되었다.[24]

1970년대 초반의 정수직업훈련원(용산구 보광동) 모습
네이버 블로그 https://blog.naver.com/s5we/222721716328

당시 정수직업훈련원 훈련생들은 경쟁에서 선발된 만큼 기초학력이 상당히 높았고, 우수한 교사진의 체계적인 교육훈련과 현장실습 등으로 역량을 더욱 키웠다. 훈련생들의 긍지와 자부심도 높았다. 이는 중도탈락률과 취업률에 고스란히 반영되어 중도탈락률은 다른 훈련원보다 현저히 낮았고 취업률은 100%에 달했다. 입학경쟁률도 높아 최고 20:1을 기록하

주석

24) 이후 정수직업훈련원은 1991년 4월 직업훈련제도 개편에 따라 정수직업전문학교로 개칭한 데 이어 1996년 1월 정수기능대학으로 승격했다. 1998년 1월 정수기능대학은 서울기능대학을 흡수 통합하고, 학교법인 한국능력개발학원 서울정수기능대학으로 재출범했다. 1999년 5월 1일에는 서울특별시가 운영하던 서울시립기능대학을 학교법인 기능대학이 인수하여 서울정수기능대학 강서분교로 편입한 후, 2001년 1월 서울강서기능대학으로 승격·분리하였다. 2006년 3월 서울정수기능대학은 서울정보기능대학, 성남기능대학과 함께 한국폴리텍대학에 통합되었다. 개원 이후 국내 최대의 기능공 양성기관이라는 상징성을 감안해 폴리텍 가운데 처음이라는 의미에서 한국폴리텍 I 대학으로 명명했다. 이어 2007년 7월에는 한국폴리텍 I 대학 서울정수캠퍼스로 거듭났다. 서울정수캠퍼스에 한국폴리텍 I 대학 본부를 두고 기존 서울강서캠퍼스, 성남캠퍼스와 한국폴리텍V 대학에 있던 제주캠퍼스까지 통합 운영하는 형태였다. 2025년 현재 서울정수캠퍼스는 4차 산업혁명을 선도하는 대학으로의 탈바꿈에 속도를 내고 있다. 1973년 개교 이래 국민 일자리 플랫폼 역할을 충실하게 수행해 왔듯이, 앞으로도 4차 산업혁명과 미래사회에 필요한 융복합 인력을 양성하고 맞춤형 교육서비스를 제공하며 평생직업능력개발 체계를 구축해 한국 산업 경제를 이끌고 미래를 개척해 나갈 목표를 세워 매진하고 있다.

기도 했다. 설립 이후부터 1995년 말까지 기능사 2급의 정규 1년 과정에서 8,942명, 기능사 1급의 향상과정에서 1,522명 등 기능사를 모두 1만 464명을 양성했다. 국내외 기능경기대회에서도 우수한 실력으로 메달을 휩쓸었다. 1973년부터 1996년까지 서울지방기능경기대회의 26개 직종에서 금메달 88개, 은메달 66개, 동메달 58개를 수상했고, 전국기능경기대회도 23개 직종에서 금메달 58개, 은메달 38개, 동메달 30개를 수상했다. 기능올림픽에도 출전해 금메달 16개, 은메달 4개를 수상하여 역대 전국 직업훈련원(직업전문학교) 중 가장 많은 메달을 획득했다. 동문회 활동도 활발해 14개 지부를 두고 선후배가 상부상조했다. 매년 정기총회를 열고 연 2회 동문회보를 발간하며 체육대회로 유대를 강화했다. 이런 이유로 정수직업훈련원 졸업생들은 많은 기업에서 환영받았다.

이제부터 당시 조휘일 교수(서울여대 사회복지학과 명예교수)와의 인터뷰(2025. 8. 7. 오후 6시 40분-7시 40분)를 통해 들었던 정수직업훈련원의 생활지도부의 당시 활동들을 들어 본 내용은 다음과 같다.

"1973년 1월에 남세진 교수님의 권유로 1973년 2월 9일 재단법인 정수직업훈련원이 설립이 되자 이곳에 오게 되었는데, 처음에는 내 소속이 생활지도부이기 때문에 생활지도부장을 맡기에는 나이가 어려 과장 직책을 맡게 되었어요. 내가 함께 일할 담당 직원은 한 명뿐이었습니다. 그 분은 나보다 다섯 살 정도 위였고, 군대에서 장교(대위)로 지내다 예편한 분이었습니다. 나보다 5년이나 연상이었지만 깍듯이 저를 상사로 대우해 주었지요. 9월에 훈련생을 모두 모아 본격적으로 훈련부에서 1년 과정의 2급 기능사 양성 훈련을 시작할 때부터 그는 어린 훈련생들과 친밀하게 지낼 정도로 대인관계도 좋고 정이 많았던 분이었습니다. 말만 생활지도부지, 기술지도교사 중심의 기능 훈련을 맡은 훈련부와는 달리, 초기 몇 년간은 둘이서 여학생을 제외한 주간반, 야간반에 소속된 기숙하는 남성 훈련생들 300여명을 담당하여 정신교육, 생활 적응을 위한 지도, 상담 등을 도맡아 했어요. 그러다 보니 직원을 당장 더 이상 채용하기 힘든 처지를 알게 된 이상, 보조적 일을 할 수 있는 대학 실습생을 활용해야겠다는 생각을 하게 되었죠. 미국에서의 실습생 지도를 맡은 경험이 이러한 생각을 하게 된 데 큰 영향을 주었던 게 사실입니다. 다시 말해서 각 사회사업학과 대학생 실습을 통해 누나, 형, 오빠로서 훈련생들의 생활지도를 하는데 대학생들이 도움도 줄 수 있고, 대학 실습생에게는 현장의 교육적 차원에서 사회복지학에서 중요한 청소년 직업복지를 잘 이해시키며, 한국 최초의 산업사회사업가(industrial social worker, 산업사회복지사)[25] 양성에도 기여할 것으로 생각하였던 거죠.

사실상 생활지도 담당자의 존재는 훈련생들이 심리적 안정감을 느끼고, 자기 주도적 학습과 생활을 이어갈 수 있도록 돕는 기반이 되는데, 특히 공동생활을 하는 환경에서는 그들 간의 미묘한 갈등 조정과 정서적 지지가 매우 중요하죠. 그래서 정수직업훈련원의 생활지도 담당자는 단순한 교육 보조자가 아니라, 훈련생들의 전인적 성장과 안정적인 생활환경을 책임지는 핵심 인물이라 생각하면서 이들을 지도했죠. 훈련생들이 말

주석

25) 산업사회사업(Industrial Social Work, 산업사회복지)은 산업혁명 이후 산업화가 심화되면서 발생한 다양한 노동문제 및 사회 문제에 대응하기 위해 등장했다. 산업화는 대량생산으로 인해 경제성장을 가져왔지만, 동시에 노동자들의 열악한 근무 환경, 저임금, 장시간 노동, 산업재해, 그리고 이로 인한 가족 문제와 정신건강 문제 등 여러 사회적인 문제들을 야기했다. 이러한 문제들은 노동자 개인의 차원을 넘어 사회 전체의 안정성을 위협하게 되었고, 이에 대한 해결책으로 기업의 사회적 책임과 노동자 복지의 중요성이 부각되면서 산업사회사업이 발전하게 되었는데, 산업사회사업은 크게 협의와 광의라는 두 가지 관점에서 접근을 하고 있다. 우선, 협의의 산업사회사업은 노동자와 그 가족의 삶의 질 향상을 목표로, 전문 사회복지사가 직장 내외에서 개입하는 프로그램을 의미하는데, 예를 들어, 노동자의 알코올 중독, 가정 문제, 재정 문제, 정신건강 문제 등에 대한 상담과 치료, 그리고 자녀 양육 및 여가활동 지원 프로그램 등이 포함된다. 그리고 광의의 산업사회사업은 국가, 기업, 노동조합 등 다양한 주체들이 노동자와 그 가족의 생활 안정과 복지 증진을 위해 시행하는 모든 정책과 시설, 서비스 활동을 포괄하는 개념으로서, 이는 기업이 제공하는 복지(기업복지), 노동조합이 제공하는 복지(노동자복지), 정부가 제공하는 사회보장 등을 모두 포함한다. 그리고 산업사회사업가(현재 산업사회복지사)는 노동자와 그 가족의 사회·심리적 문제를 해결함으로써 가족복지를 증진하고, 산업 현장에서 발생하는 다양한 사회문제들을 해결하기 위해 전문적으로 개입하는 역할을 수행한다. 이들은 주로 기업의 복지 프로그램의 기획 및 운영, 고충 처리를 위한 개인 및 집단 상담, 지역사회 자원 연계, 노조를 위한 노사관계 개선, 노동문제에 대한 노동정책 자문 등 여러 기능을 수행한다(조흥식 외, 2005; 강종수, 2022).

을 듣지 않은 경우에는 개별상담, 집단상담을 통해서, 때로는 각종 프로그램과 사회기술훈련(social skill training)을 통해서, 이것도 안 될 때에는 단체 기합도 주었죠. 그런데 중요한 것은 대학생 실습생들의 말은 비교적 잘 듣고 따른다는 점이었죠.

우리 생활지도부 소속 두 사람과 당시 사회사업학과 실습생들은 훈련생들에게 첫째, 생활 관리 및 상담을 통해 훈련생들의 일상생활을 지도하고, 개인적인 고민이나 갈등을 상담하며 정서적 안정을 도모하게 하였으며, 둘째, 규율 및 질서 유지를 위해 훈련원 내 규칙을 안내하고, 공동생활에서의 질서를 유지하도록 지원하였으며, 셋째, 학습 습관 교육을 통해 훈련생들이 교육 과정에 잘 적응할 수 있도록 하며, 좋은 습관을 갖도록 지도하거나 동기를 부여하였으며, 넷째, 사회성 및 인성 교육을 통해 협동심, 책임감, 예절 등 사회생활에 필요한 기본 인성을 함양할 수 있도록 지도하였으며, 마지막으로, 훈련생의 건강이나 안전에 문제가 생길 경우 신속하게 대응하고 보호 조치를 취하였습니다."

또한, 조휘일 교수의 인터뷰를 통해 1973년 2월에 개원하여 9월에 제1회 주간반 훈련생들을 받을 때까지 서울시와 경기도, 강원도 소재 사회사업학과 대학생 3, 4학년들을 대상으로 하는 집단지도 사회복지실습을 2월부터 잘 준비했다는 사실을 알게 되었다. 그 준비된 것을 가지고 9월에 그대로 활용했던 실습 내용들을 간략히 정리하여 소개하면 다음과 같다.

- 집단지도 사회복지실습생의 수:

당시 서울시내에 있던 이화여대, 서울대, 서울여대, 중앙대, 숭전대(현 숭실대)와 강원도 춘천에 있던 성심여대, 그리고 여러 신학대학 내 사회사업과 학생들 등 총 30명 정도

- 집단지도 사회복지실습의 주요 목표:

1) 직업훈련과 사회적응 병행; 청소년 훈련생들이 기술 습득뿐 아니라

사회적 기능 향상을 위한 소집단 활동 프로그램의 활용
2) 자립생활 훈련; 청소년 훈련생들이 위생관리, 금전관리, 의생활관리 등 일상생활 능력 향상을 위한 훈련 실습 프로그램의 활용
3) 사회기술(social skills) 개발; 청소년 훈련생들이 또래집단 내에서 의사소통, 협력, 책임감 등을 기르기 위한 사회기술 프로그램 적용
4) 집단지도자 양성 중심의 실습 활동; 사회복지학과 대학생 실습생이 집단지도자로서 프로그램을 기획하고 진행하면서 지도력과 실천기술을 습득케 함

- 실습 방식과 평가:
1) 소집단 중심 프로그램 활동; 10-15명 규모의 훈련생 소집단을 대상으로 각 대학에서 보낸 실습생이 직접 프로그램을 설계하고 운영
2) 실습보고서 작성; 실습일지, 집단지도 계획서, 평가서 등을 통해 실습 내용을 기록하고 피드백을 받도록 함
3) 실습 지도교수와의 공동 슈퍼비전 강조; 실습 지도교수에게 실습기관 방문 및 세미나를 통해 실습생의 활동을 점검하고 지도하도록 권유

이렇게 볼 때, 이 시기 정수직업훈련원의 실습은 단순한 기술 및 기능 교육을 넘어, 청소년의 사회적 자립과 사회심리적 기능 향상을 목표로 하는 사회복지 실천의 초기 형태로 평가할 수 있다. 지금과는 달리 재원적, 조직적 기반은 극히 약했지만, 그래도 실습생과 기관의 노력으로 다양한 집단지도 프로그램 활동이 이루어졌기 때문이다. 이러한 프로그램은 당시 사회복지 실습생들이 직접 기획하고 운영하며, 청소년의 사회적 자립을 돕는 데 중점을 두었기 때문에 어려운 여건 하에서도 실습생과, 당시 슈퍼바이저인 조휘일 과장 및 대위 출신 생활지도 담당자 간의 협력과 헌신으로 실질적인 사회복지실습이 성공적으로 이루어졌던 것이다. 조휘일 교수의 다음 이야기는 이 당시 정수직업훈련원의 실습에 대한 위와 같은 필자의 간략한 평가를 뒷받침해 준다.

"정수직업훈련원은 단순한 기술교육을 넘어, 청소년의 사회적 자립과 인간적 성장을 돕는 사회복지 실천의 장으로 기능했어요. 특히 실습생들이 직접 기획하고 운영한 집단지도 실습 활동은 당시 사회복지 교육의 중요한 실천 기반이었다고 할 수 있죠."

이후 1980년대에 들어와서 사회사업학과 명칭이 사회복지학과로 전환되면서 거시사회복지학의 위치가 높아지고, 이런 영향으로 초기 3대 사회사업방법론인 개별사회복지, 집단사회복지, 지역사회조직론이 통합돼 사회복지통합론과 사회복지통합기술론으로 교과목이 바뀌면서부터 집단지도방법이 사회복지통합기술론의 한 부분으로 취급되어 집단사회복지는 사회복지 교육의 양과 질에서 현저히 감소되었다. 그 결과 기존 집단사회복지의 현장인 아동과 청소년시설, YMCA, YWCA, 적십자사, 청소년직업훈련원, 각종 청소년복지 기관 등에서 필요한 전문직원들이 사회복지사가 아닌 교육학이나 레크리에이션 담당자들이 대거 채용되기 시작함으로써 집단사회복지를 담당한 사회복지사들이 현격히 줄어들었다. 사회복지학계의 역사적인 교육과정 변화의 패착이라 아니 할 수 없다.

현재도 지역사회복지관, 정신건강시설, 장애인시설, 노인시설 등에서 소집단 개입의 중요성과 효과가 필요해지고 있으나 다양한 집단개입 프로그램 운영 및 평가 분석에 대한 교과목이 제외돼 이를 강의할 교수가 없을 뿐만 아니라 연구도 이루어지고 있지 않아 집단지도방법론 영역을 교육학에 거의 빼앗긴 상태가 되어 버린 것이다. 이에 대해서 남세진 교수는 은퇴 이전 큰 질병을 앓고 있는 가운데서도 이에 대한 수정과 보완을 필자에게 당부했지만, 그의 뜻을 적극적으로 수용하여 학계의 변화를 도모하지 않은 필자 스스로의 책임을 생각하면 스승에게 한없이 부끄러울 뿐이다.

제 4 장

조직리더십의 발휘

1. 리더십의 유형

일반적으로 조직리더십이란 조직의 목표를 효과적으로 달성하기 위해 구성원에게 영향력을 행사하고 동기를 부여하며, 조직을 조정·운영하는 능력과 과정을 말한다. 특히 사회복지 맥락에서는 조직 내 팀워크, 윤리성, 서비스 품질, 변화 대응력 등에 영향을 미친다. 이러한 리더십 유형(style)에는 다양한 유형이 있으며, 각각의 장단점이 존재하고, 조직 상황이나 목표, 구성원의 특성에 따라 적합한 리더십 유형이 달라질 수 있다. 대표적인 조직리더십 유형을 보면 다음과 같다.

첫째, 지시적 리더십(Directive/Autocratic Leadership)을 들 수 있다. 이는 리더가 모든 결정을 내리고 명확한 지시를 통해 조직을 이끌어가는 유형으로서 장점으로는 빠른 의사결정을 가능하게 하고, 명확한 역할 분담과 책임을 지게 함으로써 특히 위기 상황에서 효과적이다. 그러나 단점으로는 구성원의 자율성을 저해시킬 수 있으며, 창의성 및 참여를 유도하기가 어려우며, 결국 장기적으로는 구성원의 사기 저하를 줄 가능성이 높다. 위계적이고 명확한 명령 체계가 필요한 상황에서 사용하는 군대 조직리더십이 전형적이라 할 수 있다.

둘째, 민주적 리더십(Democratic/Participative Leadership)을 들 수 있다. 구성원의 의견을 수렴하고 함께 의사결정을 내리는 리더십이다. 장점으로는 구성원의 만족도와 참여도를 향상시킬 수 있고, 창의적 아이디어를 유도할 수 있으며, 팀워크 강화를 용이하게 한다. 단점은 의사결정에 시간이 상당히 소요되며, 구성원 간의 의견 충돌 시 혼란 발생의 가능성이 높고, 리더의 리더십 약화 가능성이 크다는 점이다. 대중의 의견을 존중하고 비폭력적 참여를 이끈 마하트마 간디의 리더십이나 구성원들이 자유롭게 의견을 제시하고 참여하는 환경을 조성한 구글(Google)의 조직리더십을 들 수 있다.

셋째, 변혁적 리더십(Transformational Leadership)이다. 이는 비전 제시와 동기 부여를 통해 조직을 변화시키는 리더십이다. 장점은 높은 구성원의 몰입도를 높일 수 있으며, 조직 혁신과 성장 촉진을 가능하게 하고, 신뢰와 존경을 기반으로 이끌어 갈 수 있다. 단점은 리더 개인의 역량에 의존하는 경우가 많으며, 그 실행력이 약하면 이상주의로 끝날 수 있다는 점이다. 남아프리카공화국의 인종화합이라는 비전을 가지고 리더십을 발휘한 넬슨 만델라의 리더십이나, 비전을 중심으로 구성원을 이끌고 혁신을 추구한 초창기 엘론 머스크의 리더십을 들 수 있다.

넷째, 거래적 리더십(Transactional Leadership)이다. 이는 일정한 규칙과 절차를 중심으로 보상과 처벌을 기반으로 한 리더십을 말한다. 장점은 명확한 목표 설정과 관리가 용이하고, 성과 중심의 조직에 적합하며, 단기 성과 달성에 대단히 효과적이다. 그러나 단점은 장기적인 동기 부여가 어렵고, 유연성이 부족하며, 변화에 대한 대응력이 약하다는 점이다. 명확한 절차와 규칙을 준수하는 운영 구조 및 인센티브 기반으로 팀을 운영하는 맥도날드와 같은 프랜차이즈 본사 사장이 행하는 리더십이다.

다섯째, 서번트 리더십(Servant Leadership)이다. 이는 리더가 봉사자의 자세로 자신보다는 구성원의 성장을 우선시하는 리더십을 말한다. 장점은 신뢰와 존중을 기반으로 하는 문화를 가지며, 구성원의 성장과 자율성을 강화함으로써 장기적인 조직 건강에 도움이 되는 유형이다. 그러나 단점은 단기 성과중심 조직과는 부적합하며, 계속 리더의 부담이 증가하고, 권위 부족일 때는 오히려 성과 비효율이 발생될 가능성이 높다. 조직의 복지를 최우선으로 고려하는 넛지 이론(Nudge Theory)의 리더들이 갖는 리더십 유형을 들 수 있다.

남세진 교수는 여러 방면에서 다양한 조직에 이상의 리더십을 발휘하여 조직의 발전에 기여하였다. 남세진 교수가 조직리더십을 발휘한 분야들을 편의상 1) 교육과 학문 분야, 2) 정부와 공공기관 분야, 3) 비정부조직(NGO)과 사회복지기관 분야 등 세 분야로 구분해 시기별로 조직리더십의 발휘한 내용과 그 사회적 의미를 살펴보고자 한다.

2. 남세진 교수의 조직리더십 발휘 분야

1) 교육과 학문 분야

무엇보다도 남세진 교수는 서울대학교 사회복지학과의 교수로 재직하면서 학과의 발전과 한국 사회복지학의 체계적 정립에 큰 영향을 미쳤다. 또한 학과의 교육과정을 체계적으로 구성하여 사회복지 학자 및 연구전문가 양성에 힘썼다.

교육과 학문 분야에서 끼친 남세진 교수의 조직리더십에 의한 업적을 구체적으로 살펴보면 다음과 같다.

첫째, 서울대 사회사업학과 대학원 석사학위를 취득하자마자 1960년 4월 1일부터 1961년 3월 31일까지 서울대 사회사업학과 조교로 근무하였으며, 이후 1961년 4월 1일부터 미국에 유학을 가기 전까지인 1962년 8월 31일까지 시간강사를 하면서 당시 서울대 교수인 하상락 교수를 지근에서 도와 서울대 사회사업학과와 사회사업시설 및 기관 현장과의 관계를 맺는 모임체인 '사회사업연구회'를 창립하는 데 공헌하였다. 이 연구회의 회원을 모집하는데 남세진 교수가 상당한 지도력을 보였다고 한다. 현재 관련 자료는 이 연구회가 1961년도에 발행한 '사회사업연구' 제1집(창간호) 밖에 남아있지 않아 이 연구회의 자세한 활동의 경과 내용은 알 수가 없다.

그럼에도 창간호에 기록되어 있는 회원의 명단을 보면 서울대학교 교수진과 중앙신학교 교수 및 현장 사회사업가들로 구성된 조직[26] 임은 확

주석

26) 창간호 발행 당시의 회원은 김여순(중앙여고 카운슬러), 김근배(남북애육원), 남세진(서울대학교 사회사업학과 강사), 남상규(시내 거주), 박봉성(기독교 태화사회관), 박재주(한노병원 사회사업반), 박옥주(서울 아동상담소), 이윤구(중앙신학교 전임강사), 이부자(대한 양연회), 장인협(서울대학교 사회사업학과 대학원), 조성무(기독교세계봉사회), 최인식(서울지방법원 소년부지원), 한혜동(양친회 한국지부), 성혜숙(부녀보호위원회) 등 14명이었으며, 하상락 교수가 고문이었다.

실하다. 하상락 교수가 고문임을 알 수 있으며, 동시에 발행인으로 표시되어 있는 것을 보면 당시 유일한 서울대 사회사업학과 전임교수였던 하상락 교수가 구상하여 만든 것임을 알 수 있다. 그리고 당시 시간강사인 남세진 교수와 대학원 석사과정 학생이었던 장인협 교수 두 사람이 서울대 구성원으로서 실무적인 일을 많이 했을 것으로 본다. 아울러 이 연구회의 나머지 회원들은 당시 중앙신학교 전임강사인 이윤구 교수[27] 만 제외하고는 모두 사회복지기관이나 외국원조기관, 병원, 법원 등에서 근무하던 사회사업가들이었다.

이 연구지 제1집에 남세진 교수의 'Superego 결손 치료에 관한 연구'라는 논문이 실려 있다. 이 연구회를 만든 목적은 사회사업 현장에서 근무하고 있던 당시 사회사업가들에게 연구 및 교육의 지원방안의 하나로 이 연구회를 활용하여 사회사업 전문성을 키워보겠다는 의도에서 만들어진 모임일 것으로 추측된다.

이 연구회에서 만든 연구지 제1집의 하상락 교수가 쓴 아래의 머리말 내용을 보면, 현장의 전문성 부족을 채우려고 하는 의도와, 이 연구회의 성격을 어느 정도 살펴볼 수 있다.

"실로 우리 사회사업가들의 앞길은 멀고도 험합니다. 이 길을 감에는 항상 많은 고난과 고독에 사로잡히게 되고 또 전문적 지식과 기술의 빈곤으로부터 오는 실망과 마음의 동요는 한시라도 떠날 때가 없습니다. 빈곤, 실업, 싸움, 미움, 그리고 인간생활의 모든 갈등의 도가니 속에서 우리는 오늘도 과로와 궁핍을 무릅쓰고 세인의 냉대를 받아 가며 인간의 존엄성,

주석

27) 중앙신학교 사회사업과 졸업 후 영국 맨체스터 대학교에서 철학 박사 학위를 받았다. 1973년부터 1981년까지 유엔아동기금(UNICEF) 이집트, 인도, 방글라데시 대표로 활동했으며, 유엔 아동영양특별위원회 사무국장 등 국제 아동복지에 헌신했다. 또한 한국월드비전 회장, 대한적십자사 총재, 인제대학교 총장, 세계결핵제로운동본부 총재, 우리민족서로돕기운동 공동대표 등 다양한 사회단체 및 기관의 주요 직책을 맡았다. 그의 공로는 국내외에서 공식적으로 인정받았으며, 복지와 인권을 위한 헌신적 삶으로 존경받았고, 1992년 국민훈장 무궁화장을 받았다. 2013년 8월 30일, 향년 84세로 하와이에서 지병으로 별세했다.

사회복지, 인류의 행복을 위하여 조그마한 공헌을 하고자 각자의 노력을 경주하고 있습니다. 이의 부산물의 하나로서 불완전하고 조잡한 이 책자를 발간하여 동지 동학제씨에게 드리오니 많은 지도 편달과 후원을 바라마지 않습니다."

둘째, 서울대 사회복지학과 초대 조교와 하상락 교수의 대를 이어 두 번째 서울대 사회복지학과 제2대 정식 교수로 발령 받아 집단지도방법론의 이론 정립과 실천 현장 적용에 기여하였다. 특히 집단지도론, 사회사업조사, 사회사업실습Ⅱ 등의 과목을 주로 강의를 담당했으며, 이를 통해 중요한 한국 사회복지학의 학문적 기반의 한 부분을 강화하였다. 남세진 교수가 맡았던 사회사업실습 과목은 보통 기본적 사회사업 실천 방법에 대한 이론 학습교육이 이루어진 다음에 이수하게 되는데, 대학에서 배운 이론과 지식을 현장에서 직접 적용해봄으로써 이를 체화하여 전문적인 사회사업 기술을 익혀 전문성을 지닌 사회사업가로 양성하기 위한 목적으로 이루어졌다. 사회사업실습은 학교 밖의 사회사업 현장에서 현임 사회사업가의 지도감독(supervision)을 받는 형식으로 진행되었다. 1970년대 중반까지의 실습은 외국 원조기관을 포함하여 당시 일부 사회사업기관 중에는 미국식 전문사회사업 기술을 제대로 습득하도록 실습을 강하게 시키는 곳도 있었다. 이런 현장에서는 미국 사회사업대학원에서 교육받은 미국인 사회사업가가 근무하면서 엄격한 질적 기준에 따라 실습생을 지도·감독하는 방식으로 실습이 이루어졌다. 1970년대 중반까지의 실습은 주로 개별사회사업, 집단사회사업과 같은 미시적이고도 직접적인 접근법 위주로 진행되었다. 클라이언트와의 면접을 통한 상담과 개입, 그리고 그에 대한 기록이 이루어지면 사례회의(case conference)를 통한 지도감독(슈퍼비전)이 이루어지는 방식이 가장 교과서적인 실습 진행 방식이었다. 그러다 차차 국내 각 대학 사회사업학과 졸업생이 상당수 배출되어 현장에 배치되면서 동문선배 사회사업가로부터 지도감독을 받는 경우도 실습 현장에서 많이 나타났으며, 재학생들은 이를 선호하기도 하였다.

1960년대 초창기 사회사업학과 교과과정에서 실습과목은 4개 학년에 고루 개설될 정도로 그 비중이 높았다. 저학년(학부 1, 2학년)에 개설된 실습은 주로 사회사업 현장 방문으로 이루어졌다. 1970년대 초까지 사회사업 실천현장에는 외국 원조기관이 운영하는 시설이나 기관들이 많았다. 저학년에 이루어진 사회사업 현장방문 실습은 사회사업이 실천되고 있는 현장에 대한 이해를 돕기 위한 것으로 교수의 인솔 하에 기관을 방문하여 기관소속 사회사업가나 직원들로부터 설명을 듣고 질문을 제기하는 방식으로 이루어졌다. 1970년대부터 졸업이수 학점의 감소에 따라 전체적인 과목 수가 축소되어 종전까지 저학년에 개설되었던 실습과목이 사라진 후 기관 방문은 교과 외의 보조 학습활동으로 이루어지기도 하였다. 심지어 학생들의 수학여행에 여행지 현지의 사회사업기관을 방문하는 프로그램을 결합하는 방식까지도 나타났던 것이다.

그리고 사회조사 과목의 경우, 학생들은 교과목과 관련하여서든, 혹은 이와 상관없이 교수들의 연구과제 수행과 관련하여서든 직접 사회조사의 목적에 맞는 지역의 사회현장을 직접 방문하여 사회조사를 수행하는 기회를 갖는 것이었다. 앞에서 설명한 사회사업실습과 함께 사회조사는 교실에서 교과서로만 배우는 사회사업, 즉 당시 대학생들의 표현대로 하면 '강단사회사업'이 아닌 현실을 생생하게 제대로 파악하는 실제적이면서 실천적인 실사구시적인 사회사업에 대한 교육이 이루어질 수 있도록 하는 중요한 교육방법이기도 하였다. 사회조사를 통해 참여 학생들은 여러 사회문제의 속성과 형성과정 등에 대한 이해를 높일 수 있었고, 때로는 다른 대학 학생들과의 공동 사회조사 참여를 통해 새로운 교우관계, 인간관계를 형성하기도 하였다.

이와 같이 남세진 교수가 유학 시 미국 미네소타대학교 사회사업대학원에서 받은 교육과정은 하상락 교수가 받은 것과 똑같았지만, 그는 귀국 후 활용가치를 고려하여 미국 내에서 개별지도, 집단지도, 지역사회조직 등을 담당하는 개개의 다양한 기관들에서 두루 현장 실습하는 경험을 가졌다. 그래서 그는 석사학위 논문 작성 대신에 매우 힘든 다양한 실습을 통한 다수의 학점과 실습 보고서와 간략한 연구 보고서 제출을 통해 석사학위를 취득했다. 이를 토대로 귀국 후에 실습을 받는 학생뿐만 아니라 사회복지기관에서 실습을 지도하는 슈퍼바이저들이 요구하는 지도감독(슈퍼비전)에 대한 특강도 많은 사회복지기관에서 시행함으로써 사회사업실천의 전문성 향상에 큰 도움을 주었다. 남세진 교수는 이때의 다양한 실습 경험이 처음에는 언어 때문에 미국인 저소득층의 아동, 노인, 청소년들과 가족들을 만나 상담하고 그들의 요구에 응해 주고 지원해 주는 것이 힘들었지만, 결국 영어를 잘 말할 수 있고 미국 문화와 미국인의 성격 등을 외국인으로서 잘 파악할 수 있게 되었음을 수업 중에 자랑하곤 하였다. 결국 이러한 실습 경험은 나중에 주로 영문학이나 영어교육학과 교수들이 담당하는 서울대 미국학연구소 소장이 되는 기회를 잡을 수 있었다고 할 수 있다.

셋째, 한국 최초의 사회복지교육연찬회(1965) 행사 추진과 한국사회사업학교협의회(현재 한국사회복지교육협의회) 창설을 추진하였다. UN 산하의 아시아극동경제발전위원회(Economic Commission for Asia and the Far East, ECAFE)[28]와 주한외국민간원조단체연합회(KAVA)의 후원으로 보건사회부가 1965년 8월 10일부터 14일까지 개최한 한국 최초의 사회복지교육연찬회에서 하상락 교수가 운영위원을, 남세진 교수가 제1분과위

주석

28) 유엔 산하의 아시아극동경제발전위원회는 제2차 세계대전 이후인 1947년 3월 28일, 유엔 경제사회이사회(ECOSOC)의 결의 제37호에 따라 창립된 기구로 아시아와 극동 지역의 전쟁 피해 복구를 위한 국제협력 촉진과 물리적 파괴에 대한 조사 및 복구 방안 마련을 위해 설립된 국제기구였다. 1974년에 ECAFE에서 ESCAP(아시아태평양경제사회위원회)으로 개명되었는데, 이는 활동 범위를 경제뿐 아니라 사회문제에까지 확대하였으며, 지역을 확장하기 위한 조치였다. 현재 ESCAP은 본부를 방콕에 두고 있으며, 아시아·태평양 지역 53개국이 참여하는 유엔의 주요 지역 경제사회 기구로 활동 중이다. 특히 아시아 여러 지역에서 개최되는 국제회의에 참여하는 국가경제가 어려운 피원조국의 교수들에게는 여비와 체재비를 지원하고 있다(에스캅(ESCAP) 홈페이지; 대한민국 외교부, ESCAP 개요; 대한민국 정책브리핑, ESCAP 개황).

원장을 맡아 이 대회를 깔끔하게 이끌어갔다. 이 대회는 사회사업가 훈련의 필요성과 훈련의 현황, 사회사업과 지역사회의 구성 및 개발에 관한 훈련을 강화하고 확장하기 위한 조치, 교육내용 방법 및 교재의 강화 대책, 교수의 연수와 확보 대책 등을 논의하기 위한 사회사업 교육가, 사회복지 행정가 및 사회사업 활동가들이 모여 바람직한 사회복지교육을 주제로 하여 토의한 큰 행사였다. 이 행사는 한국사회사업학교협의회 창설의 직접적인 계기를 마련했을 뿐만 아니라, 추후 한국사회사업가협회 결성에도 결정적인 일조를 하였다.

그리고 이 행사에 서울대, 이화여대, 중앙신학교 교수들이 다수 참여했는데, 이들은 이구동성으로 사회사업전문가를 양성하기 위해서는 대학의 교과과정을 일정 수준으로 규정하고 이를 운영, 관리하는데 대학협의회가 필요하다는 평소의 의견을 내 놓았고, 이를 반영하는 차원에서 남세진 교수가 이들의 뜻을 모아 발기문을 만들었고, 후에 사회사업학교협의회를 구성하는 발기대회를 갖게 되었다. 다음 해 1966년에는 중앙대와 성심여대(현 가톨릭대)도 발기취지에 동의함으로써 5개 대학 교수들이 모여 1966년에 한국사회사업학교협의회를 창설하였다.

한국사회사업학교협의회 창설과 관련하여 남세진은 창설의 배경과 초창기 과정을 다음과 같이 설명하고 있다.

"1965년 6월, 보건사회부가 주최한 사회복지교육연찬회에서는 대학(서울대, 이화여대, 중앙신학)의 사회사업학과 교수, 국립사회사업지도자훈련원의 교직원, 사회보장심의회(당시, 보사부 산하의 기구) 연구원, 보사부의 사회국 및 산하 각과의 직원, 국제연합 재단, 그리고 기타 관련부처 및 기관의 대표들이 참석하여 사회사업전문교육에 관련된 여러 가지 문제를 주제로 발표와 토론이 있었다. 이 모임에 참석한 대학교수들은 사회사업전문가 양성을 위해서는 대학의 교과과정을 일정수준으로 규정하고 이를 운영·관리하는 데 대학협의회가 필요하다는 평소의 의견을 주장하고, 이 기회에 협의회를 구성하는 발기회를 가졌다. 상기한 3개 대학의 교수들이 발기인이 되었으며 1966년에 중앙대학교 문리대 사회사업학과, 성심여자대학 사회사업학과(당시, 강원도 춘천시에 소재), 그리고 한국사회사업대학(현재 대구대학교의 전신, 대구직할시에 소재) 등이 발기취지에 동의, 참가신청을 해옴으로써 5개 대학의 사회사업학과가 모여 한국사회사업대학협의회를 창설하여 정식으로 협의회가 출범하였다. 창설 당시 회원은 대학의 학과를 단위로 하였으며 회장학과를 서울대학교 사회사업학과로 결정하였다.

전국적으로 대학의 사회사업학과가 증가하기 시작하면서 학과의 명칭을 사회사업학과 또는 사회복지학과로 사용하게 되어 협의회의 명칭도 한국사회사업(복지)대학협의회로 바꾸었으며, 회원의 구성에 있어서도 단체회원(학과) 외에 개별회원(학과에 소속하고 있는 교수 개인)을 두게 되었다. 1968년에는 국제사회사업대학협의회에 가입했다.

이와 같이 한국사회사업대학협의회는 교과과정에 대한 정보교환, 조사연구 및 개발, 실습관계조사, 실습지도자 및 기관장과의 세미나 개최, 교육과 전문직개발에 관련된 주제 또는 중요쟁점에 관한 회의 및 세미나 개최, 필요에 따라 관계기관에 대한 홍보, 심의 그리고 건의, 국제회의 개최 및 참석 등의 주요 활동을 전개하였다”(남세진, 1991).

남세진 교수는 당시 비록 서울대 교수는 하상락 교수 다음으로 일찍부터 되었으나 나이가 상대적으로 어린 관계로 인해, 그리고 가능한 학교별로 돌아가면서 회장을 맡도록 하자는 다수 교수들의 의견으로 인해 한국사회사업학교협의회 회장(당시 회장임기 1년)을 초창기에는 맡지를 못했다.

한국사회복지교육협의회 홈페이지(http://kcswe.kr/html/sub0103.php)에 나와 있는 협의회 소개 연혁에 따르면, 1966년 3월 초대 회장에 당시 교수들의 만장일치로 하상락 교수(1대 회장, 서울대)가 선출되었다는 것을 보여 준다. 이후, 이명흥 교수(2대 회장, 이화여대), 루만 교수(3대 회장, 성심여대), 김덕준 교수(4대 회장, 중앙대), 지윤 교수(5대 회장, 이화여대)로 이어졌다. 1969년 당시 초창기 한국사회사업학교협의회 활동에 대해 구자헌은 "현재 7개 대학이 회원학교로 구성되고 있는 한국사회사업대학협의회는 매월 회합을 가지고 있으며, 실습지도자를 위한 세미나, 전문용어의 통일문제, 교재편찬, 연구비를 위한 계획 등이 진전되고 있다"(구자헌, 1991)라고 서술하고 있다.

그리고 1971년에 "한국사회사업대학협의회"로 명칭 변경(제1차 회칙 개정)이 되었으며, 회장으로 다시 하상락 교수(6대, 7대 회장, 서울대)가 선출돼 2년 동안 연임되었다. 이어서 조성경 교수(8대 회장, 숭전대), 정진영 교수(9대 회장, 서울여대)가 회장으로 선출되었는데, 이 당시 회장 임기를 2년으로 개정(제2차 회칙 개정)하였다.

이후, 박보희 교수(10대 회장, 이화여대)가 처음으로 2년 임기회장으로 선출되었다. 이 때 제3차 회칙 개정으로 협의회 영어 명칭이 "National Council of Schools of Social Work"으로 결정되었다. 장인협 교수(11대 회장, 서울대)는 교육과정개발위원회, 교육자료개발위원회, 행동위원회 등 3개 분과위원회를 설치하여 운영하였다. 문인숙 교수(12대 회장, 이화여대) 때는 1979년 4월 회칙 4차 개정으로 부회장제 도입과 감사 1인에서 2인으로 변경하였으며, 동북아 사회사업대학협의회 세미나를 개최하였다. 신섭중 교수(13대 회장, 부산대) 때 제5차 정관개정이 이루어졌다. 박종삼 교수(14대 회장, 숭전대) 때는 협의회 영어명칭이 "Korea Association of Schools of Social Work"으로 개칭되었다.

이후 제15대(1985.3-1987.3) 회장으로 남세진 교수(서울대)가 선출돼 당시 제6차 정관 개정이 이루어졌는데, 이에 따라 협의회 명칭이 한국사회사업(복지)대학협의회로 바뀌었다. 1979년부터 사회사업학과 명칭을 사회복지학과로 학과 명칭을 바꾼 대학들이 점차 늘어나기 시작했었기 때문에 어쩔 수 없이 괄호 안에 복지를 집어넣어 사회사업학과와 사회복지학과가 동시에 들어가는 형태의 협의회 명칭을 쓸 수밖에 없었던 것이다. 그리고 최원규 교수의 남세진 교수와의 인터뷰 내용에 의하면, 1970년대 중반 한국이 피원조국의 지위를 벗어나면서 UN 산하의 아시아극동경제발전위원회(ECAFE)의 지원이 중단되었고, 그 간의 후원에 보답하는 의미로 남세진 교수는 자신이 한국사회사업(복지)대학협의회 회장 재직 때인 1986년에 한국에서는 최초로 세계사회사업전문가회의를 서울에서 개최하여 1950년대부터 70년대 중반까지 한국에서 외국원조기관의 상당수를 차지하던 유럽국가의 사회사업 전문가들을 특히 많이 초청하였다고 한다(최원규 교수의 남세진 교수 인터뷰, 1999. 1. 16 참조).

넷째, 한국사회사업가협회(현재 한국사회복지사협회) 창립에 일조를 하였다. 1967년 3월 8일에 하상락, 남세진, 김운초, 조기동은 대학과정에서 사회사업학을 전공한 사람 외에 현장에서 사회사업시설을 운영하는 사람들도 회원이 될 수 있도록 하는 한국사회사업가협회를 개별사회사업가협회와 통합하여 창립하였다. 당연히 초대 회장으로 하상락 교수가 맡게 되었다.

하지만 개별사회사업가협회와의 실질적인 통합 과정에는 남세진 교수가 한국사회사업가협회 창설의 입장에서 대표성을 갖는 교섭위원의 역할을 수행하였다. 그리고 당시 인천사회복지관 김만두 관장은 사회사업 현장의 목소리를 대변하는 개별사회사업가협회의 입장에 서게 되어 남세진 교수는 김만두 관장과 함께 대표성을 갖는 교섭위원으로 뽑혀 나가서 협상을 할 때 상당한 리더십을 발휘하여 상대편을 잘 설득시킴으로써 맡은 바 임무를 성공적으로 완수할 수 있었다고 돌아가신 김운초[29]선생과 조기

주석

29) 김운초(金雲超) 선생은 중앙신학교 사회사업과 1회 졸업생으로 캐나다아동구호재단(CSCF) 한국지부장과 한국기독교세계봉사회 사회복지팀 팀장으로 활약하면서 케이스워커협회를 창설하는 데 주도적인 역할을 했다. 케이스워커협회를 통해 개별사회사업의 발전을 도모함으로써 사회복지사들의 기술을 한 단계 향상시켰다. 부산사회사업가협회를 조직해 초대 회장으로 수고했으며, 그리스도신학대와 부산대학교의 사회사업학과를 태동시

동[30] 선생으로부터 생전에 얘기를 들은 바 있다. 이러한 성공의 밑바닥에는 두 사람이 경상도 출신(남 교수는 대구, 김 관장은 부산)이었고, 두 사람 모두 평소에 포용력이 있고, 이해력이 상당하며, 현장에 대한 애착이 깊은 사회사업가(사회복지사)로서의 기질을 지닌 민주적 지도력과, 새로운 것을 만들어 가려고 하는 변혁적 지도력을 함께 겸비한 까닭이라 생각한다.

이러한 한국사회사업가협회가 1967년 3월 8일에 창립되는 과정과 그 창설 내용에 대해 최성균(1991) 전 한국사회복지사협회 회장은 다음과 같이 간추려서 서술하고 있다.

"한편, 전문사회사업가 집단으로는 1965년 7월 개별사회사업가들 중심으로 한 '한국 Caseworker협회'(임의단체)가 발족되었으며(당시 회장에 조성세 가톨릭사회복지회 회장, 부회장에 김안호 캐나다유니테리언봉사회 회장 그리고 사무국장에 이덕규 씨가 피선되었다),[31] 1967년 3월 8

키는 중개자로 중요한 역할을 수행하였다. 이러한 활동들과 함께 한국사회개발연구원을 설립해 운영한 공로와 모교인 강남대학교(전 중앙신학교)에 3억원의 장학기금을 기부하며 인재 양성과 학교 발전에 기여한 공로 등으로 강남대학교로부터 명예사회복지학 박사학위를 취득했다. 2003년 76세 나이로 작고한 김운초 선생은 예금 123억원과 부동산을 연세대학교에 기증한다는 유언장을 직접 작성하여 남겨 놓았는데, 도장이 찍혀져 있지 않았다. 날인이 없다는 이유로 김운초 선생의 형제가 은행 2곳을 상대로 예금반환 청구 소송을 냈는데 법원은 "유언장이 무효"라고 판결했다. 결국 날인이 없어 대학에 기부하겠다는 김운초 선생의 마지막 꿈이 이뤄지지 않은 안타까운 일이 벌어진 셈이다(임상사회복지실천연구회 엮음(2014). 사회복지 역사를 세운 실천현장의 인물들. 학지사).

30) 조기동(1931-2021) 선생은 사회복지사이자 탁월한 사회복지 행정가였다. 그가 맡은 주요 직책을 보면, 캐나다유니테리언봉사회(USCC) 회장, 한국 최초의 외국민간원조기관한국연합회(KAVA) 제2부회장, 외국민간원조기관한국연합회(KAVA) 회장, 한국사회복지사협회 제3대 회장, 한국재가노인복지협회 초대 회장, 사회복지정의연합 원로위원회 위원장, 한국헬프에이지(HelpAge Korea) 창립자 및 명예 회장을 역임했다. 국제 활동으로는 헬프에이지 인터내셔널 설립에 기여하였으며, 아시아 최초의 홈케어 워크숍을 개최하는 등 한국-아세안 홈케어 프로젝트를 주도하였다. 이후 'Asia Training Centre on Ageing' 이사를 역임하였다. 조기동 선생은 한국에서 전문성을 가진 노인복지사업의 선구자이며, 겸손하고 따뜻한 사회복지 행정기관 리더로 알려져 있다. 현재는 아들 조현세 회장이 뒤를 이어 한국헬프에이지 활동을 이어가고 있다(임상사회복지실천연구회 엮음(2014). 사회복지 역사를 세운 실천현장의 인물들. 학지사).

일 이를 흡수 병합하여 모든 사회사업가를 총망라한 '한국사회사업가협회'가 발족하게 된다. 이 작업을 위해 김만두(강남대 교수), 남세진(서울대 교수)의 공이 컸었다.

동 협회는 당초 사회단체로 출발하여 1977년 사단법인체로 발인허가를 갖게 되었으며 1985년 한국사회복지사 자격제도가 확립됨에 따라 '한국사회복지사협회'로 명칭을 변경하여 오늘에 이르고 있다. 즉 1967년 3월 8일 이전에는 상기 사회복지사업연합회 또는 임시단체에서 전문사회사업가 집단의 기능을 부분적으로 수행하여 오다가 1967년 한국사회사업가협회의 창립으로 전문사회사업가 집단의 기능을 총체적, 체계적으로 수행하게 되었다고 할 수 있겠다. 1967년 3월 8일 창립된 한국사회사업가협회의 초대 회장에는 하상락 교수가 선임되었으며, 부회장에는 조기동, 문인숙, 사무국장에는 최일섭 교수[33]가 피선되었다."

사실 한국사회사업가협회는 그 주요사업으로 전문사회사업의 제도 확립을 위한 사업 분권화, 국내 사회사업 및 유사직종의 실무자에 대한 설문

주석

31) 최성균 전 회장은 한국개별사회사업가협회(Korea Case Worker Association)가 1965년에 발족한 것으로 서술하고 있다. 그러나 이러한 한국개별사회사업가협회와는 다소 다른 한국케이스워커협회(Korea Case Worker's Association) 창설 시기 및 배경 등에 대해 조기동 선생은 "당시 대학에서 사회사업을 공부한 사회사업가들이 전후의 사회사업을 차별화하기 위해 자신들을 'case worker'라 하고 1959년 여름 '한국케이스워커협회'를 창립하였는데, 창립회원은 한노병원 2명, 국립중앙의료원 2명, 시설아동복지팀 2명과, 노르웨이 디아콘협회(사회사업사협회) 총무로 일했던, 노한협회(Norwegian Korean Association) 대표인 레키보(Gotfred Rekkebo)를 포함 모두 7명이었다. 1964년에는 USC 사업 확장과 세계기독교봉사회(KCSW) 가정복지부 설치로 23명이 증원되어 회원은 30명으로 확대되었다"고 회고하고 있다(조기동, "한국전문(의료)사회사업의 태동과 외국 원조단체의 역할", 한국사회복지학회, 2008, 사회복지계 원로회고록. 양서원. pp.154-155). 이러한 초창기 한국케이스워커협회(Korea Case Worker's Association) 회원이었던 개별사회사업가는 상당수가 병원 사회사업실이나 사회사업부에 소속되어 있었기 때문에 이들이 이후 한국의료사회사업가협회(현 한국의료사회복지사협회) 창설의 기반이 되었다고 할 수 있으며, 4년제 대학 출신 사회사업가는 1965년 한국케이스워커협회 창립에도 기여하였다.

32) 이 당시 김만두 선생은 인천사회복지관 관장으로 근무하면서 주로 모교인 중앙신학교(현 강남대)에서 시간강의를 하였는데, 이론과 실제를 두루 겸비한 분으로 알려져 있었다.

33) 당시 최일섭 선생은 교수가 아니라 서울대 사회사업학과 대학원생으로 학과 조교를 맡고 있었다. 그리고 당시에는 사무국장이 아닌 사무장이라는 용어를 사용했으며, 실제로는 최일섭 선생은 무보수로 사무장이 아닌 사무장 권한대행을 맡고 있었다.

지식과 자질향상을 위한 교육훈련 및 연구발표회를 정관에 규정하였다. 이를 실현하기 위하여 전국사회사업가대회 또는 세미나, 국내외 사회복지 저명인사 초청 강연회, 사회복지 연구발표회, 간담회, 연구회 또는 워크숍, 국제대회(세계사회복지사대회 및 아태지역대회, 동북아 3국 사회복지 세미나 등) 개최 또는 참가, 사회복지에 대한 조사연구 또는 전문분과위원회의 연구 활동 촉진 등을 수행해 왔다.

그러나 남세진 교수와 김만두 관장의 헌신적인 중재 역할로 1967년 3월 8일에 한국사회사업가협회가 발족되었지만 이는 물리적인 결합에 지나지 않았다. 3년 가까운 역사를 가진 현장 중심의 한국개별사회사업협회 회원들과, 이와는 달리 좀 더 전문성을 갖는 새로운 총체적인 한국사회사업가협회를 만들려는 이론 중심의 대학 교수와 대학원생 출신 사회사업가 회원들과는 다소 견해 차이가 있어 이 둘의 관계가 그렇게 쉽게 화학적인 결합을 갖기에는 시간이 좀 더 흘러야했다. 또한 한국개별사회사업협회 회원들의 자격은 대학에서 사회사업학을 전공한 사람들에게만 주는 것으로서 당시로서는 상당히 제한적이었다. 그러니 사회사업에 대한 교육과 훈련을 4년제 대학에서 정규 과정을 거치지 못하고[34] 오랜 기간 현장에서, 특히 외국원조기관 자체 부속시설에서 비정기적으로 훈련을 받은 사람들도 자신을 사회사업가로 인정하고 있었고, 당시 현장에는 오히려 이런 사람들 수가 훨씬 많았으며,[35] 시설장들의 상당수도 여기에 해당되었다. 그

주석

34) 물론 이러한 배경에는 4년제 정규 대학이 1948년 한국정부가 수립된 이후에 이화여대 하나밖에 없었던 탓도 크다.

35) 1968년 12월 현재로 사회복지사업 종사자는 공공과 민간을 총합하여 약 9,782명인데, 1969년까지 4개 대학(이화여자대학교, 서울대학교, 중앙대학교, 한국사회사업대학)과 2개 신학교(한국그리스도의교회신학교, (대구)한국사회사업학교)에서 배출한 졸업생은 총 1,089명에 그치고 있었다. 이 시기 실시한 실태 조사 결과에서도 사회복지종사자 중 사회사업을 전공한 사람은 전체의 14.2%에 그치고 있는 것으로 나타나 전문적 사회복지실천가의 교육과 배출은 현장에서도 매우 긴급한 상황이었다(한국사회사업가협회, 한국사회사업가대회보고서, 1969).

래서 이 둘의 화학적 결합을 이루는데 남세진 교수와 김만두 관장은 모두 탁월한 리더십을 발휘하여 이들을 모두 가능한 회원으로 수용하려고 노력했다고 할 수 있다.

당시 서울대 사회사업학과 동창회 소식지인 '낙산소식'(중간에 '동창소식'이란 제호로 발간되기도 했음)을 보면, 한국사회사업가협회의 일이 서울대 사회사업학과 동문들의 정기 월례 미팅에서 주요한 안건으로 다루어지고 있고, 대학원생 최일섭 동문이 협회 사무장 권한대행을 맡고 있었으며, 동문들을 대상으로 회원을 모집하고 세미나와 같은 활동에 참여하기를 독려하는 등의 소식이 있는 것을 볼 때, 초창기 한국사회사업가협회는 실질적으로 서울대학교 사회사업학과 하상락 교수, 남세진 교수 및 서울대 사회사업가 동문들에 의해 재정적 지원과 함께 운영된 것을 알 수 있다. 일례로 1969년 5월 23일 서울대 사회사업학과 동창회 정례모임에서 한국사회사업가협회의 운영 쇄신과 관련된 논의가 있었는데, "협회가 당면한 문제에 대해 동창들이 개진한 내용은 ① 명실상부한 이사회의 구성, ② 유급의 사무국장을 두고 사무실을 갖추어 업무를 조직화할 것 등이었다. 특히 항간에서 갖고 있던 '협회=서울대'라는 인상을 하루 속히 불식하지 않고는 회원의 모집이나 사업의 추진에 많은 난관이 있다는 의견이 지배적이었다"(서울대 사회사업학과 동창회, 낙산소식, 제6호, 1967년 5월 31일 발행)고 기록하고 있는 것을 보면 이 당시 출범한 한국사회사업가협회에 대해 상당수 현장 사회사업가들이 갖고 있던 분위기를 잘 알 수 있다. 여기에는 노한협회(Norwegian Korean Association) 대표인 레키보(Gotfred Rekkebo)를 중심으로 하는 전문성을 강조하는 한국케이스워커협회(Korea Case Worker's Association) 회원들의 반감, 즉 대학의 사회사업학 교육을 제대로 받지 않고 사랑과 경험으로만 일해 온 사회사업시설 종사자들도 선진국에서 전문직인 social worker라고 할 수 있는가에 대한 전문성 시비와 관련된 현장 사회사업가, 특히 수적으로 많은 시설 종사자 사회사업가들의 재반발도 작용했을 것으로 보인다. 그런 면에서 보면, 오히려 조기동 회장의 회고에 의하면, 레키보의 제안으로 USCC 소속 사회사업가 7명이 모여서 처음 한국케이스워커협회를 만들고, 이에 자극을 받은 한국 현실을 잘 아는 서울대학교 하상락 교수가 중심이 되어 1967년 3월에 한국사회사업가협회를 만들었다는 이야기도 어느 정도 이해가 간다.

1960년 김주흥 서울시 부시장, 한노병원 사무장 레키보(왼쪽) 씨에게
감사장 수여, 서울기록원(1960)

그리고 당시 수적으로 많지 않았던 사회사업가들이 양분되는 것을 막기 위해 현장을 대변하는 당시 김만두 관장과 대학을 대변하는 서울대 남세진 교수가 각각 교섭위원으로 나서 중재한 끝에 1968년 말경에 두 단체를 한국사회사업가협회로 화학적 결합체로서 단일화(통합)하기로 결정하였는데, 완전한 실질적인 통합은 1969년 이후의 일로 보인다. 하상락 교수는 1967년부터 1969년까지 제1대 회장과 1969년부터 1971년까지 제2대 회장을 역임하였다. 하상락 회장 체제하에서 한국사회사업가협회는 회원 확보와 조직 정비 및 재정 등의 측면에서 어려움이 적지 않았다. 그

럼에도 월례 세미나를 수차례 가졌고, 1969년 6월 9일부터 10일까지 이틀간 대규모로 제 1회 전국사회사업가대회를 개최하는 등의 활동을 벌임으로써 그 해 6월이 가기 전에 한국사회사업가협회가 명실공히 '사회단체'로 정부로부터 인가를 받았다. 이후 한국사회사업가협회는 사회사업가들의 화학적 결합에 의해 통합된, 하나의 연대된 전문성을 지닌 한국의 대표적인 사회사업가 단체임을 보여 주어 오늘에 이르고 있는 것이다.

이렇게 볼 때, 1969년 6월 9일에서 10일 양일에 걸쳐 개최된 제1회 한국사회사업가대회는 실로 한국사회사업가협회의 존재를 사회에 널리 알리는 중요한 행사로서 전국 사회사업가들이 한자리에 모여 단합과 통합을 하게 된 계기가 되었다. 이 행사는 전년도인 1968년 11월 26월 캐나다 유니테리언봉사회 조기동 회장이 서울대 사회사업학과를 방문하여 하상락 교수와 남세진 교수를 만나 한국 사회사업 발전을 위한 여러 가지 의견을 교환하던 중에 사회사업가의 정체성과 역할 및 역량을 명백히 하고 이를 올바르게 사회에 알리는 기회가 필요하다는 점에서 의견이 일치되어 추진되었던 행사였다. 회장인 하상락 교수가 이 행사를 위해 발기위원회[36] 위원장을 맡아 내용과 일시, 주체, 후원 및 예산 등을 준비할 준비위원회를 이끌어갔으며, 전체적인 기획담당을 남세진 교수가 맡았다. 이 행사는 등록자가 950여 명에 이를 정도로 전국 사회사업가들과 사회사업학과 학부 및 대학원 재학생들의 적극적인 참여 속에 성대하게 진행되었다.

이제부터는 1969년 6월 9일에서 10일 양일에 걸쳐 명동 가톨릭회관과 YWCA에서 '국가발전과 사회사업가의 역할'을 주제로 열린 제1회 한국사회사업가대회의 전체적인 내용을 간략히 살펴보고자 한다.

주석

36) 이 행사를 위한 발기위원회 첫 모임은 1969년 2월 13일 KAVA 회의실에서 열렸는데, 이 발기위원회에 참석한 사람은 하상락, 조기동 이외에 강만춘, 김덕준, 김영모, 남세진, 류만, 이명흥, 장인협, 지윤 교수 등으로, 당시 수도권 지역 주요 사회사업학과 교수들이 대부분 참여하였다.

이 대회는 형식상 3개 단체(국립사회사업지도자훈련원, 한국사회사업연합회, 한국사회사업가협회)가 공동으로 주최한 행사였지만, 행사 명칭이나 내용으로 볼 때 실질적으로는 한국사회사업가협회가 도맡아 주관한 행사였다. 이 행사는 전형적인 학술대회 형식을 잘 갖춰져 있어 한국사회사업가협회의 주도적인 위상을 잘 드러내주고 있다. 이러한 점은 행사의 전체적인 기획담당을 맡은 남세진 교수의 역량과 지도력을 모든 사회사업가와 이 행사에 참여한 청중들에게 분명히 보여주고 있다고 하겠다.

아래에 있듯이, 총 5개 분과로 나뉘어 진행된 이 행사에서는 각 분과별로 주어진 주제에 대해 발표자 이외에 의장, 부의장, 사회자, 토론자, 기록자를 두었다. 대략 오늘날 좌장(사회자)과 토론자, 그리고 기록자를 두는 형식과 유사한 것이다. 각 분과의 주제 및 발표자의 면모 역시 전문적인 대규모 학술대회에 잘 맞는 시의적절한 주제와 그 분야 최고의 발표자라고 해도 누구도 부인할 수 없을 정도였다.

- 제1분과 주제 및 발표자 : 현대 사회사업의 기본 원리와 방향(김덕준, 중앙대학교 교수)
- 제2분과 주제 및 발표자 : 사회복지 사업과 정부의 책임(남세진, 서울대학교 교수)
- 제3분과 주제 및 발표자 : 민간사회복지활동과 시민의 참여(강만춘, 강남사회복지대학 교수/윤길병 보건사회부)
- 제4분과 주제 및 발표자 : 아동 및 청소년복지(장인협, 서울대학교 교수)
- 제5분과 주제 및 발표자 : 사회사업교육과 인력개발(구자헌, 국립사회사업지도자훈련원장)

이 행사의 전체적인 기획담당을 맡은 남세진 교수는 제1회 한국사회사업가대회 첫째 날 제2분과 주제인 '사회복지 사업과 정부의 책임'이라는 주제로 발표를 하였는데, 당시 한국 사회복지 사업의 방향성과 정부의 역할에 대해 중요한 문제제기를 했다. 발표의 핵심 내용을 요약하면 첫째, 사회복지 사업의 공공성을 강조하였다. 남 교수는 사회복지 사업이 단순한 자선이나 민간의 노력에 의존해서는 안 되며, 국가가 책임지고 제도적으로 운영해야 한다고 주장했다. 둘째, 정부의 적극적 개입이 필요함을 주장하였다. 사회복지 사업의 확대는 정부의 정책적 의지와 재정적 지원 없이는 불가능하다고 강조하며, 사회복지 사업의 대상이 되는 국민의 권리를 보장하는 것이 정부의 책무임을 주장했다. 셋째, 민간과 정부의 적절한 역할 분담을 제기하였다. 민간 사회복지기관의 자율성과 창의성을 인정하면서도 전체적인 사회복지 사업은 정부가 주도하고 조정해야 한다는 입장을 밝혔다. 넷째, 사회복지 사업의 전문화를 위한 제도화를 주장했다. 사회복지 사업이 전문적인 영역으로 자리 잡기 위해서는 법적 기반과 행정적 체계가 필요하며, 이를 위해 정부가 제도적 장치를 반드시 마련해야 한다고 주장했다. 마지막으로, 국민의 사회복지 사업에 대한 인식이 전환되어야 함을 강조했다. 국민이 사회복지 사업을 단순한 '구호'나 '자선'이 아닌 전문가에 의한 '활동'으로 인식해야 하며, 이를 위해 교육과 홍보가 필요하다는 점도 강조했다.

이 발표는 당시 한국 사회복지 사업의 민간 중심 구호에서 정부 책임 중심으로 전환하는 데 중요한 담론을 제기하면서 이론적인 기반을 제공했으며, 이후 정부의 사회복지정책의 방향 설정에도 상당한 영향을 미쳤다고 할 수 있다. 이 뿐만 아니다. 남세진 교수는 비록 사회사업학과 교수이지만 당시에도 사회사업이라는 용어 사용하기를 꺼려했기에 '사회복지 사업'이라는 용어를 사용했다. 6.25 전쟁의 후유증의 하나로 전쟁고아들이 많이 생겨나자 이들을 돌보는 자선사업, 구호사업, 구제사업을 하는 사람들이 너도나도 일본에서 수입한 사회사업이라는 용어를 사용하는데 거북함을 가졌기 때문으로 추측된다. 사실 윤리성의 가치를 토대로 학문적 이론의 기반과 인문적 예술(art)의 속성을 융합하여 인간의 사회적 기능 향상과 사회문제 해결을 위해 실천하는 새로운 전문직종의 하나인 구미 선진국에서 출현한, 온정주의를 넘어 과학적이고 전문적인 영역으로 진화한 사회사업(social work)은 서구에서 이미 학문적으로 인정을 받아 심지어 미국에서는 대학원 과정에서 석사, 박사학위가 수여되고 있었던 것이다. 그러니 자선 내지 구제사업 성격의 사회사업 용어가 갖는 의미와는 명백히 다름은 분명했다.

그럼에도 불구하고 당시 고아원 시설 종사자들이 자선 내지 구제사업이라는 용어 대신에 일본에서 사용하고 있던 사회사업이라는 용어를 받아들여 쓰기 시작하여 대중에게 많이 회자되게 함으로 인해 현실적으로 서구의 social work의 용어를 그대로 번역하면 일본에서 번역한 것처럼 사회사업이 되므로 이 둘을 구분하기가 극히 힘들게 되었음을 남세진 교수는 일찍부터 간파한 것으로 여겨진다. 1950년대부터 1970년대까지 사회사업가라 하면 일반적으로 고아원, 양로원을 운영하는 사람을 총칭해서 부르는 용어로서 불쌍한 사람들을 집단적으로 모아 돌봐주는 사람으로 우리나라 대중들은 인식했기 때문이다[37]. 더구나 당시에 외국원조 물자와 성금을 횡령하여 축재한 일부 원장들까지 사회사업가로 불렸기에 사회사업가에 대한 시선은 썩 곱지 않은 측면도 당연히 있었다.

주석

37) 한국에서 '사회사업'이라는 용어가 학문적, 공식적으로 처음 사용된 시점은 1947년 9월로 확인된다. 이는 이화여자대학교가 '기독교사회사업과'를 창설하면서부터이다. 이화여자대학교의 '기독교사회사업과' 설립은 사회사업 용어의 단순한 사용을 넘어, 이를 학문 분야이자 전문직업 영역으로 공식적으로 인정하고 교육하기 시작한 것이지만 '사회사업학과'가 아닌 '사회사업과'라고 하여 '사회사업학'에 대한 1950년대 중반까지 교육만 있지 연구와 이론이 강조되지 않은 낮은 학문 인식은 이후 사회사업학의 학문적 정체성 확립에도 애를 먹게 만들었다. 김범수(2025)의 최근 글(초창기 한국 사회복지의 기획자, 명완식 한국사회사업연합회 상무이사, 복지타임즈)에 의하면 1950년대 초 전쟁 가운데서도 1952년 2월 15일 부산 새들원 아동복지시설에서 제1회 전국사회사업가대회가 열려 전국 고아시설의 시설장 200여명이 참석한 것을 보면, 이미 전국적으로 많은 고아시설이 설립·운영되고 있었음을 알 수 있다. 제1회 대회 주제는 '전후 구호사업의 효율적인 복구와 연합회의 발족'이었으며 대회 결의사항으로는 '한국사회사업연합회(한국사회사업시설연합회)를 창립하고, 외국원조 구호물자에 연연하지 말고 공동모금을 실시해 자립을 모색하자'였다. 이 대회에서 한국사회사업연합회가 창립되었으며, 초대 회장으로 경성보육원 원장이었던 오긍선이 선출되었다. 부회장에는 윤을수, 한경직, 정준모, 감사에는 김영근, 이웅양, 그리고 상무이사에는 명완식이 선임되었다. 이어 제2회 전국사회사업가대회가 1953년 11월 11일부터 13일까지 서울 명동 계성여고 강당에서 한국사회사업연합회 주최로 열렸다. 이 대회의 주제는 '한국 사회사업이 당면한 제반 문제와 자원동원'이었으며, 전국에서 약 600여명의 시설장과 사회사업가가 참석했다. 이후 1955년 10월 13일부터 15일까지 서울 명동 가톨릭문화회관, 계성여고 강당에서 한국사회사업연합회 주최로 제3회 전국사회사업가대회가 개최됐다. 대회 주제는 '사회사업 재원확보의 구체적 방책여하'였고, 소주제로는 사회보장제도 추진책과 부랑아 발생 예방책이 논의됐다. 700여명의 시설장, 사회사업가, 행정담당자가 참석했으며, 대회 기간 중 회원들의 긴급동의로 시설에 수용된 요구호자의 양곡 증배 및 생계비 요청과 이승만 대통령 면회 추진이 결의되었다. 비록 대통령과의 면회는 성사되지 않았지만, 이 회의를 계기로 정부 보조제도 내 '생계비' 비목이 신설되었으며, 이는 제3회 대회의 가장 큰 성과로 평가됐다. 이처럼 이화여대 기독교사회사업과가 만들어진지 불과 5년 사이에 사회사업이라는 용어가 자선사업, 구제사업과 전혀 구별 없이 널리 사용되었던 것이다.

이후 한국사회사업가협회는 1973년에 제1회 전국사회사업가세미나, 1982년에 제1회 전국사회복지대회를 개최한 이후, 대략 격년제로 전국사회복지사대회를 개최해 오고 있다. 이들 세미나 혹은 대회의 모델은 위에서 소개한 1969년의 제1회 한국사회사업가대회이며, 사회복지 교수들과 실무현장의 사회복지사들이 대거 참여하여 발표하고 토론하는 학술대회 형식으로 계속 치러지고 있다(최원규, 2007:47).

다섯째, 사회사업학과 명칭을 사회복지학과로 변경하는데 핵심적인 역할을 했다. 사회복지사업 담당 공무원들은 1960년대에 들어와서는 공무원연금법(1960), 생활보호법(1961), 아동복리법(1961), 산업재해보상보험법(1963), 사회보장에 관한 법률(1963) 등이 제정되어 사회사업이라는 명칭이 구체적이고 광범위한 국가 사회복지의 영역을 잘 표현할 수 없다는 점을 당시 사회사업학계에 자주 이야기하곤 했다고 남세진 교수는 수업 시간에 가끔 들려주기도 했다. 특히 공무원들은 1970년대에 들어서부터는 1970년에 사회복지사업법이 제정되었다는 점을 강조하면서 사회사업이라는 용어가 너무 협소하며, 자선적인 이미지를 주기 때문에 학생과 국민들에게 좋은 이미지를 줄 수 없다는 점을 들어 사회복지학과로의 명칭 변경을 주장하기도 하였다.

그리고 4년제 학위 수여를 받는 대학 중심의 사회사업학과 학생들이 모여 1968년에 창립한 한국사회사업학생연합회[38] 소속 대학 학생들도 1974년에 사회사업학과 명칭에 대한 조사를 하여 발표했는데, 사회복지학과로의 명칭 변경이 65%로 압도적인 1위로 나왔다. 또한, 1975년까지 4년제 대학 전체 84개 대학 중 8개 대학에 사회사업학과가 설치되어 있었으며, 이들 8개 대학을 포함한 19개 대학이 사회사업 관련 교과과정을 채택했으며, 1977년에는 그 수가 35개 대학으로 증가하여 학문적 확산이 빠르게 이루어지고 있었다. 이러한 교과과정 개설 및 학술 활동의 증가는 사회사업이 한국 사회에서 점차 전문성을 인정받고 체계적인 지식 체계를 구축해 나가는 과정이었음을 보여 줌과 동시에, 복지사회나 복지국가에 대한 외국의 사례들이 소개되기 시작함으로써 사회복지정책에 대한 관심이 사회복지계에 확산되기 시작했다.

또한 1970년대 후반부터 한국 사회복지계에서는 사회사업의 토착화라는 중요한 과제가 제기되면서, 용어 사용에도 변화의 조짐이 나타났다. 당시 한국의 사회문제와 사회복지 수준을 고려할 때, 사회사업(social work)의 실천적이고 미시적인 접근보다는 사회복지(social welfare)라는 광의의 제도적 접근이 필요하다는 주장이 설득력을 얻기 시작했다. 이러한 논의 과정에서 김상균 외(2011)는 미국의 social work이 1950년대 한국에 도입될 때 일본의 사회사업(자선 내지 박애사업의 의미)[39]을 모방하여 번역

주석

38) 한국사회사업학생연합회는 서울대, 중앙대, 이화여대, 서울여대, 성심여대(현 가톨릭대) 등 당시 사회사업학과가 있던 5개 대학 3학년 학생들인 서울대 김상균, 최성재, 중앙대 이행수 등 학생들이 모여 사회사업의 전문성 개발 및 학생 교류를 위해 1968년에 정식으로 만든 학생단체이다. 초대회장은 중앙대 대표였던 이행수 학생이 맡았다. 이후 1970년대 초반까지 숭전대(현 숭실대), 한국사회사업대학(현 대구대), 부산대 등이 회원교가 되었는데, 이들 8개 대학이 10년 동안 한국사회사업학생연합회를 이끌어 갔다. 이 학생연합회가 행한 활동들은 학술대회, 체육대회, 등반대회, 사회봉사활동, 뉴스레터 발간 등 상당히 활발한 활동을 해 나갔다. 실례로 1975년도에는 교수들과 실습기관의 슈퍼바이저들만 모여서 실시하던 전국 실습세미나(매년 한국사회사업대학협의회 주최)에서 학생연합회 학부 대표 학생과 대학원 석사 대표 학생도 직접 발제자로 나와 발표하고 토론하였다. 또한 당시 학부생들도 한국사회사업학회 회비를 내면서 당당히 본 학회 회원자격을 갖는 학생회원 자격제도를 만들 수 있게 학회 규정을 정할 정도로 학문의 정체성 기반 구축에 한 몫을 톡톡히 하였다. 이후 1979년에 청주대에서 사회복지학과가 설립되면서부터 매년 국립대, 사립대학에서 사회복지학과가 숱하게 만들어지게 되었다. 그러나 1980년대 전두환 정권의 대학생 연합활동을 금지한 이후 몇 년간 연합회 활동이 중단되었는데, 그 사이 전국적으로 사회복지학과를 가진 대학교의 수가 너무 많아져서 우선 '경인지역사회복지학생연합회'를 만들어 운영했으나 3년 만에 활동이 중단되었다가 아쉽게도 지금까지 재건되지 못해 현재는 해체 상태에 있다.

39) 중국의 경우는 social work을 사회공작(社会工作)으로 번역하여 단순히 개인의 복지를 돕는 활동이 아니라, 국가의 사회 안정과 조화로운 발전을 위한 정책 수단으로 이해하는데, 이는 서구의 개인 중심적 접근과는 다른 점이며, 중국의 사회주의적 가치와 행정 시스템이 깊게 반영된 결과라 할 수 있다. 그리고 사회사업가를 사회공작자(社会工作者)라 부르며, 2008년부터 사회공작자 자격시험이 도입되어 일정한 교육과 실무 경험을 갖춘 사람만이 이 직함을 사용할 수 있고, 중국 정부가 인정하는 전문자격 체계도 존재하고 있다. 자격은 보조사회공작사, 사회공작사, 고급사회공작사로 나뉘며, 모든 급수가 국가시험으로 운영되고 있다. 이 자격제도는 우리나라의 사회복지사 자격제도를 전수하여 독자적으로 만든 것이다. 사회공작자 자격을 취득하면 정부기관, 비정부기구(NGO), 비영리단체(NPO), 공익단체(公益组织) 등을 포괄하는 사회조직(社会组织), 정부 또는 사회조직이 운영하는 지역 기반 복지서비스 제공 기관인 사회서비스센터(社会服务中心), 병원, 학교, 요양시설, 장애인시설, 청소년복지시설 등 다양한 분야에서 활동할 수 있다. 2024년 기준, 중국의 사회공작자 국

된 점을 지적하면서 사회사업이라는 용어가 전문적이고 과학적인 social work와 거리가 멀다고 비판했다. 이에 '소셜웍'과 같은 영어 원어의 음차 사용을 제안하기도 했다. 이러한 비판은 용어의 선택이 해당 분야의 전문성과 대중적 인식에 미치는 영향을 명확히 보여 주었다. 당시 사회사업이라는 용어가 일본 사회사업의 영향을 받아 자선적 의미가 강했다는 인식은 용어 자체가 내포하는 함의가 해당 분야의 전문성에 대한 대중적 인식을 고취시키기는커녕 오히려 저해할 수 있다는 당시의 시대적 문제의식을 반영하였다고 할 수 있다. 이는 용어의 의미 변화가 단순히 명칭 변경을 넘어서 그 분야의 본질적 가치와 지향성을 제대로 반영하려는 노력의 일환이었음을 나타내 주고 있는 것이다. 따라서 사회사업의 토착화 논의와 '사회복지(social welfare)'로의 용어 전환은 단순한 언어적 선호의 변화가 아니라, 한국 사회복지가 서구 모델을 수용하는 단계를 넘어 한국적 특수성과 필요에 부합하는 독자적인 정체성을 모색하기 시작했음을 의미한다. 이는 한국 사회복지학계와 실천 현장의 성숙도를 잘 보여준다고 하겠다.

이뿐만 아니다. 학과 명칭 변경과 관련하여 1970년대 사회보장심의위원으로 일하던 이광찬 선생의 역할도 한 몫을 했다. 이광찬((2008:120-122) 선생은 회고를 통해 서울대학교 J 교수(실명을 밝히지는 않았음)와 전국사회사업종사자 교육훈련 차 지방을 돌던 중 서울대학교 사회사업학과에는 지망자가 없고, 4학년 졸업생이 찾아와 "저희는 무엇을 해야 합니까"라는 질문을 제기한다는 고충을 듣는다. 이에 이광찬 선생은 사회사업

가자격시험 응시자 수는 약 189만 9천 명으로 사상 최대치를 기록했는데, 이는 전년 대비 26% 증가한 수치이며, 2008년 시험 제도 도입 이후 가장 많은 응시자 수이다. 시험 응시자 대부분은 40대 미만의 청년층으로, 안정적인 직업을 찾는 중국 젊은이들의 흐름과 저출생, 고령화에 따른 사회복지 수요 증가가 맞물려 인기가 급상승 중이다. 최근 3년간 합격률은 적게는 8%, 높게는 25%로 상당히 어려운 편이며, 임금은 대도시에는 대학을 졸업한 신입사원 평균 월급과 비슷하거나, 오히려 높은 수준이다(조선 비즈, '中 청년 190만명 몰렸다… 요즘 중국에서 인기 폭발한 이 직업', 2024.06.18. https://biz.chosun.com/international/international_economy/2024/06/18/)

학과를 사회복지학과로 바꿔서 여러 사회과학과 복지국가론 등을 균형 있게 가르쳐야 하고, 졸업생을 복지행정 고위관료로 내보내야 희망이 있다고 조언했다. 그래야 사회복지서비스 전달체계도 확립할 수 있고, 미시적 방법론을 전공한 '사회사업가'들도 일자리가 생긴다는 것이었다. 아울러 1976년 여름 한국사회사업학회 회장단(서울대 남세진 교수, 이대 박보희 교수, 숭실대 조성경 교수)과의 미팅을 통해 이러한 생각을 토론회에서 발표하기로 하였다. 이 토론회를 통해 사회사업학과에서 사회복지학과로의 전환을 위한 위원회도 구성되었는데, 남세진 교수가 위원장으로 선임되었다. 그 결과 1980년을 전후한 시기에 일부 대학들[40] 이 사회복지학과로 개명하게 되었고, 그 후 5급 공무원 시험에 사회복지 및 노동행정 직렬이 설치되고 사회복지제도가 정비되는 등 획기적 발전을 가져왔다는 것이다.

그런 차에 미국대학에서도 사회사업 대신 사회복지라는 용어를 학과 명칭에 쓰기 시작한다는 사실을 알게 되었다. 대표적으로 미국 버클리대학교가 사회복지대학원(School of Social Welfare)을 두고 있다는 점을 알게 되었다. 따라서 우리나라에서도 1970년대 들어서면서 교수들의 논문이나 교과목 명칭에서 '사회복지'라는 용어가 사회사업을 대신하여 사용되기 시작하였다. 예를 들면, 1967년에 "사회보장제도에 있어서 공적부조의 위치"(사회사업학보, 제4집)와 1968년 "사회보험의 기초이론"(사회보장, 제1집)을 집필하여 정책적 관심을 보여주었던 남세진 교수 또한 1970년에 "사회복지종사자에 대한 인력조사 연구"(보사부 세미나 주제발표)와 1971년 "사회복지시설 아동서비스에 관한 효과조사"(보사부 사회사업지도자세미나) 및 1972년 "사회사업교육에 있어서의 사회복지이론"(한일사회사업교육세미나) 등을 발표하였다. 그리고 장인협 교수는 1971년에 사회복지행정(수문사)을 집필했고, 1977년에는 사회복지원론(공저, 한국사

주석

40) 서울대, 중앙대, 부산대 등 3개 대학교를 말한다.

회복지연구소) 등을 집필하게 되었는데, 이전 시기 같았으면 '사회사업'으로 표기했을 부분에 사회복지라는 단어를 사용하였던 것이다.

그리고 서울대의 경우, 동숭동 시대를 넘어 1975년 3월 1일부터 현재 서울대 본부와 주 교정(캠퍼스)이 있는 관악의 시대를 열게 되었다. 즉, 문리대 시대는 끝나고 인문대, 사회대, 자연대로 분리되었으며, 상대 대신에 경제학과와 무역학과는 사회대로 오고, 경영학과는 경영대로 독립되었다.

1975년 종로5가에서 관악으로 옮긴 서울대학교의 전경

공교롭게도 이 해 1975년부터 교과목명에 사회복지라는 용어를 사용하자는 계획 아래, 본격적으로 시작한 것은 1975년 2학기 사회복지발달사(학부)와 사회복지행정(대학원) 과목의 개설부터이다. 이후 1976년 1학기에는 사회복지개론(학부), 사회복지시설운영론(학부) 과목이 개설되었고, 1976년 2학기에는 사회복지정책과 계획, 1977년 1학기의 사회복지법제론(학부), 1978년 1학기의 사회복지제도비교론(학부)과 사회복지의 종합적 접근(대학원), 1978년 2학기의 사회복지방법론의 비교연구(대

학원) 등이 개설되었다. 이들 새로운 과목의 개설은 1977년에 귀국하여 1978년부터 서울대학교에서 강의를 시작한 최일섭 교수의 등장과 함께 더욱 속도가 붙었다.

1978년에 최일섭 교수가 서울대 교수로 충원되면서 서울대 사회사업학과에는 몇 가지 변화가 나타났던 것이다. 첫째는 대학원에 박사과정이 신설될 수 있게 되었다는 점이다. 대학원 박사과정은 교수진 중에 2명 이상이 박사학위를 가지고 있을 때 개설승인이 나는데, 당시 인류학과의 이광규 교수가 협조하여 1979년에 박사과정이 개설될 수 있었다. 초기 입학자는 서울대의 남세진, 장인협 두 교수와 가톨릭대 김융일 교수, 경북대 박병석 교수, 서울여대 정진영 교수 등 5명이었다. 남세진, 장인협 두 교수는 자신들이 가르친 제자가 박사학위를 받고 돌아온 이후 제자에 의해 박사학위를 수여받게 된 것이다. 박사과정이 만들어짐으로써 서울대학교 사회복지학과가 한국사회복지 학계에 교수요원을 공급하는 중요한 소명을 담당하게 된다. 둘째, 사회사업학과에 사회복지정책 과목이 개설되는 데 기여하였으며, 사회복지학과로의 개명에도 중요한 역할을 하였다.

최일섭 교수에 따르면(2009. 2. 10) 당시 대학별로 사회복지학과로 개명하는 데 주도적인 역할을 수행한 교수들이 있었는데, 부산대(신섭중), 중앙대(김영모), 서울대(남세진·최일섭) 등이었다고 한다(서울대학교 사회복지학과 50년사 편찬위원회, 2009a: 344-346). 다시 말하여, 남세진 교수는 중앙대 김영모 교수, 그리고 자신과 아주 친한 술동무인 부산대 신섭중 교수와 함께 명칭 변경에 앞장섬으로써 문교부(현 교육부)의 승인을 받아 1979년부터 이 세 학교가 먼저 사회복지학과로 명칭 변경을 하게 되었다. 물론 서울대 스승이자 동료교수인 하상락 교수의 반대를 물리치고 이해시키는 데 남세진 교수가 상당히 애를 먹고 있는 것을 필자는 학과 조교를 하면서 생생히 옆에서 지켜볼 수 있었다.

서울대학교 사회복지학과 40년사 자료모음(1999: 3-4)에 의하면, 당시 최원규 교수가 남세진 교수에게 질문한 "1979년에 '사회사업학과'에서 '사회복지학과'로 학과 명칭을 바꾸게 된 배경은 무엇이었습니까?"에 대한 아래의 답을 보면 이러한 사실을 더욱 잘 알 수 있게 된다.

남세진 교수의 답: 당시에는 계열별로 학생들을 뽑았는데, 사회사업학과라고 하니까 요즘처럼 인지도가 좋지 않았어. 주로 고아원 보모를 하는 것으로 알고 있었어. 주로 "고아원 하는 데에도 공부해야 합니까?" 하는 질문을 하는 정도였지. 그리고 6·25 전쟁 이후로 사회사업기관이 무지하게 많았는데, 그래서 사회사업하면 고아원을 인지하게 되는 거야. 그래서 학과 이름을 어떻게 바꾸어야 할까 생각하고 있는데, 그런데 미국에서 '사회복지대학원(School of Social Welfare)'이라는 것이 생긴 거야. 그래서 이렇게 바꾸어보자 한 거야. 학생이 처음에는 (1959년) 문리대에서 가장 성적이 우수한 학생들이 왔는데, 이는 처음 학과가 생기면서 사회사업에 대한 PR을 많이 한 효과지. 그러다가 내버려뒀더니 학과 인지도가 쭉 떨어지고 경제학과 등이 올라가는 거야. 그래서 학과 창설 후 한 20년[41] 뒤 학과명을 사회복지학과로 바꾸니까 지원이 확~ 늘어나는 거야. 그때 반대하시는 선생님(하상락 선생님)도 계셨지.

이처럼 남세진 교수는 일찍부터 '사회사업'이라는 용어보다 '사회복지'라는 용어를 더 선호한 것은 확실하다고 하겠다.

여섯째, 한국사회사업학회의 중건과 한국사회복지학회의 통합에 리더십을 발휘하였다. 한국사회사업학회는 1957년 3월 2일에 창립(제1대 회장 김덕준 중앙신학교 교수)되었다. 이후 1958년 9월에 2대 회장에 서울대 하상락 교수가 선임되었다. 하지만 1961년 5월 16일에 발발한 군부쿠데타에 의해 모든 학회가 해산됨과 동시에 한국사회사업학회도 해산되

주석

41) 원 자료에는 10년으로 되어 있는데, 당시 남세진 교수와 인터뷰를 했던 최원규 교수가 20년으로 바로 잡았다.

었다. 다른 사회학회나 정치학회 등의 경우 쿠데타 이후 공화당 정권이 수립된 뒤인 1963년이나 1964년에 학회가 중건되었으나, 한국사회사업학회는 1972년 10월 한국사회사업학회 재건위원회(서울대 하상락 교수, 이화여대 지윤 교수, 중앙대 김덕준 교수, 서울여대 이광자 교수, 성심여대(현재 가톨릭대) 조경미 교수, 숭전대(현재 숭실대) 김융일 교수 등 6명)가 발족된 이후 16년 만인 1973년도 제1차 임시총회에서 공식적으로 재건되었다. 당시 각 대학 대표교수들을 중심으로 학회운영위원회가 작동되었지만, 남세진 교수가 배후에서 하상락 교수를 도와 재정이나 당시 문교부(현재 교육부)와의 협의 관계 등에 많은 역할을 수행하였다.

이후 남세진 교수는 김덕준 회장(중앙신학교), 하상락 회장(서울대), 장인협 회장(서울대), 이명홍 회장(이화여대)에 이어 1983년 4월에 한국사회사업학회 제5대 회장으로 선출되었다. 회장 임기는 1년이었지만 1회에 한해 연임할 수 있다는 규정에 의해 남세진 교수는 총회에서 1년을 더 연임하게 되었다. 이 때 남세진 교수는 앞에서 언급했듯이, 서울대 학생처장을 1983년 1월 10일부터 총장으로부터 임명을 받아 학생운동권 학생들과 씨름하면서 각종 회의 등으로 쉴 새 없이 바빴던 시기였다. 그럼에도 불구하고 남세진 교수는 학회 회장을 맡아 전체 회원들의 동의를 얻어 사회사업학회지 명칭을 사회복지학회지로 변경하였으며, 학회 명칭도 한국사회사업학회에서 한국사회복지학회로 바꿈으로써 중앙대 김영모 교수 중심의 한국사회복지학회와 동일한 명칭의 두 개 학회가 당시 2년째 공존하게 되었다. 이렇게 사회복지학회로의 용어 변천의 가장 결정적인 계기는 법률 개정이 커다란 영향을 주었다고 할 수 있다. 1983년 사회복지사업법이 개정되면서 '사회복지사업 종사자'라는 명칭이 '사회복지사'로 공식 개칭되었기 때문이다. 이는 사회사업이라는 명칭이 사회복지로 바뀌는 시대적 변화를 알리는 신호탄이 되었으며, 이후 대학 학과의 명칭도 사회사업학과에서 사회복지학과로 전환되는 흐름으로 이어졌다. 그러니 이후부터 새로 생기는 대학의 학과들 명칭은 아예 처음부터 사회사업학과는 없고, 사회복지학과로 정해 첫 입학생을 모집하였던 것이다.

이와 같이 1983년 사회복지사업법 법률 개정을 통한 용어 전환은 학계와 실천 현장의 논의가 법적·제도적 차원에서 공식화되고 강제력을 얻게 된 결정적인 순간이었다. 이는 '사회복지'라는 용어가 단순한 개념적 선호를 넘어 국가 정책 및 전문 직업의 공식 용어로 확고히 자리매김했음을 의미하며, 한국 사회복지의 제도적 성숙을 뜻한다고 할 수 있다. 이와 같은 법률이라는 가장 강력한 사회적 규범을 통해 용어의 통일이 점차 신속하게 이루어져 갔다는 점은 용어의 변화가 단순한 학술적 논의를 넘어서 국가적 차원의 국민 합의와 제도적 정착을 의미함을 확실히 보여 준 것이다.

그러자 6대 성규탁 회장 때 동일 명칭의 두 학회 통합에 대한 많은 회원들의 동의와 지지가 생겨났다. 1986년에는 7대 회장인 신섭중 교수가 선출돼 두 학회 통합을 향한 계획들이 급물살을 타게 되었다. 급기야 통합준비위원회(신섭중 회장, 문인숙 교수, 민은식 회장 등 3명과 김영모 회장, 심대섭, 박태룡, 권오구 부회장 등 4명 등 합 7명)가 결성되어 두 차례 심도 있는 논의를 거친 후 1987년 합동대회 때 한국사회복지학회의 통합을 정식으로 발표하였던 것이다. 이처럼 1980년대에는 사회사업과 사회복지라는 두 용어가 혼용되어 사용되었으나, 이후 1980년대 후반부터는 사회복지라는 용어로 급속하게 통일되는 경향이 뚜렷해졌다. 현재 '사회복지사'라는 용어는 한국에서 'social worker'를 지칭하는 고유명사로 확고히 자리 잡았다. 1990년대 이후 사회복지로의 완전한 용어 통일은 한국 사회복지 분야가 정체성 혼란기를 극복하고, 광의의 제도적 접근과 협의의 전문성을 아우르는 단일한 개념으로 수렴되었음을 보여 준다. 이는 사회복지 분야의 안정화와 대중적 인식 제고에 기여했으며, 사회복지 분야가 내부적 논의와 외부적 환경 변화에 따라 스스로의 정체성을 확립해 나가는 역동적인 과정을 거쳤음을 의미한다.

물론 이러한 배경에는 5대 회장이었던 남세진 교수의 포용과 통합에 대한 의지가 일찍부터 작용함으로써 무난히 이루어졌다고 할 수 있다. 평소 남세진 교수와 김영모 교수와의 관계는 공통적으로 학부에서 사회학을 공부했다는 점과, 남세진 교수와 신섭중 교수와의 관계는 호형호제하는 사이였고, 서울대 정치학과 출신의 신섭중 교수와 서울대 사회학과 출신의 김영모 교수는 서울대 동창이었기 때문에 세 사람은 서로 연결되어 가까울 수 있었을 것으로 짐작된다.

일곱째, 한국사회복지연구회를 출범시켜 학술연구지인 '사회복지연구'를 발간하는 데 주도적인 역할을 하였다. 한국사회복지연구회와 남세진 교수간의 관계는 본 연구회가 처음 창립될 당시로 거슬러 올라간다.[42]

한국사회복지연구회는 1981년 당시 서울대학교 출신 동문교수들을 중심으로 하는 정기 세미나가 모태가 되었다고 할 수 있다. 이러한 정기 세미나에 의한 직접적인 연구회 창립의 발단은 남세진 교수가 1980년 한 학기 간 미국에 교환교수로 있다가 귀국한 후, 1981년 1월 신년하례 차 남세진 교수 자택에서 여러 동문 출신 교수들이 모여 이런저런 이야기 끝에 연구회 창설을 결의하면서부터이다. 이후 그해 3월 28일에 다시 남세진 교수 자택에서 사회복지학과 출신 동문교수들 8명(당시 남세진 서울대 교수, 조휘일 정수직업훈련원 생활지도부장, 최일섭 서울대 교수, 김성이 이화여대 교수, 허중경 청주대 행정학과 교수, 남기민 청주대 교수, 임종대 유네스코 청소년훈련원 교수, 조흥식 청주대 교수 등)이 간담회 형식으로 모여 창설에 관한 구체적인 논의를 하여 동문교수 정기세미나를 개최하기로 결정하였다.

이에 따라 1981년 8월 14-15일 양일에 걸쳐 충북 속리산관광호텔에

주석

42) 이하 한국사회복지연구회와 동문교수 세미나에 대한 서술은 서울대학교 사회복지학과 50년사 편찬위원회(2009a). 『서울대학교 사회복지학과 50년사: 1959~2009』. pp.184-190에 있는 내용을 요약, 정리한 것이다.

서 남세진 교수의 "사회사업 교과과정에 관한 연구"를 첫 번째 세미나로 동문교수 정기세미나를 시작하였다. 이날 세미나에는 11명의 동문교수들이 참석하였다. 이후 2회 세미나는 다음해로 넘어 가 1982년 여름에 춘천 한림대에서 9명의 동문교수들이 참석한 가운데 열렸으며, 이 해 서울여대 교수로 부임한 조휘일 교수가 "Adler의 Case Work에의 적용"이라는 연구논문을 발표하였다. 이해 겨울부터 동문교수세미나의 형식을 갖추고 서울대에서 월례에 가깝게 여는 것으로 결정하였다.

이렇게 된 과정을 보면, 1982년 12월과 1983년 2월에 학과 주최로 세미나를 개최하면서 동문교수들이 여기에 참석하게 되었다.[43]

그러다 보니 학과 세미나와 동문교수 세미나 간의 구별이 필요하게 되면서 학과 주체의 세미나와 동문교수 모임을 분리하고 이후 세미나의 주최를 학과에서 하고, 동문교수 모임은 비공식적 모임으로 운영하기로 하여 이후 학과가 주최가 된 동문교수 세미나가 정례적으로 개최되게 되었다.

1983년 2월 26일의 학과 세미나 이후 논의에 따라 결정한 주요 사항은 다음과 같다.

① 학과 세미나는 동문교수 모임과 분리한다. ② 세미나는 학과에서 주최하고 동문교수는 참석하는 것으로 한다. ③ 동문교수 모임은 비공식적인 모임으로 운영한다(임기 1년, 개인 자격). 명칭, 회칙, 기구 등은 구성하지 않는다. ④ 주제 발제자에 대한 사례는 외부인사에 한정한다. ⑤ 회비는 모일 때마다 액수를 정해 걷되, 부족액은 학과 발전기금에서 활용한다.

주석

43) 1982년 12월 19일의 학과 세미나에서는 전남진 교수가 '사회복지의 개념: 사회제도로서의 기능'을, 김상균 교수가 '복지 이념: 목적의 선택과 수단의 선택'을 발표하였다. 1983년 2월 26일의 학과 세미나에서는 최성재 교수가 '현대화와 한국 노인의 가족에로의 사회적 통합'을 발표하였다. 이 두 번의 세미나는 학과 세미나로 정리가 되어 이후 한국사회복지연구회에서의 월례발표회의 회수에는 포함시키지 않았다.

⑥ 학회 및 협의회 등 대외문제에 대해 단체행동을 해야 할 경우 같이 행동한다.

이에 따라 이후 동문교수 세미나는 학과에서 주최하는 것으로 했다. 1983년 4월 23일에 열린 제3회 세미나에서는 세미나 참석의 자격 요건은 동문 중 가르치는 일(Teaching job)을 하는 전임강사 이상으로 하고(퇴직자 포함, 연구원은 불가), 아웃팅(Outing)은 방학 중(7월) 실시하는 것으로 하여 교수 중심의 세미나라는 성격을 명확히 하였다. 1983년 6월 18일 열린 4회 세미나에서는 발표의 주기를 3개월에 1번 정도 시행하는 것으로 하여 연 4회 정도의 세미나를 하는 것으로 하였다. 그런데, 이후 연도별 세미나 개최 회수를 보면, 1983년에는 4회 세미나의 1회 개최 이후 열리지 못했고, 1984년에는 3회, 1985년에는 8회, 1986년에는 5회, 1987년에는 3회, 1988년에는 4회, 1989년 7회 등 일정하지 않고 상황에 따라 유동적으로 운영되었다.

동문교수 세미나가 문호를 개방하고 질적으로 변화를 꾀하기 시작한 것은 1988년의 일이다. 그해 8월 12일 열린 제 26회 세미나 이후 동문교수 학술발표 활성화를 위해 발표회를 연 4회에서 8회로 늘리고, 동문교수 세미나에서 문호를 개방하여 '한국사회복지연구회(한사연)'로 개칭하는 동시에 연구지를 발간하기로 결정하였다. 이날 회원의 자격을 사회복지·사회사업 교육기관의 전임 이상으로 하여, '동문' 중심의 모임에서 사회복지·사회사업 분야의 교수 전체를 대상으로 한 연구회로 거듭나게 된다.

이 날의 결정에 따르면 연구지는 1989년 6월에 창간호가 나오도록 하였는데, 준비과정에서 지체되어 1989년 11월 25일에 '사회복지연구' 창간호를 발행하게 된다. 2000년대 들어서는 2000년 7월 한국사회복지연구회 창립 20주년 기념 『사회복지연구』 제15호 집성본을 발행하게 되었는데, 이는 공교롭게도 2000년 8월에 한국사회복지연구회를 처음으로 만든 남세진 교수가 정년퇴임하는 것과 맞물려 퇴임기념호가 되었다.

다음은 남세진 교수의 퇴임기념호로 발행된 사회복지연구 제15호의 발간사이다. 남세진 교수의 업적을 엿볼 수 있는 귀한 사료로서의 의의가 있어 필자가 작성한 발간사 전문을 아래에 싣는다.

| **발간사** |

이번에 발간되는 한국사회복지연구회 전문학술지 『사회복지연구』 15호는 새천년 들어 본 연구회에서 첫 번째 발간되는 학술지임과 동시에, 서울대 남세진 교수님의 정년퇴임을 기리는 의미를 갖습니다.

한국사회복지연구회와 남세진 교수님간의 관계는 본 연구회가 처음 창립될 당시로 거슬러 올라갑니다. 한국사회복지연구회는 1981년 당시 서울대학교 출신 동문교수들을 중심으로 하는 정기 세미나가 모태가 되었다고 할 수 있습니다.

이러한 정기 세미나에 의한 직접적인 연구회 창립의 발단은 남 교수님이 1980년 1년간 미국에 교환교수로 계시다 귀국한 후, 1981년 1월 신년하례 차 남 교수님 댁에서 여러 동문 출신 교수들이 모여 이런저런 이야기 끝에 연구회 창설을 결의하면서부터입니다. 이렇게 볼 때 사회복지 학문의 발전을 위해 뜻을 같이하는 학자들 간의 학문적 교류를 활성화함으로써 학문 공동체 구성의 의미를 지녔던 본 연구회는 사실상 남 교수님을 인연으로 하여 창립됐다고 해도 과언은 아닙니다.

물론 지금의 한국사회복지연구회는 아주 초창기의 서울대학교 출신 동문교수 중심에서 탈피하여, 열린 공간에서 다양한 연구자의 참여에 의한 자유로운 토론과 비판을 통해 사회복지계의 새로운 지평을 열어 가는 학문 공동체로서 발전해 가고 있습니다. 매월 갖는 정기 연구발표회는 이제 110회를 앞두고 있고, 그동안 발표자만 하더라도 200명이 넘으며, 또한 연구의 성과물로서 1989년부터 전문학술지인 『사회복지연구』지를 발간해오고 있습니다.

남세진 교수님은 본 연구회의 첫 번째 세미나가 열렸던 1981년 8월

14~15일, 충북 속리산 관광호텔에서 '사회사업 교과과정에 관한 연구'를 발표하셨고, 1986년 '학부·대학원에서의 교과과정', 1989년에는 '장애자를 위한 집단지도 모델 수립의 기초' 등 다수의 논문을 본 연구회에서 발표하셨습니다. 발표된 논문의 면면을 살펴보면 미국에서 수업된 사회사업을 한국적 상황에 맞춰 학생들을 교육하는 것과 집단지도방법론의 연구 개발에 특별한 관심을 가졌음을 알 수 있습니다.

남 교수님은 서울대학교 사회복지학과에 1965년에 부임한 이래 오랫동안 재직하셨고, 특히 집단지도방법론을 포함한 사회복지실천 관련과목 교육과 연구를 통해 한국의 사회복지학 발전 및 후학 양성에 크게 공헌하셨습니다. 1964년 집단지도론 강의를 개설하여 우리나라에서 집단지도 방법론 분야를 개척하고 발전시키는 데 선구적인 역할을 하셨습니다. 특히 집단지도방법론의 한국적 적용을 위해 재직기간 중 비행청소년을 대상으로 한 집단 활동 프로그램을 직접 기획·실천함으로써 이론만이 아닌 우리나라의 토착적인 집단지도 실천방법론을 개발하는 데도 기여한 바가 큽니다.

또한 사회과학에서 인기가 있는 교양과목 중 하나인 '인간과 복지' 교과목을 1990년도부터 개설하여 이번 정년퇴임 때까지 몸이 불편한 가운데서도 한 학기도 거르지 않고 이 강좌를 이끌어오셨습니다. 선생님은 이 강좌를 통해 사회복지학을 전공하지 않는 다른 학과 학생들에게까지 '인간사랑', '더불어 사는 삶'의 사회복지에 담긴 이념과 뜻을 전하고자 애쓰셨습니다.

한국 사회복지학의 발전과 후학 양성에 평생을 몸 바쳐오셨으며, 한국사회복지연구회와 남다른 인연이 깊은 남세진 교수님께 조금이나마 감사의 뜻을 전하는 의미에서 이번 『사회복지연구』 제15호를 발간하게 된 것을 모든 연구회 회원들과 더불어 기쁘게 생각합니다. 아울러 본 연구지 발간을 위해 애쓰신 편집위원장 감정기 경남대 사회복지학과 교수님과 편집위원 여러분, 그리고 교정에 참여한 서울대 대학원생 여러분들에게 감사를 드리며, 끝으로 연구지 발간비를 흔쾌히 지원해 준 서울대 사회복지연구소 김태성 소장님에게도 심심한 사의를 표합니다.

사회복지 연구자들의 학문 공동체로서 출발한 한국사회복지연구회는 이제 20년째를 맞이하여 앞으로 새천년을 더욱 힘차게 이끌어갈 한국의 대표적인 사회복지학문의 연구조직으로 발전할 것이며, 이것이 남세진 교수님이 사회복지 발전에 끼친 그간의 여러 공로에 조금이나마 보답하는 길이라고 생각하면서 발간사에 가름하고자 합니다.

2000년 6월 15일
한국사회복지연구회 회장 조흥식

그 후 2003년 12월에는 제1회 한국사회복지연구회 학술대회를 개최하여 독립 학회로서의 위상을 명확히 하였다. 2004년부터는 『사회복지연구』의 발행을 연 3회로 늘렸고, 2005년 5월에는 한국학술진흥재단(현 한국연구재단) 등재지로 등록되어 명실상부한 사회복지 분야의 대표 연구지 가운데 하나가 되었다. 이후 2007년 34호(2007년 가을호)부터는 연 4회로 발간 횟수를 늘렸다.

이렇게 볼 때 사회복지 학문의 발전을 위해 뜻을 같이하는 학자들 간의 학문적 교류를 활성화함으로써 학문 공동체 구성의 의미를 지녔던 본 연구회는 사실상 남세진 교수를 중심으로 하여 창립됐다고 해도 과언은 아니다. 그만큼 학문 공동체에 대한 남세진 교수의 남다른 애착과 함께 학문 공동체 조직을 해 나가는 데 요구되는 리더십을 잘 발휘하여 지금까지 학술지의 질을 향상시킨 성공한 사례 중의 하나라 하겠다.

물론 지금의 한국사회복지연구회는 아주 초창기의 서울대학교 출신 동문교수 중심에서 탈피하여, 열린 공간에서 다양한 사회복지 분야 연구자의 참여에 의한 자유로운 토론과 비판을 통해 사회복지계의 새로운 지평을 열어 가는 학문 공동체로서 활발하게 발전해 가고 있기 때문에 더욱 성공한 사례의 하나로 평가받게 되는 것이다.

여덟째, 활발한 국제 학술교류를 통해 사회복지학의 발전에 기여했다. 남세진 교수는 미국 학생들 및 유럽에서 미국으로 온 많은 유학생들과의 적극적인 사교를 통해 영어 습득을 잘 함으로써 상당히 유창한 언어를 구사할 수 있어 국제 학술회의나 세미나, 심포지엄 발표 등에 적극적으로 참석하게 되었다. 당시에는 외국에 나가는 것이 결코 쉽지 않은 때였는데도 불구하고 자주 외국으로 나가 공식회의나 학술대회, 세미나 등에 참석한 것으로 파악된다. 그만큼 본인의 적극적이고 사교적인 태도도 한 몫 한 것으로 본다.

1968년 방콕 국제사회보장학회와 국제사회사업대학 세미나 한국대표로 참석, 1971년 UN 유엔 식량농업기구(FAO) 로마 세계대회에 보건사회부장관과 한국대표로 참석, 1972년 싱가포르 국제사회사업대학협의회 한국대표 참석, 1976년 킹스톤 국제사회사업대회 참석, 1987년 오스트리아 국제사회사업대회 참석, 1988년 북경 아세아사회사업대회 논문 발표, 1990년 모스크바 국제사회사업대회에 한국교수 시찰단장으로 참석 등이 대표적이다. 이러한 여러 국제 학술교류 각각의 구체적인 내용을 간략히 살펴보면 다음과 같다.

1968년 태국 방콕에서 열린 국제사회보장학회와 국제사회사업대학 세미나는 한국의 사회보장과 사회복지 발전에 중요한 전환점이 된 국제 세미나였다. 당시 한국은 사회보장 제도를 막 시작하던 단계였고, 이 세미나는 한국의 관련 전문가들이 국제적인 동향을 파악하고 선진국의 경험을 배우는 중요한 기회가 되었던 것이다. 여기에 남세진 교수는 우리나라의 대표로 참석했었다. 이 세미나는 아시아 지역의 사회보장 및 사회사업 문제를 논의하기 위해 개최되었는데, 특히 당시 아시아 국가들이 겪고 있던 급격한 사회 변화 속에서 빈곤, 질병, 실업 등 다양한 사회문제를 해결하기 위한 방안을 모색하는 데 초점을 맞춘 것이었다. 구체적으로 이 국제 세미나에서는 주로 첫째, 사회보장제도의 발전 방향에 관한 것으로 아시아 국가들의 특성을 고려한 사회보험, 공공부조 등의 도입 및 확대 방안이 논의되었다. 둘째, 사회복지 전문가 양성과 관련하여 전문적인 사회사업가를 양성하고, 그들의 역할을 강화하는 방안이 논의되었다. 마지막으로, 국제협력 강화 방안이 논의되었는데, 특히 아시아 국가들 간의 정보 공유와 협력을 통해 사회복지 현안 문제를 공동으로 해결하려는 방안들이 논의되었다. 따라서 이 국제세미나는 한국의 사회보장 및 사회복지 발전에 여러 가지 긍정적인 영향을 미쳤다. 당시 한국 대표로 참가했던 남세진 교수를 비롯한 교수들과 정부 관계자들은 선진국의 사례를 직접 접하고, 한국 사회에 필요한 사회보장제도의 청사진을 그리는 데 영감을 얻었다. 다시 말해, 세미나에서 얻은 지식과 경험을 바탕으로, 이후 1970년대에 들어서 국민연금, 의료보험 등 사회보험제도 도입에 대한 논의를 본격적으로 전개하는 계기가 되었다. 그리고 전문가 양성의 중요성을 인식하게 됨으로써 사회사업 전문 인력의 필요성을 절감하고, 관련 학과 및 교육 기관 설립의 필요성이 강조되었으며, 한국의 사회사업, 사회복지 분야가 국제사회와 교류하고 협력하는 중요한 계기가 되었다.

1968년 태국 방콕에서 국제사회보장학회와 국제사회사업대학 세미나를 마친 후 관광 중 사진(남세진 교수는 뒷줄 오른쪽에서 세 번째)

이후 남세진 교수는 1971년 UN 유엔 식량농업기구(FAO) 로마 세계대회에 당시 보건사회부 정희섭 장관과 함께 한국대표로 참석했다. 1971년 11월에 이탈리아 로마에서 개최된 유엔 식량농업기구(FAO)의 로마 세계대회의 정확한 명칭은 '제20차 국제연합 식량농업기구(UN/FAO) 총회'였다. 이 대회는 인간의 가장 기본적인 권리 중 하나인 식량에 대한 권리를 전 세계 모든 인류에게 보장하는 것을 주요 주제로 삼아 모든 인류가 기아와 영양실조로부터 벗어나도록 해야 한다는 운동의 일환으로 개최되었다. FAO 회원국들이 참여하였으며, 1971년 당시 한국, 일본, 중국 등 아시아 그룹 6개 이사국 자리에 7개국이 입후보하여 우리나라를 포함한 6개국이 당선된 기록이 있다. 이 세계대회는 기아 문제에 대한 국제적인 관심을 높이고, 식량과 농업에 대한 관심 증진, 개발도상국에 대한 농업 기술 이전, 그리고 기아, 빈곤, 영양실조 문제 해결을 위한 협력을 강화하는 데 중점을 두었으며, 이 총회는 10월 16일을 '세계 식량의 날'로 지정하는 계기가 되었다.

1972년에는 남세진 교수는 싱가포르에서 개최된 국제사회사업대학협의회(International Association of Schools of Social Work, IASSW) 회의에 한국대표로 참석하였다. 이 회의는 국제사회복지협의회(ICSW), 국제사회복지사연맹(IFSW)과 함께 사회복지 분야의 국제적인 논의를 주도하는 주요 회의인데, 당시 사회복지 분야의 일반적인 흐름에 비추어 볼 때 아시아 지역은 급격한 산업화와 도시화로 인해 사회문제가 복합적으로 발생하던 시기였기 때문에 특히, 사회복지 교육과 전문가 양성의 중요성, 빈곤과 불평등 문제 해결, 그리고 지역사회 개발의 역할에 대한 논의가 중점적으로 이루어졌다. 이 회의에는 전 세계 사회사업 교육 기관의 대표자들과 학자들이 참여했다. 특히 아시아 지역의 사회복지 교육자들이 대거 참가하여 해당 지역의 특수한 사회문제에 대한 해결 방안을 모색했다. 한국에서는 당시 사회복지 교육의 초창기 교수들이 참석하여 국제적인 학술 동향을 파악하고 한국의 사회복지 교육 발전에 필요한 시사점을 상당히 얻게 되었는데, 이 회의를 통해 한국 사회복지 학계가 이후 국제사회와 교류하고 협력하는 중요한 계기가 되었었다.

1976년 남세진 교수는 자메이카 킹스턴에서 개최된 국제사회사업대회에 참석했는데, 이 대회도 역시 국제사회복지협의회(ICSW), 국제사회사업대학협의회(IASSW), 국제사회복지사연맹(IFSW)의 공동 주최로 열린 사회복지 분야에서 매우 중요한 국제회의였다. 당시 한국의 사회복지 전문가들도 이 대회에 참석하여 국제적인 동향을 파악하고 한국 사회복지 발전을 위한 지식과 경험을 공유했는데, 1976년 킹스턴 대회의 주제는 '사회복지사 및 관련 전문가의 역할 확대와 새로운 도전'에 초점을 맞춘 것이었다. 이는 당시 전 세계적으로 사회적 변화와 복잡한 문제들이 증가함에 따라 사회복지 전문가들이 기존의 역할에만 머무르지 않고 더 적극적이고 창의적인 방식으로 문제 해결에 나서야 한다는 인식을 공유하는 것이었다. 특히 사회복지 전문가들이 단순히 현장에서 서비스를 제공하는 것을 넘어, 국가의 사회정책 수립 과정과 사회개발 과정에 적극적으로 참여해야 한다는 점이 강조되었다. 아울러 빈곤, 불평등, 실업, 가족해체 등 복잡한 사회문제에 대한 해결 방안을 모색하고, 특히 제3세계 국가들의 특수한 상황에 맞는 다양한 접근법 등이 논의되었다.

이 대회에는 전 세계 100여 개국 이상의 사회복지 전문가, 학계 관계자, 정부 관료, 비정부기구(NGO) 활동가 등이 참여했다. 한국에서는 당시 사회복지 분야를 이끌던 한국사회사업대학협의회(현 한국사회복지교육협의회) 회원 교수들 및 사회복지 분야 실무자들이 참가하여 한국의 사회복지 현황을 국제사회에 알리고, 다른 국가들의 선진 사례를 배우는 기회로 삼았다. 그리고 한국 사회복지 학계 및 실무계가 국제적인 네트워크를 확장하고, 이후 한국 사회복지 발전의 방향을 설정하는 데 중요한 영향을 미쳤다.

이후 남세진 교수는 1987년 오스트리아 국제사회사업대회에 참가했는데, 이는 국제사회복지협의회(ICSW) 총회를 중심으로 개최된 중요한 행사였다. 당시 오스트리아의 수도 빈(Vienna)에서 열렸으며, 한국의 사회복지 전문가들도 참여하여 한국의 사회복지 발전에 중요한 영향을 미쳤다. 1987년 오스트리아 대회의 주제는 '사회정의와 발전(Social Justice and Development)'이었다. 이는 사회복지의 궁극적인 목표가 단순히 개인의 문제를 해결하는 것을 넘어, 사회 전체의 구조적 불평등과 불합리성을 개선하고 사회정의를 실현하는 데 있다는 인식을 반영한 것으로서 특히 다음의 내용들이 주요하게 논의되었다. 첫째, 사회적 불평등 해소와 관련하여 빈곤, 실업, 질병 등 사회적 불평등의 원인을 분석하고, 이를 해소하기 위한 정책적·실천적 방안을 모색했다. 둘째, 개발과 복지의 조화와 관련하여 경제개발이 이루어지는 과정에서 발생하는 소외 계층의 문제에 주목하고, 개발과 복지가 균형 있게 발전해야 한다는 점이 강조되었다. 셋째, 사회복지사의 역할 강화와 관련하여 사회변혁의 주체로서 사회복지사들의 역할이 강조되었으며, 사회정의를 위한 옹호 활동과 정책 제안의 중요성이 논의되었다.

이 대회에는 전 세계 80여 개국의 사회복지 전문가, 정부 관료, 학자, 비정부기구(NGO) 관계자 등 수천 명이 참석했으며, 한국에서도 당시 사회복지 분야의 주요 인사들이 참가하여 국제적인 동향을 파악하고 한국의 경험을 공유했다. 특히 한국 참가자들은 한국사회복지협의회, 한국사회복지교육협의회 소속 관계자와 학자들이 주축을 이루어 참여했는데, 이들은 한국의 경제성장 과정에서 나타난 사회문제와 이에 대응하기 위한 사회복지 노력들을 소개했다.

이 대회는 한국의 사회복지 분야가 '성장 우선'에서 '사회정의와 복지'로 시각을 확대하는 데 중요한 영향을 미쳤다. 특히 당시 민주화 운동과 맞물려 사회적 불평등 해소에 대한 논의가 활발해지던 시기였기에 이러한 국제적인 논의가 한국의 사회복지 발전에 긍정적인 영향을 준 것으로 평가되었다.

1988년 북경에서 개최된 아세아사회사업대회(Asian Conference on Social Work)에서 남세진 교수는 '한국의 경제발전과 사회복지(Economic Development and Social Welfare in Korea)'라는 제목으로 논문을 발표했다. 남세진 교수의 논문은 한국의 급격한 경제성장 과정에서 발생한 사회적 불균형과 그에 따른 사회복지의 역할을 분석하는 데 중점을 두었다. 주요 내용은 첫째, 한국 경제발전의 특징과 문제점으로 한국이 압축적인 경제성장을 달성하는 과정에서 소득 불평등, 빈곤, 지역 간 불균형, 사회적 소외 등의 문제가 심화되었음을 지적했으며, 둘째, 사회복지정책의 한계로 당시 한국의 사회복지정책이 주로 사후적 보완이나 선별적 지원에 머물러 있었으며, 모든 국민의 기본적인 삶을 보장하기에는 역부족이었음을 강조했고, 셋째, 사회복지의 미래 방향으로는 경제성장의 혜택을 사회 전체가 고르게 누릴 수 있도록 복지국가로의 전환이 필요함을 역설했다. 특히 보편적 사회보장제도를 확립하고, 사회복지 전문가를 육성하며, 사회정의를 실현하기 위한 적극적인 정책이 필요하다고 강조했다. 이 논문은 한국 사회복지학계가 국제사회에 한국의 독특한 사회경제적 상황과 사회복지 발전을 위한 과제를 알리는 중요한 계기가 되었으며, 이후 한국의 사회복지정책이 성장 우선에서 성장과 분배의 조화로 나아가는 데 이론적인 기반을 제공했다는 점에서 큰 의미가 있다고 할 수 있다.

남세진 교수는 1990년 모스크바 국제사회사업대회에 한국교수 시찰단장으로 참석하였다. 여기서는 '사회정의와 인권(Social Justice and Human Rights)'을 주요 주제로 다루었는데, 당시 소련의 정치적, 경제적 변화와 함께 사회복지의 역할이 새롭게 조명되던 시기였다. 이 대회는 사회복지 전문가들이 단순한 서비스 제공자를 넘어 사회적 불평등과 인권 침해에 맞서 싸우는 사회변화의 주체로서의 역할을 강화해야 한다는 인식을 공유하는 장이 되었다. 예년처럼 국제사회복지협의회(ICSW), 국제사회사업대학협의회(IASSW), 국제사회복지사연맹(IFSW) 등 3대 국제 사회복지 단체가 주축이 되어 행사를 공동 주최했는데, 이 대회에는 전 세계 80여 개국

의사회복지 분야의 다양한 전문가들이 참여했다. 특히 동유럽과 소련의 사회복지 전문가들이 대거 참여하여 자국의 경험과 문제점을 공유하는 기회가 되었다. 한국 참가자의 경우 대체로 한국사회복지협의회, 한국사회복지교육협의회 소속 관계자들이 참석하여 당시 한국의 민주화와 경제발전 과정에서 나타난 사회복지 문제에 대한 국제적인 논의에 참여하고, 선진국의 사례를 배웠다. 이 대회는 동서양 사회복지 전문가들이 처음으로 한자리에 모여 냉전 시대의 사회문제와 미래의 복지 방향에 대해 논의했다는 점에서 역사적으로 큰 의미가 있다고 할 수 있다.

이밖에도, 앞에서도 언급했듯이, 1986년에는 한국 서울에서 처음으로 세계사회사업전문가회의가 당시 한국사회사업(복지)대학협의회 회장이었던 남세진 교수의 주도로 성대하게 개최되었다. 남세진 교수의 회고에 의하면, 1970년대 중반 한국이 피원조국의 지위를 벗어나면서 UN 산하의 아시아극동경제발전위원회(ECAFE)의 지원이 중단되었고, 그간의 후원에 보답하는 의미로 1986년 세계사회사업전문가회의를 개최하여 아시아와 유럽 사람들을 다수 초청하여 미래 사회복지의 방향과 과제에 대하여 폭넓은 의견을 교환하였다(최원규 교수의 남세진 교수 인터뷰, 1999. 1. 16)는 것이다.

1986년 서울에서 세계사회사업전문가회의를 마친 후 고별파티 사진
(남세진 교수는 오른쪽에서 두 번째)

아홉째, 남세진 교수는 평소 서울대학교에서 신뢰감과 책임감을 기반으로 하는 리더십과 뛰어난 행정 능력을 발휘하여 자신이 소속돼 있는 사회복지학과 운영을 책임지는 학과장이나 사회복지연구회 회장뿐만 아니라 미국학연구소 소장과 같은 조직행정의 리더로서의 직책을 맡아 잘 감당하였다. 또 한편으로는 대다수 교수들이 맡기를 썩 좋아하지 않는 교수 사회봉사활동의 하나로, 사회와 학교에 비판적이고, 저항하는 학생들을 자주 만나서 설득하고 지도해야 하는 서울대학교 내 학생담당 부서에서의 보직을 많이 맡았다.

앞에서도 서술한 바와 같이, 서울대학교 내에서 사회과학대학 사회복지학과 학과장(1988.3.10.-1992.3.9.), 한국사회복지연구회 초대 회장(1981.8.15.-1984.7.19.), 초대 기숙사(관악사) 사감장(1975.7.14.-1978.12.30.), 비록 짧은 기간 동안이지만 대학신문사 주간(1981.7.1.-1982.1.15.), 학생부처장(1982.1.15.-1983.1.10.), 학생처장(1983.1.10.-1985.1.22.)직을 맡아 한국에서 가장 학생운동이 격렬했던 1980년대 초에 몸을 혹사시키고 마음고생도 많이 했다. 그 후에 인문대학 내에 소속되어 있는 미국 사회와 미국 문화를 학술적으로 연구하는 미국학연구소(American Studies Institute)[44] 소장을 두 차례(1985.3.-1987.2./1989.2.8.-1990.3.13.)를 맡는 등 다양한 보직을 맡아서 탁월한 행정 및

주석

44) 서울대학교 인문대학 소속 미국학연구소의 홈페이지에 의하면, 서울대학교 미국학연구소는 미국을 정치, 경제, 사회, 역사, 문화 등 제반 분야에 걸쳐 종합적으로 연구하기 위해, 서울대학교 학칙 제19조 제3항에 의거하여 1976년 5월 22일에 설립되었음을 알 수 있다. 1976년 제정되어 마지막으로 2007년 개정된 〈서울대학교 미국학연구소 규정〉에 의하면, 연구소의 직무는 "미국문화의 제 측면을 연구하며 대학교육의 질적 향상과 세계문화 발전에 기여"하는 것이다. 좀 더 풀어서 말하자면, 해외에서 20세기 중엽부터 비약적으로 성장한 미국학(American Studies) 연구와 호흡을 같이 하며 학제적 접근방법을 통해 미국 문화와 사회를 다각적으로 탐구하고, 우리 현대사에서 한미관계가 차지하는 중요성에 대해 비판적 인식을 바탕으로 인문학과 사회과학을 두루 망라하는 심층 연구를 주도하는 것이 서울대학교 미국학연구소의 설립 목적으로 되어 있다. 그리고 서울대학교 미국학연구소가 갖는 특징으로는 국내외 미국학 연구자들의 인적 네트워크를 강화하고 학제적 소통 및 협력을 진작하고자, 인문학과 사회과학 여러 학문분과를 포괄하는 학제적 주제의 국내 및 국제학술대회를 매년 개최하고, 해외학자 초청강연 및 연구 집담회를 수시로 마련하고 있다는 점이다.

경영 능력을 가진 지도력을 유감없이 보여 주었다. 이러한 서울대의 보직 기간만 다 합하더라도 20년이 넘는다. 남세진 교수는 심지어 미국 애틀랜타 대학교 사회사업대학원 객원교수로 가서 한 달간 사회사업대학원 외국인학생을 위한 학생처장 역할을 맡아 봉사하기도 했다.

2) 정부와 공공기관 분야

남세진 교수의 정부와 공공기관 분야에서의 여러 다양한 활동들을 (1) 1960년대와 1970년대 활동 (2) 1980년대 활동 (3) 1990년대 이후 활동 등 3가지 시기별로 살펴보고자 한다.

(1) 1960년대와 1970년대 활동

1960년대와 1970년대는 주로 보건사회부를 비롯한 총무처 등 정부 부처의 각종 위원회의 자문교수와 평가교수 및 위원으로 활약하였다. 특히 1970년대부터 정부 부처 정책 자문과 국제기구의 위원회 위원 등을 많이 맡게 된 계기는 경북고 출신이라는 배경이 상당히 작용한 것으로 짐작된다. 경북고 68회 최영철(2007) 기자의 '동문견문록'에 의하면, 남세진 교수의 경북고 35회 졸업생이라는 자체가 얼마나 인맥을 쌓는데 유리하며, 당시 네트워킹의 큰 자원이 되었는가 하는 점을 알 수 있다. 다음은 최 기자의 글을 요약해 정리해 본 것이다.

1961년 5·16 군사 쿠데타에서 1990년대 초 김영삼 정권이 들어서기 전까지 경북고 졸업 기수는 출생년도 수와 동일한 연유로 졸업횟수(생년)로 따져 30회 중반부터 40회 후반까지의 경북고 졸업생들은 학교의 인맥과 이름 덕을 톡톡히 본 세대이다. 이효상·신현확·박준규씨의 경북고 파워는 정계의 주류를 이뤘고, 법조·행정부·경찰 그 어느 곳에서나 경북고 출신은 박정희 대통령 시절부터 점차 출세가도를 달렸다. 전두환 정부는 말할 것도 없고, 특히 노태우 대통령 재임 시절인 제13대 국회의원 중 경북고 출신은 12대 때보다 2배(16명)나 늘었고, 1990년에는 대검찰청 중앙수사1과장, 서울지검의 공안 1부장, 형사 1부장, 특수 1부장 등 핵심 요직이 모두 경북고 출신이었을 정도였다. 이때부터 경북고는 'TK 마피아'란 소리를 듣기 시작한다. 또 서울대 법대, 육사와 함께 '조국 망국화 3개교'로 경북고의 이름이 오르내린 것도 이 시기다. 이 당시 이효상 전 국무총리(4회) · 신현확 전 국무총리(20회)·박준규 전 국회의장(25회) 등은 TK 정치의 원로로 평가되었다. 특히 신현확 전 국무총리(20회)는 비교적 1935년생과 가까운 세대로 TK 정치 인맥의 상징적 인물로서 경제기획원 장관, 부총리 등을 역임하면서 박정희 정부의 경제정책을 주도했다. 그리고 박준규도 1935년생과 가까운 세대로, 국회의장직을 수행하며 입법부를 이끌었다.[45)]

남세진 교수처럼 1935년생 경북고 졸업생(35회)은 TK 인맥의 중심 세대로, 각 분야에서 인재를 배출했다. 대표적인 동기로 천주교 대구대교구의 이문희(35회) 대주교, 이종구 국방부 장관(35회) 등을 들 수 있으며, 이종구 장관은 앞에서도 얘기했듯이 남세진 교수의 절친한 친구였다. 그러

주석

45) 특히 5·6공 시절 경북고의 위세는 정말 하늘을 찔렀다. 기수별로 열거해야 할 정도로 요직이 경북고 출신들로 채워졌다. 시중에는 "경북고 출신은 전화 한 통으로 민원을 해결한다"는 말이 나돌았다. 경북고의 명성은 주로 1960년 중반부터 1992년까지 형성됐다. 대통령(노태우)을 비롯해 국무총리, 국회의장(3명), 대법원장 등 3부 수장, 부총리 6명, 장관 37명, 국회의원은 157명을 배출했다. 그 중에는 9선을 한 의원(박준규)도 있고 6선(김수한)의 의원도 있다. 5선은 강재섭, 4선은 이효상, 김성곤 등이 있었다. 법조계는 판·검사 변호사를 통틀어 또는 각각을 분리해도 경기고에 이어 부동의 2위를 고수해 왔다. 동문 법조인수 380명, 현직 판·검사 110명에 변호사만 200명이었다. 검찰총장만 7명이 배출됐다. 5공 시절엔 손제석(31회, 전 문교부 장관), 김윤환 대통령 비서실장(32회, 10·11·13·14대 국회의원, 신한국당 대표위원), 정호용 내무부 장관(32회, 13·14대 국회의원), 김복동(33회, 전 육군사관학교장, 14·15대 국회의원), 김만제 부총리 겸 경제기획원 장관(34회), 이영창(34회, 14대 국회의원, 전 치안본부장), 홍희흠(34회, 전 대구은행장), 정해창 법무부 장관(37회), 사공일 재무부 장관(39회, 고려대 석좌교수) 등이, 6공에서는 노태우 대통령(32회)을 기점으로 박철언 정무 제1장관(41회), 서동권 안기부장(32회), 김우현 치안본부장(34회, 전 경북도지사), 이종구 국방부 장관(35회), 문희갑(37회, 12·13대 국회의원, 전 대구시장), 김연조(37회, 전 중앙종금 사장), 조근해(38회, 전 공군참모총장), 서영택 국세청장(38회, 전 건설부 장관) 등이 실세를 이뤘다(최영철, 졸업 20년, 경북고 68회 최영철 기자의 '동문견문록', 신동아, 2007년 5월호).

나 대부분 예전 명문고교의 동창들은 서로 경쟁하듯이 자기 동문들을 끌어주고 밀어주는 것이 하나의 관례였다. 오죽했으면 경북고 동창 선후배의 관계를 TK 마피아라고까지 했을까?

남세진 교수가 1970년대부터는 이러한 경북고의 동문이라는 배경을 갖고서 대표적으로 앞에서 지적했던 1973년 정수직업훈련원 설립추진위원 및 청소년지도 자문 역할과, 그리고 1973년 6월 1일부터 1975년 3월 25일까지 유네스코한국위원회(Korean National Commission for UNESCO) 제10대 위원, 1974년 4월 보건사회부 사회보장제도심의위원회 위원, 1977년 1월부터 1979년 1월까지 경기도 지역사회개발 평가교수단 평가교수로서 주어진 역할을 나름대로 잘 수행했다고 본다. 여기서 1973년 정수직업훈련원 설립추진위원 및 청소년지도 자문 관련 내용은 앞에서 어느 정도 서술하였기에 여기서는 생략하도록 한다.

1973년 6월 1일부터 1975년 3월 25일까지 유네스코한국위원회(Korean National Commission for UNESCO)[46] 제10대 위원으로서 남세진 교수가 2년 가까이 수행한 유네스코한국위원회 사회과학 사업 등 여러 활동을 살펴보면 다음과 같다(유네스코한국위원회, 2014).

유네스코한국위원회 사회과학 사업은 1968년 6월 충남 유성에서 개최한 사회과학과 국제학술교류 세미나로 시작됐다. 국내 사회과학자들과 외국학자 8명 등 모두 50여 명이 참가한 이 세미나에서는 사회과학 각 분야

주석

46) 유네스코한국위원회(Korean National Commission for UNESCO)는 대한민국에서의 유네스코 활동을 촉진하고, 유네스코와 대한민국 정부, 교육 • 과학 • 문화 등 관련 분야 전문기관·단체 간의 연계·협력을 원활하게 하기 위하여 1954년 1월 30일 설립되었다. '유네스코 활동에 관한 법률'에 따라 위원장(교육부 장관), 부위원장 5인(교육부 차관, 과학기술정보통신부 차관 중 1인, 외교부 차관 중 1인, 문화체육관광부 차관 중 1인, 위원 중 총회에서 선출하는 1인), 사무총장을 포함한 위원 60명 이내로 구성되며, 최고의결기구인 총회, 집행감독기구인 집행위원회, 위원회의 효율적인 활동 수행을 위한 분과위원회 및 전문위원회와, 위원회의 사무를 처리하는 사무처, 위원회의 업무와 회계를 검사하는 감사 2인을 두도록 되어 있다. 현재도 서울특별시 중구 명동길(유네스코길) 26에 유네스코회관과 경기도 이천시 매곡리에 유네스코평화센터 (연수시설)를 두고 있다.

의 국내 도입 및 토착화 과정과 새로운 사조 등을 검토하고, 국제 공동 연구 방안을 논의했다. 1973년 12월에는 지역사회개발 국제 비교 연구 세미나가 서울 아카데미하우스에서 엿새 동안 열렸다. 이 세미나는 14개국 24명의 대표와 유네스코 등 국제기구 대표 14명이 참가한 대규모의 모임으로, 1973년을 사실상 유네스코한국위원회 사회과학 사업의 원년으로 만든 행사였다. 이 세미나 후속으로 1976년 4월에는 지역사회 개발 모형 국제 비교 연구자 회의가 개최됐고, 같은 해 9월에는 새마을운동 및 농촌 개발 사업 평가에 관한 동남아지역 훈련 세미나가 열렸다. 아울러, 1977년 12월에는 새마을운동 국제 비교 연구 전문가 회의가 인도, 케냐, 유고슬라비아 등 10개국 학자 25명이 참가한 가운데 유네스코한국위원회 국제회의장에서 열렸으며, 1982년 8월에는 새마을 교육에 관한 다학문간 세미나가 국내외 관련학자 60여 명이 참가한 가운데 개최됐다.

또한, 남세진 교수가 제10대 위원[47]으로 있던 시기에 '조국순례대행진' 사업을 처음으로 개최하게 되었는데, 남세진 교수의 집단지도방법론의 영향이 상당히 컸다고 할 수 있다. 1974년 제1회 행사를 시작으로 1980년

주석

47) 유네스코한국위원회(Korean National Commission for UNESCO) 제10대 위원회(1973.6.14~1975.3.25) 위원들의 명단을 보면 다음과 같다. [위원장] 민관식(18대 문교부 장관); 유기춘(19대 문교부 장관), [부위원장] 조성옥(문교부 차관), 윤석헌(외무부 차관), 노신영(외무부 차관), 이창석 (과학기술처 차관), 이규현(문화공보부 차관), 현승종(성균관대학교 총장, 선출), [사무총장] 김규택(7대), [위원] 정인흥(성균관대학교 사범대학), 서명원(서울대학교 부총장), 김상협(고려대학교 총장), 임철순(중앙대학교 총장), 박우식(대학교육연합회 사무총장), 남억우(한국교육개발원 운영부원장), 김주익(경남도 교육위원회 교육감), 정범모(한국행동과학연구소), 이경식(서울대학교 문리과대학), 오현우(서울대학교 문리과대학), 김동욱(국회의원), 박성규(문교부 사회교육국장), 박일재(문교부 사회교육국장), 이항녕(홍익대학교 총장), 김성희(한국정치학회 이사), 김경수(숙명여자대학교 총장), 이해영(서울대학교 문리대학 학장), 설인수(전북도 교육위원회 교육감), 한기욱(청와대 정무비서관), 이종세(청와대 정무비서관), 정홍진(남북조절위원회 간사), 이현재(서울대학교 상과대학), 신기석(국회의원), 한우석(외무부 방교국장), 한상준(한국과학기술연구소장), 최상업(서강대학교 부총장), 박달조(한국과학원 원장), 김두홍(한국과학기술정보센터 소장), 이병돈(한국해양개발연구소 소장), 박종성(한국해양문제연구소), 이준수(한국해양대학 학장), 표현구(서울대학교 농과대학 학장), 이대수(성균관대학교 이공대학), 손승덕(국회의원), 백영학(과학기술처 진흥국장), 곽종원(한국문화예술원장), 백철(국제펜클럽 한국본부장), 이혜구(서울대학교 음악대학 학장), 이상춘(서울대학교 음악대학), 김영정(대한 YMCA 연합회), 황수영(국립박물관), 임방현(청와대 사회

과 1988년을 제외하고 1993년까지 20년 동안 매년 개최됐다. 제1회 조국순례대행진은 유네스코한국위원회 주최로 1974년 8월 전국에서 총 2,182명의 남녀 고교 및 대학생(전국 49개 대학생 1,500명)이 참가하여 서울, 남원, 보은, 합천 등 4곳에서 일제히 발대식을 갖고 행진을 시작하였는데, 이 순례대는 광복절까지 총 656Km 1,500여 리의 조국강산 도보 행진을 체험하였다. 물론 이들은 그냥 걷는 것이 아니라 민족문화의 근원을 찾아 답사 학습하고 지역사회 개발을 위한 자료를 수집하였다. 특히 일정의 막바지인 14일에는 백제의 고도 부여 백마강 백사장에서 전원 야영을 하면서 '아! 4천3백년'이란 주제로 민속축제를 가짐으로써 마지막 밤을 장식하였다.

이와 같이 조국순례대행진은 1974년 8월에 그 첫발을 내디뎠다. 유네스코한국위원회와 유네스코학생협회가 공동으로 작성한 취지문에서 밝히고 있듯이 조국순례대행진은 "희망찬 조국의 내일을 향하는 젊은 대학인의 행진일 뿐만 아니라 영원히 이어져야 할 겨레의 힘찬 행진임을 확신"한 데서 출발했다. 이 행진은 매년 1천 명 이상의 학생들이 참가한 가운데 4~6개의 도정(道程)으로 나눠 전국 방방곡곡을 누비는 방식으로 진행됐다. 특히 군사 정권하에서 대학생의 집회조차 자유롭지 못한 시기에도 중단 없이 이어졌으며, 여름방학을 이용한 학생 활동의 새로운 대안을 제시한 것으로 좋은 평가를 받았다.

전국을 누비는 이 젊음의 행렬은 해를 거듭할수록 각 도로 연변과 중간 합류지점 주민들의 열렬한 환영과 격려를 받았다. 이 젊음의 행진은 대학

담당특별보좌관), 유 훈(서울대학교 행정대학원), 남 관(홍익대학교미술대학), 이숙종(국회의원), 채문식(국회의원), 김영권(문화공보부 문화국장), 장상규(문화공보부 문회국장), 동호(문화공보부 문화국장), 이원경(합동통신사 사장), 이환의(한국문화방송주식회사), 원경수(코리아헤럴드 이사장), 이만갑(서울대학교 신문대학원 원장), 김규환(서울대학교 신문대학원), 홍순철(부산 교육위원회 교육감), 남세진(한국사회복지연구소 소장), 이강혁(한국청소년단체협회 회장), 한만운(고려대학교 교무처장), 정연권(동아일보 논설위원), 정달선(문교부 대변인), 최성석(국회의원), (유네스코한국위원회 60년사: 대한민국 발전의 초석에서 지구촌 나눔의 주역으로, 1954-2014)

사회에 신선한 충격을 주었고, 그후 많은 국내 단체들이 주관한 유사한 형태의 국토순례 프로그램의 원형이 됐다. 특히 유네스코 학생회원들은 조국순례대행진을 통해 다른 지역에서 온 참가자들과 뜨거운 우정을 나누었고 마지막 날인 광복절에는 순례 참가자들뿐 아니라 일반 회원, 선배, 지도교수 등이 함께 모여 행진 보고와 함께 합류 축제를 벌이며 하나 된 젊음의 정열과 이상을 불태움으로써 영원히 잊지 못할 소중한 기억을 간직하게 됐다.

1974년 첫 조국순례대행진의 모습
유네스코한국위원회 70년 화보집

1974년 당시 보건사회부 사회보장제도심의위원회[48]는 한국 사회보장제도의 기초를 다지는 데 핵심적인 역할을 수행했다. 특히 이 시기는 사회보험 제도 도입과 입법 활동이 활발했던 시기로, 위원회는 제도 설계와 법안 마련에 깊이 관여했다. 당시 사회보장제도심의위원회 구성은 규정에 따라 근로자·사용자·공익 대표가 동수로 참여하여 다양한 이해관계를 반영하게 되어 있어서 남세진 교수의 경우는 '사회보장에 관한 학식과 경험이 있는 자' 범주에 속해 있었다. 특히 당시 연금제도 초안은 한국 사회보장제도 역사에서 매우 중요한 전환점이 되는 것이었는데, 구체적인 '국민복지연금법'은 1973년에 제정돼 1974년에 시행하는 것으로 되어 있었다. 당시 사회보장심의위원회의 심의와 국회 보건사회상임위원회를 거쳐 탄생한 대표적인 국민복지연금법이었음에도 불구하고 남세진 교수가 활동한 이 위원회는 국민복지연금법의 초안을 심의하고, 급여 수준, 가입자 범위, 재정 구조 등에 대해 조정안을 제시했으며, 연금제도의 지속 가능성과 재정 균형을 고려해 5년마다 재정수지를 국가가 재계산하도록 권고하였다. 이 국민복지연금법은 형식적으로 시행은 되었지만, 실제 연금 지급은 석유파동으로 인한 경제 불황 등 여러 정치·경제적 이유로 1988년 국민연금법이 새로 제정되기 전까지는 본격적으로 운영되지 못했다. 그럼에도 1974년의 이 초안은 이후 국민연금제도의 뼈대를 형성하는 데 중요한 영향을 미쳤다.

그리고 이듬해인 1975년 보건사회부 사회보장제도심의위원회는 한국 사회보장제도의 방향성과 구체적 제도 설계를 위해 여러 핵심 안건을 심의했는데, 이 시기는 국민복지연금 시행이 연기된 직후로 제도 재정비와 사회적 수용성 확보가 절실했던 시점이었다. 1975년에 이 위원회가 집중적으로 다룬 주요 안건들은 첫째, 국민복지연금법 수정 및 재설계였다. 1974년 제정된 국민복지연금법이 시행되지 못한 상황에서 보험료율, 급여 조건, 가입자 범위 등을 현실에 맞게 조정하는 방안이 논의되었으며, 특히 자영업자·농어민의 부담 능력에 대한 실태조사와 정책 대안 마련에 고심하였다. 둘째, 1977년 의료보험법 제정을 앞두고, 시범사업 대상 선정, 재정 구조, 급여 항목 등을 사전 검토하였으며, 직장의료보험과 지역의료보험의 단계적 도입 방안을 논의하였다. 셋째, 산업재해보상보험 확대와 관련하여 기존 산재보상제도의 적용 대상 확대 및 급여 수준 개선 등을 논의하였고, 특히 중소기업 근로자 보호 강화를 위한 정책을 제안하였다. 넷째, 사회보장기금 운영 및 재정 안정성 확보를 위해 연금·보험제도의 기금 운용 방식, 재정수지 예측 모델을 개발하였으며, 경제기획원 및 재무부와 협력하여 장기적 재정 시뮬레이션을 수행하기로 했다. 다섯째, 사회보장제도 통합 및 사회보장기본법 제정에 대한 다양한 논의들이 폭넓게 이루어졌는데, 이러한 논의들은 이후 1995년 사회보장기본법 제정의 기반이 되었다. 마지막으로, 사회보장제도 도입에 대한 국민 반감 해소를 위해 홍보·교육·공청회 등 전략 수립의 필요성과 사회보장제도의 혜택을 알리는 콘텐츠 개발의 시급성에 대해 의견을 같이 했다.

이러한 여러 함께 토의된 안건들은 단순한 행정적 검토를 넘어서, 한국형 사회보장제도의 철학과 구조를 설계하는 과정에서 이루어진 일이라 할 수 있다. 특히 이 위원회는 각 제도의 도입 시기, 적용 대상, 재정 구조를 정교하게 조율하며, 이후 국민연금·의료보험·산재보험의 토대를 마련하는 데 상당히 기여했다고 하겠다.

또한 남세진 교수는 1977년 1월부터 1979년 1월까지 경기도 지역사회개발 평가교수단 평가교수 등을 역임하였다. 이 평가교수단은 1970년대 새마을운동과 관련된 정부 주도의 경기도 지역의 지역사회개발 사업의 효과를 평가하고, 주민 참여와 자립 가능성, 사업의 지속성 등을 분석하는 역할을 주로 했다. 이 당시 경기도 지역사회개발 평가교수단의 활동 내용을 간략히 살펴보면, 첫째, 경기도 내 각 시·군의 새마을사업 추진 현황을 조사하고, 성과를 분석하였으며, 둘째, 경기도 지역 주민의 자발적 참여와 협동 정신이 실제로 사업에 어떻게 반영되었는지를 평가하기 위한 주민 참여도 조사를 실시했으며, 셋째, 도로, 전기, 수도, 위생시설 등 경기도의 생활환경 개선이 주민 삶에 미친 영향을 분석하기 위해 지역사회개발 사업의 효과 분석을 하였으며, 마지막으로, 향후 경기도 지역의 지역사회개발 사업의 발전 방향에 대한 정책적 제언이 담긴 종합 보고서를 작성하여 제출한 것 등이었다.

이외에도, 남세진 교수는 각종 보건사회부나 서울시, 경기도 등 각 지방정부 사회복지 실태조사, 즉 빈민 실태조사, 아동, 노인, 여성 실태조사와 노동자 실태조사, 윤락여성 실태조사 등을 직접 많이 하여 연구보고서로 제출하였다.

유학 후 남세진 교수가 서울대 시간강사로, 그리고 첫 서울대 전임교수로 되어 실시한 1960년대 중반의 당시의 실태조사에 참가한 한 여학생(고 이영화 동문)의 다음 회고의 글("마로니에 교정에서 사회사업가가 되려고")에 의하면 당시 실태조사가 오늘날과는 달리 얼마나 힘든 작업인지를 잘 알 수 있게 해 준다.

"빈민 판잣집들이 악다구니까지 다닥다닥 붙은 학교 뒤편의 낙산 산동네를 찾았다. 빈민생활 실태조사 한다고, 울퉁불퉁하고 질척거리는 좁은 골목 비탈길에서 명동 고급 양화점에서 맞춘 내 구두에 잔뜩 신경 쓰면서. 한 남자분이 화난 얼굴에 큰 소리로, '흥! 서울대학교 학생들이라… 니들이 우리가 어떻게 사는지 알아서 어떡하겠다는 거여? 먹을 거나 갖다 줄 것이지… 실태조사는 무슨 빌어먹을 조사야…. 두려움으로 두근거리는 가슴을 가다듬고 설명하려 했다. '실태조사를 해서 통계로 문제점을 파악하면 정부기관에도 보고하고 해결책을 연구하고, 신문사에도 보내서 신문에 내면 국민들의 이해와 인식도 높아지고 해결책에 대한 여론도 조장시킬 수 있고…. 그 남자는 고개를 좌우로 젓고 손을 내저으면서 그냥 가라고 시늉했다. 그런 빛 좋은 개살구 말은 많이 들었고 소용없다는 듯이.

1965년 4학년 때, 전라남도 고흥과 장흥 간척지에서 일하는 노동자들의 실태조사를 하러 갔었다. 보건사회부에서 비용을 부담한다니 우리에겐 대학졸업의 공짜 수학여행이나 다름없었기에 흥분하고 신났었다. 남세진 교수의 인솔 하에 국희와 나, 영구, 대봉, 태일, 연서, 목양. 그렇게도 맛있었던 여관 음식. 가짓수는 너무 많아 밥상 표면이 보이지 않았고 상다리가 부러질 정도였다. 하루의 일과를 끝내고 여관방에서 보낸 시간들…. 얘기하고 웃고 떠들고, 화투놀이도 하고…. 시간가는 줄 모르게 즐거웠었다. 그 때의 추억은 아직도 내 삶의 불씨로 남아 있다.

그늘도 없는 갯가 벌판 뙤약볕에서 새까맣게 타고 마른 사람들이 움직였다. 천천히, 돌덩이를 지기도 하고 이기도 하고…. 바다를 메운다고…. 그래서 땅을 만들어 분배받고 먹을 것을 심으려고 나는 믿기가 힘들었다. '이렇게 해서 어느 천 년에 바다가 땅이 될까?' 그러나 이 사람들에겐 마지막 희망이었다. 삶을 이어 나가기 위한.

한나절이 가까워 오자 우린 배가 고팠다. 돌덩이를 나르지도 않았는데, '배가 고파 죽겠는데 왜 아직 점심을 안 가져오지?'하고 불평했다. 우리에겐 그 누구의 보살핌으로 땅 끝 여기까지 주먹밥이 배달됐다. 깨소금만 쳤어도 꿀 맛 같았던.

보통 하루에 한 끼 정도 먹는다고 한 사람들은 고픈 배를 움켜 안고 그 땡볕에서 땀을 흘리고 피를 말려 왔는데…. 발걸음을 멈추면 쓰러질 것 같고, 앉으면 다시는 일어서지 못할 것 같이 보였던 그 사람들. 하늘은 그들을 잊지 않았겠지. 지금은 그 자손들이 거기에서 논밭을 갈고 수확을 거두면서 먹을 것 걱정 없이 잘 살고 있겠지."(서울대학교 사회복지학과 50년사 편찬위원회, 2009: 401-402).

(2) 1980년대 활동

1980년 전두환 정권의 복지사회 구현이라는 국정지표에 맞춰 거시사회복지의 제도화와 관련하여 직접적인 정부 부처 정책 자문과 국제기구의 위원회 위원 등을 많이 맡게 되었다. 이 당시 대표적인 것으로 1988년 12월부터 1990년 9월까지 의료보험연합회 자문위원을 맡은 것이다. 의료보험연합회는 의료보험법에 의해 설치된 국민의료관리 전문기관으로서 진료비 심사와 의료의 질 평가를 통해 질이 좋은 의료서비스를 제공하는 목적으로 운영되던 기관인데, 현재는 국민건강심사평가원으로 이름이 바뀐 공공기관이다. 이 기관은 의료보험법의 개정에 따라 그 명칭과 기관의 주체가 조금씩 변화해 왔음을 알 수 있다.

국민건강심사평가원 홈페이지(https://www.hira.or.kr) 연혁을 참고하면, 1963년 의료보험법이 제정된 후 의료보험은 십여 년간을 소수의 가입

국민만을 대상으로 운영되어 왔다. 그러다 1972년을 전후하여서는 이른바 부산 고려신학대 장기려 박사의 주도에 의해 민간 의료보험운동의 하나인 '청십자운동'의 진원지가 된 부산청십자의료보험조합이 1972년 5월에 부산에서 창립되었다. 이러한 민간이 주도한 부산청십자의료보험조합의 영향과 1970년대 중반을 넘어 경제개발의 성과가 가시화되면서 국민의 보건의료에 대한 관심 증가와 함께 경제발전의 주역이었던 근로자에 대한 정부와 기업의 배려 필요성이 증대된 가운데 1976년 12월 22일 의료보험법전문개정이 공포되었다.

이에 전국경제인연합회는 당시 보건사회부의 협조 아래 의료보험협의회 설립 추진위원회를 같은 해 12월 말에 구성하여 다음해인 1977년 1월 13일에 의료보험협의회를 결성하고 회장에 김입삼 전경련 상근부회장을 선임하였다. 당시 의료보험협의회는 초창기 조합설립이라는 막중한 사업을 보건사회부의 적극적 지원 하에 수행해 왔지만 점차 임의 법인형태로 각 조합을 지도, 지원한다는 점에서 법인 행위에 많은 제약이 수반되었기에 의료보험협의회는 1977년 10월 5일 전국의료보험협의회로 명칭을 변경하고, 1977년 11월 28일 법인등기를 하여 사단법인으로 설립되었다. 이후 1979년 4월 4일과 5일 양일간 모로코의 마라케쉬에서 개최된 제37차 국제사회보장협회(ISSA) 집행위원회의 만장일치 가입 승인을 얻어 국내 사회보장단체로서는 최초의 정회원이 되었다. 1979년 7월 1일에는 300인 이상 사업자 근로자에 대한 의료보험 적용 확대에 따라 진료비 청구 간편화와 심사공정성 확보, 진료비 적기 지급을 위해 각 조합에 시행하던 직장조합 진료심사 업무가 조합단체인 전국의료보험협의회로 일원화되었는데, 이때 의료보험진료비심사위원회를 설치하고 운영함으로써 최초의 공식적 심사조직을 결정하였다.

1981년 5월 10일에는 서울경기 지역에 소재한 소규모 직장조합의 통폐합이 완료되어 12개 신설대형조합의 업무가 개시되었다. 그리하여 같은 해 10월에는 보험자단체에 대한 법률적 뒷받침을 보다 견고히 하고,

의료보험을 단계적으로 확대하여 전 국민의 의료보험 시행을 추진하기 위해 중앙의료보험조합연합회가 특수공법인으로 설립되었다. 그러다 1981년 12월 31일에 의료보험법이 개정, 공포되면서 연합회 명칭 중 '중앙'이라는 말을 뺀 의료보험조합연합회로 명칭이 변경되었다. 이후 1977년 의료보험 출범 당시부터 대한한의사협회에 의해 지속적으로 제기되어 오던 한방의료의 의료보험적용이 1984년 12월 1일 청주시, 청원군 거주 피보험자를 대상으로 한 시범사업이 실시된 후 2년여의 경험을 축적하여 1987년 2월 1일 전국적으로 확대되었다.

그리고 1987년 들어 진료비 심사기구 독립 논쟁이 제기되었고 1987년 12월 4일 관련 법률이 개정됨에 따라 명칭이 의료보험조합연합회에서 조합이라는 말이 빠진 의료보험연합회가 되었다. 1988년 1월 1일부터 심사기구가 완전 통합이 이루어졌고, 또한 3월 1일 공무원 및 사립학교교직원의료보험관리공단이 회원으로 가입하여 의료보험연합회가 명실상부한 의료보험의 중심으로 자리 매김 되었다. 이후 연합회는 도시보험 확대를 위한 준비에 매진하여 1989년에 전 국민 의료보험 시대가 열렸다.

이후 1997년 12월 31일에 보험자 통합 준비를 위해 과도기적인 국민의료보험법이 제정, 공포되어 공무원 및 사립학교 교직원의료보험관리공단과 227개 지역의료보험 조합을 해체하여 두 조직의 통합조직인 국민의료보험관리공단이 1998년 10월 1일에 출범했다. 이후 1999년 12월 31일 제정된 국민건강보험법에 의해 국민의료보험관리공단과, 해체된 139개 직장의료보험조합(의료보험연합회의 해체)의 통합조직인 국민건강보험공단(NHIS)이 2000년 7월 1일 설립되었다. 이와 동시에 1979년 전국의료보험협의회가 진료비 심사기관으로 첫 걸음을 뗀 후 의료의 질적 보장을 위해 필수적인 진료비의 적정성 심사와 의료의 질 평가 시스템 구축의 일환으로 국민건강보험법에 의해 의료보험연합회도 2000년 7월 1일 같은 날에 건강보험심사평가원(HIRA)으로 전면 개편하여 출범하게 되었다. 이에 따라서 국민건강보험공단은 건강보험의 재정과 운영을 담당하는 기관으로서 건강보험료 징수 및 관리, 병원비 지급, 건강검진 제공, 장기요양보험 운영 등의 업무를 맡고 있는 반면에, 건강보험심사평가원은 병원이 청구한 진료비의 적정성 심사와 의료 질 평가를 담당하는데, 주로 진료비 심사, 의료 질 평가, 병원의 부당청구 감시, 의료정보 분석 등의 업무를 맡고 있다.

이처럼 1988년 12월부터 1990년 9월까지 의료보험연합회 자문위원을 맡아 남세진 교수를 비롯한 자문교수들은 1989년에 전 국민 의료보험 시대를 여는데 상당한 역할을 수행한 것으로 보인다. 1989년 전 국민 의료보험 시대 개막을 위해 그 해 7월에 도시지역 자영업자까지 의료보험 적용을 확대하도록 자문했으며, 10월에는 의료보험이 약국까지 확대 실시되도록 하였다. 그리고 의료보험제도 정비를 위해 직장·지역·공무원 및 사립학교 교직원 의료보험의 체계적 운영을 위한 법적·행정적 기반 강화를 위한 대안들을 주문했다. 11월에는 진료비지급 안내 등 30여종의 내용에 대한 자동응답시스템 가동을 개시하여 민원편익 향상에 기여했다. 1990년에는 전 국민 의료보험 정착을 위한 운영 안정화, 심사기준 정비, 정보시스템 구축 등이 중점적으로 추진되도록 자문을 하였으며, 제도 통합을 위한 기반 마련을 계속 주문하였다. 따라서 이 시기는 우리나라 의료보험이 단순한 직장 중심에서 벗어나 전 국민을 포괄하는 사회보장제도로 확장된 전환점이 되는 일을 의료보험연합회가 그 중심에서 제도 설계, 운영, 심사체계 구축을 주도하도록 하는데 많은 의견을 준 것으로 여겨진다.

이와 같은 남세진 교수가 의료보험연합회의 자문교수로서 수행한 역할들은 1989년 1월 16일부터 보건사회부 사회복지정책 장기발전위원회 위원을 맡아 전 국민 의료보험 제도 완성의 계기를 마련하는 데 일조를 한 일과 많이 중첩되어 있다. 남세진 교수가 보건사회부 사회복지정책 장기발전위원회 위원을 맡게 된 것은 1988년 12월 5일부터 1989년 7월 18일까지 노태우 정부에서 7개월 남짓 보건사회부 장관을 했던 문태준 장관[49]의 요청에 의한 것이었다. 연이어 1989년 7월 19일부터 1990년 3월 19일까지 8개월 정도 보건사회부 장관을 했던 김종인 장관 때에도 이 위원회 위원 및 의료보험연합회의 자문교수를 동시에 맡아서 일을 한 것을 볼 때 아마도 노태우 정부의 중점 사업으로 전 국민 의료보험제도를 사회보장제도의 우선사업으로 사회복지정책의 기조를 삼은 것으로 여겨진다.

그리고 사회복지서비스의 확대와 관련하여 사회복지정책 장기발전계획에 이 위원회는 아동·노인·여성 등 대상별 복지 강화를 제안했고, 이에 따라 고령화 사회에 대비한 복지강화 제안이 반영되어 노인복지법이 다음 해인 1990년도에 제정되어 노인복지시설, 재가복지서비스 등 제도적 기반이 마련되었으며, 1991년에는 아동복지법 개정이 이루어졌고, 1995년 여성발전기본법 제정 등으로 이어졌다. 또한 사회복지 전달체계의 개편과 관련하여 이 위원회는 중앙-지방 간 복지 역할 재정립을 제안했고, 이후 지방자치단체의 복지 기능 강화가 추진되어 1990년대 후반부터 지역사회 중심의 사회복지서비스 확대가 본격화되었다.

한편, 1989년 2월 28일부터는 서울특별시 저소득층 대책위원회 위원을 맡아 활동을 하였는데, 아마도 남세진 교수가 보건사회부 사회복지정책 장기발전위원회 위원임을 당시 서울특별시장이었던 김용래 시장이 파악하여 요청한 것으로 짐작된다. 김용래 시장은 1987년 12월에 제21대 서울시장으로 임명되어, 1988년 서울올림픽을 성공적으로 치른 뒤에도

주석

49) 문태준 장관은 1928년 1월 14일 경북 영덕 출생으로 대구중학교, 1950년 서울대학교 의과대학 의학과를 졸업하고 의사로 일하였다. 1953년 미국 토마스 제퍼슨 대학교 의과대학원에 입학해 1957년 수료하였으며, 1969년 일본 니혼대학에서 명예의학박사, 1986년 충북대학교에서 명예이학박사, 1987년 토마스 제퍼슨 대학에서 명예법학박사 학위를 받았다. 대한의사협회 회장과 세계의사회 회장, 4선 국회의원(7, 8, 9, 10대)과 제23대 보건사회부 장관, 그리고 제25·26대 한국사회복지협의회 회장을 지냈으며, 2020년 3월 11일 별세(92세)했다.

재임하여 1989년까지 서울시정을 이끌었는데, 그는 서울시가 도시 빈곤을 구조적 문제로 인식하고, 단기 구호가 아닌 장기적 복지정책으로 접근한 첫 사례 중 하나로 저소득층 대책위원회를 만들었던 것이다. 당시 저소득층 대책위원회의 주요 활동을 보면 다음과 같다.

첫째, 1988년 말부터 시작한 서울시 저소득층 실태조사 결과 보고서를 바탕으로 본격적인 대책을 수립하고자 한 것이다. 이 보고서 명칭은 『서울시 저소득층 실태파악과 대책수립에 관한 연구』로 1989년에 발간되었다. 이 보고서는 서울특별시와 한국산업경제연구원이 공동 수행한 대규모 실태조사로, 1988년 말부터 1989년 중반 사이에 연구가 진행되었다. 이 보고서의 방대한 분량(545쪽)과 조사 범위를 볼 때 현장 조사, 자료 분석, 정책 제안까지 포함된 상당히 대규모 프로젝트였음을 알 수 있는데, 다음과 같은 핵심 주제를 다루고 있다. 첫째로 노점상 실태와 관련하여 도시 빈곤층의 생계형 노점상 운영 실태와 정책적 대응 필요성을 제시하고 있으며, 둘째로 저소득층 주거환경과 관련하여 불량주택, 판자촌, 고시원 등 열악한 주거지 실태를 분석하고 있으며, 셋째로 복지서비스 접근성과 관련하여 의료, 교육, 생계지원 등 공공복지의 사각지대 문제를 도출해 내었으며, 넷째로 정책 제안으로 주거환경 개선, 자활 지원, 복지 전달체계 강화 등 구체적 대책을 제시하고 있다. 따라서 이 보고서는 당시 서울시의 사회경제적 구조와 저소득층의 생활상을 심층적으로 분석한 귀중한 자료로서, 단순한 통계 이상의 의미를 지니며 당시 서울시민의 삶의 질과 복지 사각지대를 드러내는 중요한 사회적 기록이라 할 수 있다(서울특별시, 한국산업경제연구원, 1989). 특히 복지제도의 형평성과 실효성에 대한 비판적 시각이 강하게 나타나 있어, 이후 저소득층 대책위원회 위원인 남세진 교수가 정책 개선의 근거로 많이 활용하였다.

이와 관련하여 남세진 교수를 비롯한 저소득층 대책위원회 위원들이 서울시에 건의한 내용들을 보면, 첫째로 생활보호대상자들에게 최저생계비의 60% 수준에 불과한 지원금 수준을 대폭 현실화하고, 선정 기준을 투명하게 개선할 것, 둘째로 노점상, 일용직 노동자 등 비공식 경제부문에 종사하는 저소득층의 자립을 위한 직업훈련, 교육, 상담 서비스 등 맞춤형 자활 프로그램을 활성화할 것, 셋째로 빈곤의 악순환을 심화시키는 요인인 열악한 주거환경 개선책인 공공임대주택을 확대하고, 주거비 지원을 강화하며, 불량주택을 정비할 것, 넷째로 지역사회 기반의 사회복지 전달체계를 강화하고, 가정중심 복지서비스를 확대할 것 등이었는데, 이러한 건의 내용은 지금도 유효한 것으로 평가할 수 있다.

둘째, 위원회는 영구임대주택 공급 계획을 수립하여 실제로 서울시가 주택을 공급하기 시작하였던 것이다. 보고서의 조사결과를 바탕으로 영구임대아파트 건설 계획을 수립하였으며, 이를 토대로 1989년 12월부터 서울시 7개 자치구에 걸쳐 4만5천여 세대 규모의 영구임대주택을 공급하기 시작하였다.

셋째, 사회복지서비스 연계 방안을 마련하였다. 구체적으로 저소득층을 위한 가사지원, 의료지원, 취업알선, 방과후 교육, 보육서비스 등의 사회복지 프로그램을 설계하여 서울시의 각 동주민센터, 사회복지시설, 종교단체 등과 협력하여 복지서비스 전달체계를 구축해 나가기 시작했다.

넷째, 저소득층에 대한 사회적 낙인 방지 및 공동체 회복을 위한 대책을 강구하였다. 영구임대단지를 단순한 주거공간이 아닌 마을공동체로 재구성하려는 시도로서 주민 간 상호부조와 자조활동을 장려하며, 고립된 빈곤층의 사회통합을 도모하기 위해 서울시가 예산을 투입하기로 결정하였다.

그리고 1983년에서 1985년 사이에 행정고시 출제위원을 맡아 국가에 봉사하였다. 이처럼 남세진 교수가 행정고시 출제위원으로 참여했다는 것은 첫째, 사회복지학의 행정 전문 영역으로의 진입을 통해 사회복지학이 단순한 실천학문을 넘어 행정·정책 분야에서 인정받기 시작했다는 증표가 되며, 둘째, 행정고시를 통해 복지전문 인력을 선발하고자 하는 국가적 의지가 반영됨으로써 공공부문 복지전문가 양성의 기반 마련에 기여했다는 것과, 셋째, 교수가 학문적 지식을 실제 정책 설계와 인력 선발에 적용하는 다리 역할을 수행함으로써 학문과 정책의 연결고리 역할을 할 수 있음을 보여주었다는 점과, 마지막으로, 사회복지학이 행정고시 과목으로 채택되는 데 기여함으로써 향후 복지행정직 공무원 양성의 토대를 마련했다는 점에서 의미가 매우 크다고 할 수 있다.

(3) 1990년대 이후 활동

남세진 교수는 1990년도에도 굉장히 바쁘게 움직일 수밖에 없었다. 1월부터 1993년 12월까지 한국보건사회연구원 자문위원, 1990년 10월 국방부 정책자문위원회 위원, 1990년 제7차 경제사회발전 5개년계획 사회보장·보훈·여성개발부문 계획위원, 1990년 9월부터 1993년 8월까지는 한국장애인고용촉진공단(현 한국장애인고용공단) 비상근 이사 등을 역임하였기 때문이다. 이렇게 1990년에도 자문위원, 계획위원, 비상근 이사 등을 중복적으로 맡게 된 배경에는 아마도 남세진 교수가 보건사회부 사회복지정책 장기발전위원회 위원이었기 때문일 것으로 짐작된다.

특히 1990년 1월부터 4년간 한국보건사회연구원 자문위원을 맡게 된 데에는 당시 한국보건사회연구원 원장이었던 지달현 원장의 영향이 큰 것으로 생각된다. 지달현 원장은 서울대학교 약학대학에서 약학박사 학위를 받은 보건·복지 분야의 전문가로, 보건복지부 약정국장, 국립환경연구원장, 국립보건원장을 거쳐 1987년부터 이어진 두 번째 임기를 포함해, 1987년 10월 6일부터 1993년 3월 31일까지 약 5년 반 동안 연구원을 이끌었다. 그의 재임 기간은 한국의 사회복지정책이 본격적으로 체계화되던 시기로서 국민기초생활보장제도 도입을 위한 기초연구와 사회보장제도 개편 논의가 활발히 이루어졌던 시점이었다. 따라서 지달현 원장은 사회보장제도 통합과 기초생활보장제도 도입을 위한 기반 연구에 집중했으며, 남세진 교수의 자문을 받아 그의 재임 기간 동안 국민연금제도 확대를 위한 정책 연구, 사회복지 전달체계 개편에 대한 기초 조사, 보건의료 정책의 중장기 발전 방향 수립, 사회보장심의위원회 기능 통합을 통해 연구원의 역할을 강화하는 등 한국의 사회보장제도의 기틀을 다지는 데 큰 역할을 수행했다(한국보건사회연구원 홈페이지, https://www.kihasa.re.kr).

그리고 남세진 교수가 국방부 정책자문위원회 위원이 된 것은 이종구 장관의 선임 장관인 이상훈 장관 때인 5월에 임명을 받아 성사되었다. 1990년대 국방부 정책자문위원회는 국방정책의 수립과 시행 과정에서 전문성과 다양성을 확보하기 위해 설치된 자문기구로서 국방부장관에게 국방정책 및 군사조약, 군비통제에 관한 사항, 합참 군사 분야 및 예비전력, 전시동원 관련 사항, 정훈공보, 인사·복지·교육·군종 등 인적 자원 관리 사항, 군수지원, 군사시설, 환경관리 사항, 방위력 개선, 방산육성, 획득정책 사안, 법무관리 및 국방정보화 사항, 기획관리, 국방조직, 재원배분 사항, 그리고 기타 국방부 장관이 필요하다고 판단한 사항 등의 분야에 대해 자문을 제공했다. 이를 위해 분야별로 분과위원회를 구성해 전문적인 자문을 수행했는데, 위원의 기본 임기는 1년이며 특별한 사유가 없으면 연임이 가능했다.

앞에서도 언급했듯이, 남세진 교수와 이상훈 장관 후임인 이종구 국방부 장관은 친한 친구 사이였다. 이러한 친구 관계에서 이루어진 긴밀한 자문의 영향이 국방부 정책의 변화에 일조를 했다고 할 수 있다. 당시 이종구 육군 참모총장은 보안사(현 군사안보지원사령부)의 민간인 사찰 파문으로 인해 경질된 이상훈 장관의 후임으로 1990년 10월 8일에 전격적으로 국방부 장관으로 임명되었다. 이상훈 장관의 전격 경질은 당시 윤석양 이병의 폭로로 인해 군의 정보기관이 민간인을 불법 사찰했다는 사실이 드러나면서 사회적 파장이 매우 컸기 때문이다. 이종구 국방부 장관(재임: 1990.10.8-1991.12.20)은 육사 출신의 원칙주의자로서, 재임 기간 동안 몇 가지 주목할 만한 정책 변화와 방향성을 내어 놓았다. 그의 정책은 군의 정치적 중립 강화, 국방 행정의 투명성 확대, 그리고 북한 핵 위협에 대한 대응 강화라는 세 가지로 요약할 수 있다.

이 세 가지 중에서 앞의 두 가지는 남세진 교수의 자문에 의해서 이루어졌다고 해도 과언은 아니다. 우선, 군의 정치적 중립 강화와 관련해서는 이종구 장관 자신이 육군 참모총장 시절부터 군의 정치성 제거와 민주적 군 운영을 강조해 왔지만 친한 친구인 남세진 교수의 자문이 상당한 영향을 준 것이 사실이다. 그래서 이종구 장관은 국방부 장관으로서도 군이 정치에 개입하지 않고 국민의 군대로서 역할을 다해야 한다는 원칙을 고수할 수 있었던 것이다. 아울러 이러한 원칙은 1980년대 군부 중심 정치에서 벗어나려는 문민 중심 강화 흐름과 맞물려서 자연스럽게 이루어질 수 있었다. 또 한 가지는 국방 행정의 투명성 확대로서 국방비 운용과 병역 제도에 대한 공개 토론을 추진하며, 국민과의 소통을 강화하려 했다. 이뿐만 아니다. 예비군 훈련 시간 단축, 복무 기간 조정 등 병역 제도 개선을 통해 군 복무의 사회적 수용성을 높이려는 시도가 있었던 것이다. 이렇게 볼 때, 당시 이종구 장관은 전통적인 군인의 기질을 유지하면서도, 시대 변화에 맞춰 군의 역할과 국방정책의 방향성을 재정립하려는 노력을 했던 인물로 평가 받았다. 그리고 그의 정책 변화는 단순한 행정 조정이 아니라, 군과 사회의 관계를 재구성하려는 시도였다고 할 수 있다. 이종구 장관은 1991년 4월, 한국편집인협회 초청 조찬회에서 북한의 핵 개발에 대응하기 위해 "엔테베 작전을 연상케 하는 응징체제를 갖출 필요가 있다"고 발언했는데, 이 발언은 당시 남북 화해 분위기 속에서 큰 논란을 불러일으켰고, 야당은 즉각 파면을 요구했다. 당시 노태우 대통령은 그의 사표를 반려했지만, 이후 1991년 12월 20일 전체 개각 때 경질하였다.

또한 남세진 교수는 1990년 11월부터 1991년 6월까지 '제7차 경제사회발전 5개년 계획'[50]사회보장·보훈·여성개발부문 계획위원으로 임명되

주석

50) 제7차 경제사회발전 5개년 계획(1992-1996)이라는 용어는 김영삼 대통령후보 때 '제7차 및 신경제 경제개발 5개년 계획(1992-1997) - 21세기 경제사회 선진화와 통일대비 경제건설'으로 바꿔 내용 자체도 수정되었다가, 대통령이 되자 '신경제 5개년(1993-1997) 계획(안)- 참여와 창의로 새로운 도약을'이라는 제목과 함께 내용도 대폭 수정되었다(국가기록원, 기록으로 보는 경제개발 5개년 계획).

어 경제사회발전 5개년 계획(1992-1997) 수립에 깊이 관여하였다. 1990년대에는 경제계획 수립 환경이 급격히 변화하여 정부가 양적 목표를 설정하고 그것을 달성하기 위한 정책수단을 제시하는 것이 아니라 중장기적인 관점에서 경제사회의 제도 정비 및 개선 방향을 제시하는 것이 더욱 중요하게 되었다. 다시 말해, 1990년 '제7차 경제사회발전 5개년 계획'은 한국의 중장기 경제·사회 정책 방향을 설정하기 위한 국가적 프로젝트였으며, 이 과정에서 각 부문별 계획위원회가 구성되어 전문적인 자문과 정책 수립을 담당했다.

그 중에서 사회보장·보훈·여성개발부문 계획위원회는 사회적 형평성과 복지 확대를 위한 핵심 역할을 수행했는데, 주로 국민연금, 건강보험, 산업재해보상보험 등 사회보험 확대 및 제도 개선과 관련된 사회보장제도 확충 방향 설정, 국가유공자 및 그 가족에 대한 복지 향상, 보훈복지시설 확충 등 보훈정책의 정비 및 확대, 여성의 경제활동 참여 확대, 직업훈련 및 고용기회 확대, 성평등정책 기획 등의 여성발전 정책 수립, 사회복지 관련 법률 개정 방향, 여성권익 보호를 위한 제도적 기반 마련 등 관련 법·제도 개선안 제안, 그리고 향후 5년간 추진할 핵심 과제와 필요한 재정적 뒷받침에 대한 의견 제시 등의 부문별 중점과제 도출 및 예산 배분의 자문 업무를 수행했다. 따라서 이 위원회는 단순한 자문기구를 넘어, 실질적인 정책 설계와 실행 전략 수립에 깊이 관여했다. 제7차 계획 수립 당시 전체 계획은 34개 실무 작업반으로 구성되었으며, 각 부문별 위원회는 해당 분야 전문가, 학계, 정부 관계자 등으로 구성되었다.

이에 따라 계획 작성 지침을 수립하는 단계에서는 주요 정책과제와 검토사항을 발굴하는 것이 중요했고, 부문계획 수립 단계에서는 다양한 분야에서 종사하는 전문가의 참여가 매우 중요하였다. 즉, 제7차 계획은 실무 작업반이 처음부터 부문계획 수립을 주도한 것이 아니라 연구기관에서 부문계획 시안을 작성하면, 그에 근거하여 실무 작업반에서 부문계획을 수립하였다. 이와 같이 제7차 계획에서는 우리가 해결해야 할 과제와 정책 방향을 제시하는 데 주안점을 두었고, 이에 대한 국민적 합의 형성을 중요하게 생각하여 민간 부문의 인사를 적극 참여시켰다(국가기록원, 기록으로 보는 경제개발 5개년 계획). 남세진 교수도 이러한 계획에 따라 임명되어 위의 업무들을 수행한 것이다.

또한 남세진 교수는 한국장애인고용촉진공단이 출범한 1990년 9월 1일부터 1993년 8월까지 한국장애인고용촉진공단 비상근 이사직을 맡았다. 한국장애인고용촉진공단(Korea Employment Agency for Persons with Disabilities, KEAD)[51)]은 장애인이 직업을 통해 안정된 생활과 완전한 사회참여를 실현하고, 기업이 장애인 고용을 통해 사회에 기여하도록 지원하기 위하여 1990년 1월 13일 '장애인고용촉진등에관한법률' 공포(제4219호)에 따라 1990년 9월 1일에 설립된 고용노동부 산하 위탁집행형 준정부기관이다. 1990년대 초반 남세진 교수를 비롯한 한국장애인고용촉진공단(현 한국장애인고용공단)의 비상근 이사들은 장애인 고용정책의 방향을 설정하고 공단 운영에 대한 자문을 제공하는 중요한 역할을 수행했다. 당시 공단은 장애인의 직업재활과 고용촉진을 위한 기반을 마련하는 시기였기 때문이다.

이러한 비상근 이사들이 주로 한 업무는 노동부와 협력하여 장애인 고용 확대를 위한 기본계획 수립에 참여하는 등 장애인 고용촉진 정책에 대한 자문을 기본적으로 수행하였다. 그리고 직업지도, 적응훈련, 능력개발훈련 등 재활 프로그램의 기획과 평가를 통해 직업재활 사업의 방향을 설정하였으며, 예산 집행, 기금 운용, 조직 운영 등 공단 운영 전반에 대한

주석

51) 이후 2000년 1월 12일에 '장애인고용촉진등에관한법률'이 '장애인고용촉진 및 직업재활법'으로 개정되어 공포(법률 제6166호)됨에 따라 '한국장애인고용촉진공단'이 '한국장애인고용공단'으로 명칭이 바뀌었다.

자문 및 의견을 제시하였다. 이울러 장애인 단체, 기업, 지자체와의 협력 촉진 및 인식개선활동 지원과 함께 대국민 홍보 활동에도 참여하는 등 전반적으로 공단의 실무진과는 달리, 외부 전문가로서 객관적인 시각을 제공하며, 정책의 실효성과 공공성을 높이는 데 기여하였다.

3) 비정부조직(NGO)과 사회복지기관 및 기타 분야

남세진 교수는 1960년대부터 집단지도방법론이 활용될 수 있는 YMCA, YWCA, 적십자사, 청소년 관련 협회, 청소년직업훈련원 등에 학생들의 실습 지도를 통해서나, 직접적인 특강이나 자문을 통해 사회사업학을 체계적으로 전문화하기 시작했다. 때로는 당시 미군정 시절부터 한국에 상주하고 있던 국제 NGO인 각국의 원조기관들의 연합체의 성격을 가진 외국민간원조기관한국연합회(Korea Association of Voluntary Agency, KAVA) 소속기관의 임상자문교수로서, 또 비정부조직(NGO)인 그들 외국민간원조기관의 부설 연구소의 자문교수로서 역할을 감당하기도 했다.

당시 카바(KAVA)를 대표할 수 있는 각 국가들의 비정부조직 단체는 캐나다유니테리안봉사회(Unitarian Service Committee of Canada, USCC), 한국기독교세계봉사회(Korea Church World Service)[52], 기독교아동복리회(Christian Children's Fund, CCF)[53], 월드비전(World Vision)[54],

주석

52) 1949년 4월에 기독교세계봉사회의 한국지회로 설립되었다. 초대 책임자는 아펜젤러 선교사의 아들 헨리 닷지 아펜젤러(Appenzeller. H. D.)이다. 기독교세계봉사회는 1945년에 미국 내 개신교파들이 연합하여 결성하였다. 초창기 한국기독교봉사회는 주된 사업은 8·15광복으로 고국에 돌아오는 해외거주 교포들에 대한 구호와, 패망으로 귀국하는 일본인들에 대한 편의제공 등이었다. 6·25 전쟁이 일어나자 이재민들에게 식량·분유·의복·담요 등 생활필수품을 지원하였다. 휴전 후에는 늘어난 고아원·양로원·신체장애자재활센터 등 사회복지시설에 구호양곡을 도입하여 생활필수품을 지원하였다. 1950년대 초부터 여성에 대한 복지사업의 효시인 '미실회(美實會)'의 운영, 직장여성을 위한 탁아원 운영, 신체장애인을 위한 의수족사업(현 세브란스병원 재활센터), 결핵퇴치사업, 가족계획사업 등을 전개하여 사회복지사업 성장의 촉매제 구실을 하였으나 한국에서 철수하였다. 이후 같은 이름으로 1963년에 한국의 대표적인 8개 기독교 교단과 한국기독교교회협의회(KNCC)가 연합해 새로 설립하였다. 초창기 사회복지 프로그램에 개별사회사업가를 투입해 체계적인 사회복지서비스를 제공했다. 현재 대표적인 프로그램은 장애인 복지용구(휠체어) 지원사업, 북한아동 결연지원사업, 낙후된 해외지역개발사업, 해외아동결연사업, 긴급구호지원사업 등이다(한국민족문화대백과사전, https://encykorea.aks.ac.kr/Article/E0061099).

양친회(Foster Parent's Plan)[55], CARE(Cooperative for American Relief of Everywhere)[56] 등인데, 이 단체들은 단순한 구호를 넘어, 한국의 복지제도와 시민사회 형성에 큰 영향을 끼쳤다. 특히 아동복지와 지역개발, 국제연대의 기반을 마련했다는 점에서 역사적 의미가 깊다. 남세진 교수는 이들 기관들과 직접, 간접으로 관계를 맺어 이들을 자문하거나 직원들의 교육과 훈련을 맡기도 했다.

주석

53) 기독교아동복리회(Christian Children's Fund, CCF)는 1938년 미국에서 전쟁고아 지원을 위해 설립되어 1948년 한국 아동지원사업으로 한국에 진출하여 1951년부터 본격적인 활동을 시작하였다. 주요 활동으로 한국전쟁 고아 및 불우아동 결연사업, 위탁가정 지원, 탁아소 운영 등을 했는데, 철수 후 1979년 '한국어린이재단'으로 독립하였다. 이후 한국복지재단 → 어린이재단 → 현재는 초록우산 어린이재단으로 활동 중인데, 그 특징으로는 아동 중심의 복지사업에서 시작해 노인, 장애인 등으로 확대되었다는 점이다.

54) 월드비전(World Vision)은 1950년 미국 오레건에서 밥 피어스 목사에 의해 창립되었다. 창립 직후 한국전쟁 고아 지원을 위해 한국에 진출하여 활동을 시작하였다. 주요 활동으로는 고아원, 복지시설 운영, '사랑의 빵' 캠페인, '기아체험 24시간' 등 대중 참여형 프로그램, 북한 지원사업(씨감자, 국수공장 등), 긴급구호, 지역개발, 아동옹호사업 등으로 확대하였다. 한국은 도움 받던 나라에서 도움 주는 나라로 전환한 최초의 월드비전 회원국이라는 점이 국제적으로 잘 알려져 있다.

55) 양친회(Foster Parents' Plan)는 1937년 영국에서 존 랭던 데이비스가 창립했는데, 1950년대 '양친회'라는 이름으로 한국에 진출하여 활동하였다. 주요 활동으로는 전쟁고아 및 빈곤 아동 결연사업, 후원자와 아동 간 편지 교환, 정서적 지원 등을 들 수 있다. 이후 '플랜코리아'로 명칭을 변경하여 현재도 한국에서 활동 중이지만, 아동권리와 성평등 중심의 국제 NGO로 전환하였다.

56) CARE(Cooperative for American Relief of Everywhere)는 1945년 미국에서 22개 자선단체가 연합해 창립된 것으로 초기 명칭은 Cooperative for American Remittances to Europe이었다. 1948년 대한민국 정부 수립 후 파견단을 보내 1966년 철수할 때까지 19년 동안 식량 배급, 농촌 개발, 아동 급식 등 지원을 위해 총 4천만 달러 규모의 원조를 제공하였다. 'CARE 패키지'라는 이름의 식량·의류 구호물품이 당시 한국에서 무척 상징적인 존재였다.

1952년 기독교세계봉사회가 한국에서 구호 활동하는 모습(연합뉴스).
행정자치부 제공. https://www.yna.co.kr/view/AKR20231128059300542

1950년대 기독교아동복리회를 창설한 캘빗 클라크 부부와 아이들(한국학호남진흥원)
https://www.hiks.or.kr/HonamHeritage/6/read/1847

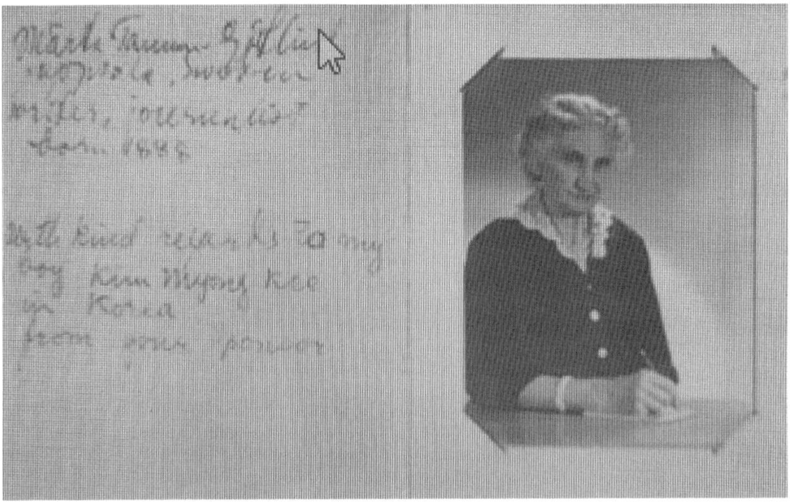

양친회 소속 스웨덴 양부모가 보내 준 편지
https://www.plankorea.or.kr/news/news/view/4139

'CARE 패키지'로 유명한 CARE의 식량·의류 구호물품
https://www.care.org/about-us/our-history/

이들 카바에 소속된 외국원조단체들은 1950년, 1960년대에 밀가루, 옥수수가루 등 외국의 잉여 농산물, 의약품과 헌옷 등을 가난한 한국 사람들에게 제공하는 등 6.25 전쟁 전후에 긴급구호를 시작으로 점차 한국 사회복지사업의 전문화에 기여하였다. 카바는 1952년도에 임시수도인 부산에서 7개 외원기관이 모여 설립되었다. 1954년에 한미재단으로부터 25,000달러를 받아 1955년에는 사무국을 갖추었다. 1964년에 회원단체는 70여 기관으로 늘어났고 이 중 28개 단체는 교육, 보건, 사회복지, 구호 및 지역사회개발의 사업 등에 직접적인 유대를 가졌다. 나머지는 주로 기독교 선교에 집중하면서 부수적으로 교육, 구호, 보건, 사회복지 분야에서 활동하였다. 이러한 카바의 주요 기능은 외원기관들이 정보를 교환하고, 사업내용을 상호 조정하며, 합동조사 등을 통해 단체교섭을 하고, 대정부 건의활동을 하는 것이었다. 사회복지를 위한 예산이 세금보다는 외국원조에 의존하던 1950-1960년대에 카바는 '제2의 보건사회부(보사부)'로 불렸다. 카바 사업비 예산의 보사부 전체 예산보다 더 많았기 때문이다.

이후 정부는 외국원조단체의 활동을 지원하고 관리하여 '사회복지사업의 향상에 기여하게 함을 목적으로' 1963년 12월 7일에 '외국 민간원조단체에 관한 법률'(외국원조단체법)을 제정했다. 등록 단체가 도입한 물품에 면세 혜택을 주고 국내 수송비를 정부가 맡는다는 게 핵심이었다. 이에 따라 도입 물품과 기증 대상도 보사부와 단체가 협의·결정했다. 이 법이 생겨 외원단체 활동은 법적 보호를 받을 수 있었다. 외원기관들은 이 법의 보호 아래 1964년부터 구호사업, 사회복지사업, 교육, 건강, 사회개발 등 5개 영역에서 적극적인 활동을 전개하면서 사회사업가를 활용했고, 사회사업가는 전문직으로서의 토대를 잡아갔다.

그러나 한국이 1970년대 중반부터 경제발전을 이룸에 따라 중진국이 되자 원조의 상징이었던 카바는 1995년에 해체되었다. 그리고 한국은 2010년 '원조 제공국 클럽'으로 불리는 경제협력개발기구(OECD) 산하 개발원조위원회(DAC)에 가입해 2차 세계대전 뒤 '원조를 받던 나라에서 주는 나라'로 도약한 유일한 국가가 되었다. 한때 121곳에 이르던 등록 외국원조단체가 2015년에 38곳으로 줄었고, 몇 년간 실적이 거의 없어서 외국원조단체법은 2016년 2월 3일에 폐지되었다(외국민간원조단체한국연합회, 1995; 한국사회복지사협회, 2016).

남세진 교수는 카바의 대표적 외원기관인 캐나다유니태리언봉사회(USCC) 부설 한국사회복지연구소 소장직을 1973년 3월부터 1976년 2월까지 맡았고, 1976년 3월부터 1978년 12월까지 한국사회복지연구소 자문교수단 단장을 맡았다. 그리고 1977년 9월부터 1979년 8월까지 캐나다유니태리언봉사회(USCC)가 본국으로 철수한 후, 사회복지법인 '한국봉사회'로 계승한 사회복지기관인 이 곳의 임상자문교수를 맡아 전국 각지에 있는 한국봉사회 지부 현장들을 방문하여 직접 사회사업가들을 지도하였다. 그리고 동아일보 인촌상 심사위원을 두 차례(1987년, 1988년) 역임하였다. 이후 1990년 12월부터 생명보험협회 최초의 공익사업추진위원회 위원으로서 우리나라 생명보험협회의 공익사업을 처음 시작할 때부터 적극적으로 개입하여 생명보험협회의 사회공헌사업의 기반을 다지는 데 매우 중요한 역할을 감당하였다.

1966년 캐나다유니테리안봉사회장 히치마노바 박사가 서울시청을 방문하여 윤치영 시장과 환담
(서울시 기록원) https://www.hanbong.or.kr/history

남세진 교수는 캐나다유니태리언봉사회(USCC) 부설 한국사회복지연구소 소장과 한국사회복지연구소 자문교수단 단장, 사회복지법인 '한국봉사회'의 임상자문교수의 역할과 관련해서 캐나다유니테리언봉사회가 한국사회복지계의 전문성 향상과 사회복지 발전에 끼친 영향은 이루 말할 수 없음을 수업 시간을 통해 자주 강조하던 모습이 생각난다. 아마도 이러한 과분한 칭찬은 그만큼 캐나다유니테리언봉사회 소속 한국사회복지연구소 소장과 자문교수단 단장을 맡아 바쁜 가운데서도 문인숙, 강만춘, 김만두 교수 등 여러 자문교수들과 함께 활발히 연구와 사회사업의 전문성 강화를 위한 활동을 적극적으로 하였기 때문일 것이다. 이뿐만 아니라 이 기관이 소기의 목적을 달성한 후 한국에서 철수하게 되었을 때에도 별 무리 없이 캐나다유니테리언봉사회가 가진 처음의 목적과 뜻을 사회복지법인 '한국봉사회'로 잘 이어지게 하는 데 남세진 교수가 일익을 담당한 데에서 오는 그 자신의 뿌듯함일 수도 있을 것이다.

사회복지법인 한국봉사회 홈페이지(https://www.hanbong.or.kr)와 박창석(2009)에 따르면, 1952년부터 국내에서 전쟁 이재민 구호사업과 육아시설지원사업 등을 운영하던 외국원조기관인 캐나다유니테리언봉사회(USCC)는 1958년 7월 한국지회를 설치하고 국내 최초로 사회사업가를 채용하여 전문사회사업 활동을 본격적으로 추진하였다. 국내 최초의 사회복지관이라는 명칭을 사용한 목포사회복지관(소도시형 사회복지관, 1962-1979년)을 비롯하여 인천사회복지관(중도시형 사회복지관, 1965-1976년), 이천사회복지관(농촌형 사회복지관, 1967-1979년), 마포사회복지관(대도시형 사회복지관, 1968-1974년)을 설립 운영하였다.

캐나다유니테리언봉사회는 당시 전국 사회복지관의 20% 이상을 설립 운영하며 한국의 지역사회복지관 운영 및 토착화에 크게 기여하였다. 또한 지역의 현안 문제나 해결을 위해 민간단체를 조직하여 연합회 및 위원회를 구성하는데 주도적인 역할을 수행하며 지역사회조직사업을 선구적으로 전개하였으며, 지역 규모 및 특성에 따른 사회복지관을 설립 운영한 경험과 바탕으로 도시형 모델사회복지관인 남부사회복지관(1974-1991년, 구 영등포사회복지관)을 설립, 운영하였다.

그리고 1958년 국내 최초로 사회사업가를 채용하여 가정복지사업 전개와 개별사회사업을 시작하였고, 같은 해인 1958년에 국내 최초로 병원 내 사회사업반을 설치하여 사회사업가를 통한 의료사회사업을 시작하였다. 1959년에는 국내 최초로 육아시설담당 사회사업가를 배치하고 지원 고아원을 순회 방문하여 지원아동 상담 및 문제 개선을 도모하였다. 그리고 1965년 목포시 민간단체연합회의 결성을 주도하는 등 지역사회 조직화사업을 선구적으로 실천했으며, 1969년 국내 최초로 마포지역의 학교와 연계하여 학교사회사업(school social work)을 추진하였다. 이뿐만 아니라 1976년 국내 최초로 불우아동결연사업을 추진하여 서울시 불우아동결연사업을 수탁 운영했으며, 1990년 국내 최초로 결식 어르신 대상 무료급식 제공사업을 실시하여 경로식당 운영 모델을 제시하였다.

한편으로는, 전문 사회복지교육이 거의 부재했던 1959년부터 매년 직원 수양회를 통해 사회사업 직원들의 전문성 향상을 도모했으며, 이와 함께 1965년부터 연찬회[57]를 개최하여 사회복지 전문가 양성에 노력해 왔다. 1966년에는 한국의 사회복지 전문성 강화를 위해 캐나다유니태리언봉사회 부설 한국사회복지연구소(초대 소장 강만춘)를 설립, 운영을 할 수 있도록 지원함으로써 사회복지사업 발전과 사회복지관 모형을 개발하는 데 지대한 공헌을 했다. 이후 1973년 남세진 교수가 소장이 된 후에는

주석

57) 그 당시 캐나다유니태리언봉사회가 개최했던 사회복지관 연찬회에서 다뤘던 발표 주제는 제1회 연찬회(1965. 11)는 가정 및 아동복지사업, 제2회 연찬회(1966. 11)는 지역사회복지 향상을 위한 사회복지관의 역할, 제3회 연찬회(1967. 12)는 사회복지관 활동의 토착화를 위한 지역사회 주민의 참여, 제4회 연찬회(1969. 6)는 지역사회복지 향상을 위한 계획, 제5회 연찬회(1971. 11)는 사회개발에 있어서 사회복지관의 역할, 제6회 연찬회(1973. 12)는 사회변화에 따른 사회복지관 프로그램의 효율적 적응방안 등이었다(박창석(2009). 우리나라 초기 사회사업가. 행복나눔지원센터).

1974년에 자문교수단을 구성하고 사례집을 발간하는 등 사회복지 전문성 강화에 더욱 박차를 가했다. 이 연구소는 1976년에 강남대학교로 이관되어 김만두 교수가 소장이 되어 1978년까지 운영하다가 이후 캐나다유니테리언봉사회가 1978년 12월 한국에서 철수한 후 부설기관인 한국사회복지연구소는 아쉽게도 역사 속으로 사라졌다.

이처럼 한국사회복지연구소는 당시로서는 드물게 사회복지 실천과 이론을 연결하는 연구기관으로서 역동적으로 기능했으며, 사회복지관 운영, 의료사회사업, 학교사회복지 등 다양한 분야에서 선구적인 모델과 제도화 기반을 마련하는 데 기여했다. 오늘까지도 이 연구소는 단순한 외원기관의 부설기관을 넘어, 한국 사회복지의 전문성과 사회복지관 사업의 제도화를 이끄는 중요한 역할을 했다고 매우 긍정적인 평가를 받고 있다.

1970년대 중반에 들어서며 한국의 경제개발에 따른 중진국으로의 진입 및 정부의 사회복지정책 등으로 외국원조기관이 대거 철수하게 되면서 캐나다유니테리언봉사회도 철수 준비를 하지 않을 수 없게 되었다. 한국 내 사회복지 활동을 지속적으로 이어갈 수 있도록 1977년 9월에 철수하기 전부터 미리 사회복지법인 한국봉사회를 설립하여 사업을 승계 운영하도록 하고, 캐나다유니테리언봉사회는 마침내 1978년 12월 최종 철수하였다.[58)]

주석

58) 한국봉사회는 처음부터 외국원조기관의 지원 중단에 따라 복지관 운영 예산 마련을 위해서 사회복지관을 정부 정책 사업으로 제도화하고자 노력하였으며, 1978년 사회복지관 제도화에 성공하였다. 이후 중앙사회복지관(1979-1985년)을 설립 운영하였고, 이러한 사회복지실천의 경험과 전문성을 기반으로 1983년 국내 최초의 종합사회복지관인 북부종합사회복지관(1983년-현재, 서울미래유산 선정)을 설립하여 우리나라의 사회복지관 사업의 표준모델을 제시하면서 국내 사회복지관사업 확대에 공헌하였다. 또한 결식어르신무료급식사업과 같은 선도적인 사회복지 프로그램을 개발하여 운영함으로써 지역사회복지의 지평을 확대하였다. 이후 동작종합사회복지관(1985-2011년), 중계종합사회복지관(1992년-현재)을 수탁 운영하며 종합사회복지관 운영을 통한 지역사회복지 발전을 위해 노력해오고 있다. 그리고 2000년 국민기초생활보장법 시행에 따라 저소득 취약계층의 자활 자립을 도모하기 위한 자활후견기관(현 지역자활센터)이 2001년 생겨나면서 한국봉사회는 노원북부, 동작 등 2개 시설의 운영을 보건복지부로부터 지정받아 운영하고 있으며, 2개 지역자활센터 모두 우수

1977년 9월부터 1979년 8월까지 남세진 교수는 캐나다유니태리언봉사회(USCC)가 본국으로 철수하기 전, 후 사회복지법인 '한국봉사회'로 교체기간 동안 및 완전철수 후 8개월 동안 한국봉사회의 임상자문교수를 맡아 전국 각지에 있는 한국봉사회 지부 현장들인 서울 영등포에 있던 남부사회복지관, 경기 이천 소재 이천사회복지관, 전남 목포 소재 목포사회복지관 등을 방문하여 직접 사회사업가들을 지도하였다. 당시 남세진 교수는 남부사회복지관에서는 주로 도시빈민 대상 무료급식 및 의료지원과 관련하여 자문을 줌으로써 영등포 지역의 저소득층을 위한 실질적 지원과 함께, 이후 종합사회복지관 모델로 발전하게 했다. 그리고 지역주민 자조모임 조직을 활성화하도록 자문하였는데, 이러한 '자조모임'은 이후 도시형 사회복지관 운영의 핵심이 되었다.

이천사회복지관의 경우는 농촌형 모델로서 농촌 계몽운동 및 생활개선사업의 측면에서 자문을 했는데, 이는 농촌 주민들을 대상으로 위생, 교육, 소득증대 프로그램을 운영하며 자립 기반을 마련하는 데 상당한 기여를 했다. 그리고 농촌지역 청소년 대상 직업훈련 프로그램을 활성화하도록 자문하여 농촌 청소년의 도시 이주를 막고 지역 내 취업을 유도하는 실용적 접근이 돋보였다.

목포사회복지관의 경우는 소도시형 모델로서 목포시민간단체연합회(MAVA) 결성을 주도하도록 자문하여 지역사회 조직화사업의 대표적 사례로 주민들이 직접 지역문제를 논의하고 해결하는 구조를 만드는 데 도움을 주었다. 그리고 아동결핵병원 내에 사회사업반을 운영하도록 자문하여 의료사회사업을 통해 아동 결핵환자들의 치료와 가족상담을 병행하도록 함으로써 상당한 효과를 거두었다.

한 운영 성과를 인정받아 보건복지부의 전국 지역자활센터 평가 때마다 좋은 평가를 받고 있다. 현재 한국봉사회는 종합사회복지관, 지역자활센터, 장애인주간보호센터, 노인장기요양기관, 어린이집 등을 전문성을 바탕으로 2017년 사회복지시설 운영법인 인증 시범사업(인증기간 2018년~2022년), 2022년 사회복지시설 운영법인 인증사업(인증기간 2023년~2027년)을 통해 서울시 인증법인으로 선정되어 사회복지시설 운영 법인으로서의 공공성과 전문성을 인정받아 한국의 사회복지 발전에 기여하고 있다(한국봉사회 홈페이지, https://www.hanbong.or.kr).

1980년대 후반에 들어와서 남세진 교수는 동아일보 인촌상 제2회(1988년)와 제8회(1994년) 때 심사위원을 두 차례 역임하였다. 인촌상은 1956년에 인촌 김성수 선생 서거 1주년을 맞아 인촌기념사업회가 출범했는데, 1966년에는 인촌기념사업회가 재단법인 인촌기념회로 발족되면서 동아일보 창립자이자 대한민국 제2대 부통령을 지낸 인촌 김성수 선생의 뜻을 기리기 위해 1987년에 제정된 상으로, 같은 10월에 첫 시상식을 개최하였다. 이후 매년 10월 11일, 인촌 선생의 생일에 맞춰 시상식을 진행하였는데, 교육 부문, 산업기술 부문, 언론출판 부문, 공공봉사 부문, 문학 부문, 학술 부문 등 6개 부문에서 뛰어난 공적을 세운 인물에게 수여되었다.

제1회(1987년) 수상자로는 위의 6개 부문 가운데 4개 부문에서만 수상자가 나왔다. 언론출판 부문에 함석헌(사상가), 공공봉사 부문에 재단법인 꽃동네, 학술 부문에 이호왕(고려대 의학자), 문학 부문에 황순원(소설가)이 엄격한 심사를 통해 선정되었다.

남세진 교수는 인촌상 제2회(1988년)와 제8회(1994년) 때 심사위원을 맡았는데, 제2회(1988년) 때 공공봉사 부문의 심사위원회 위원장은 장덕진(사회발전연구소 회장)이었으며, 위원으로는 서영훈(흥사단공의회 회장), 안경열(신부), 남세진(서울대 교수, 사회복지학) 등 총 4명이었다. 제2회 때는 공공봉사 부문에는 수상자가 나오지 않았으며, 교육 부문에 조용구(전 배명학원 이사장), 문학 부문에 박두진(시인), 학술 부문에 김원용(전 서울대 교수, 고고학자) 등 3개 부문에서만 뽑혔다.

그리고 제8회(1994년) 공공봉사 부문의 심사위원회 위원장은 이만갑(서울대학교 명예교수)이었으며, 위원으로는 서영훈(전 흥사단이사장), 박영식(연세대 교수), 어윤배(숭실대 교수), 남세진(서울대 교수) 등 총 5명이었다. 제8회 때는 교육 부문에 김애마(전 이화여대 사범대 학장), 공공봉사 부문에 언더우드 일가(연세대 창립자), 문학 부문에 최일남(소설가), 학술 부문에 이기영(전 동국대 교수, 철학) 등 4개 부문에서 수상자가 나왔다.

이후 남세진 교수는 1990년 12월부터 생명보험협회 최초의 공익사업추진위원회 위원으로서 생명보험협회의 사회공헌사업의 기반을 다지는 데 매우 중요한 역할을 감당하였다. 생명보험협회는 회원사의 공동이익 증진과 회원 상호간의 업무협조 유지, 생명보험 문화의 확산 등 생명보험사업의 건전한 발전에 기여하기 위해 보험업법 제175조에 의거하여 1950년 2월 20일에 비영리 사단법인으로 설립되었다. 그 후 생명보험협회에서 2010년에 발간한 『생명보험협회60년사』에 의하면, 1990년 3월 20일 한국보험학회가 개최한 '생명보험회사의 기업공개에 관한 심포지엄'에서 주식공개를 위한 자산재평가차익 중 과거계약자 지분을 공익사업에 투자함이 바람직하다는 의견이 제시되었다. 이에 같은 해 8월 31일 재무부는 자산재평가회사에 대해 공익사업 투자를 의무화하는 내용의 '생보사 잉여금 및 재평가적립금 처리지침(재무부, 생보22330-553)'을 시달하였고 이를 근거로 1991년 1월 24일에는 협회 내에 '공익사업추진위원회'를 설치하여 생명보험 업계의 공익사업을 총괄 추진하게 되었다.

이러한 공익사업추진위원회는 각 생명보험사가 개별적으로 실시해 오던 기존의 공익사업을 총괄하기 위해 생명보험협회 내에 설치된 기구로, 위원은 학계 전문가, 언론 및 시민사회 인사, 소비자단체 인사, 관계당국 및 생명보험 업계대표 등 총 12명으로 구성되었는데, 다양한 이해관계자의 의견을 반영하여 공정성과 전문성을 확보하기 위해서였다. 이 위원회는 단순한 자문기구가 아니라, 실질적인 공익사업 및 사회공헌 전략을 설계하고 실행하는 중심축 역할을 하였다. 물론 남세진 교수는 학계 전문가 집단에 속해 있었는데, 학계 전문가는 사회복지, 경제, 보험학 등 관련 분야의 교수진으로서 사업의 공익성과 지속 가능성 평가에 기여하였다.

이렇게 볼 때, 이러한 공익사업추진위원회는 생명보험협회 내부 조직으로, 보험업계의 공동 기금을 활용해 다양한 사회복지 및 문화사업을 직접 기획하고 운영하였는데, 이 당시 공익사업추진위원회 위원들이 제시한 대표 사업들은 다음과 같다. 첫째는 사회복지시설 지원사업으로 아동·노인·장애인 복지시설에 대한 후원금 지급 사업과 정부가 지원하지 못하고 있는 저소득층의 의료비 및 생계비 지원사업을 수행하였고, 둘째는 문화·체육 활동 후원사업으로서 지역 문화행사 및 체육대회 지원사업과 문화예술 진흥을 위한 기부사업을 진행했으며, 셋째는 장학사업으로서 보험 관련 학과 대학생 대상으로 장학금을 지급하였고, 생명보험과 관련된 학술연구 지원 및 보험교육 프로그램을 운영하였으며, 넷째는 소비자 보호 캠페인 사업으로 '내보험 찾아줌' 서비스 운영과 숨은 보험금 환급 활성화 홍보사업을 진행했고, 마지막으로 재난 및 긴급구호 사업으로 자연재해 및 사회적 위기상황 시 긴급 지원금을 전달하였다.

이상으로 이러한 시대적 변화에 따른 남세진 교수의 리더십 스타일의 변화를 보면, 1970년대 중반 까지는 지시적 리더십과 전문가적 리더십이 혼재된 리더십으로 초창기 사회복지의 기틀을 잡는 데 집중하였으며, 후학을 강하게 이끄는 선도적 역할을 수행한 것으로 볼 수 있다. 1970년대 중반부터 1980년대 까지는 변혁적 리더십을 중심으로 하여 사회복지학을 체계화하고 학문 공동체 형성과 사회정책 영향력 확대에 기여했다고 할 수 있으며, 이를 바탕으로 제자 양성과 학계 네트워킹에 주력하였다고 할 수 있다.

1990년대 이후부터는 서번트적 리더십과 통합형 리더십을 보여 준다고 하겠는데, 겸손과 성찰을 중시하며 후학 중심, 공공적 가치 실현, 사회통합을 위한 조언자적 리더십으로 변화하였다고 할 수 있다.

제 5 장

맺음말

남세진 교수는 사람 존중, 곧 사람에 대한 깊은 존중과 더불어 삶의 본질적 가치를 기반으로 하는 사회복지학의 전형적인 학문을 실천해 온 진정한 학자라고 할 수 있다. 그는 항상 단순한 이론에 얽매여 상아탑에만 머물러 학문을 연구하는 학자에 머무르지 않고, 항상 사회복지 현장과의 연결성을 강조하는 실천지향적인 학문관을 견지해 왔다. 이러한 신념은 학생들 교육뿐만 아니라 일반 국민이나 사회복지 대상자들과의 관계에서도 일관되게 드러났으며, 학문이 사회와 어떻게 연결되어야 하는지를 몸소 보여주었다. 그리고 남세진 교수는 이러한 정신으로 개인 업적을 앞세우기보다는 사회복지학이 지니고 있는 정체성을 토대로 하여 공동 연구와 교육의 성과 공유, 후학에 대한 멘토링 중심으로 한 학문 문화를 정착시키고자 끊임없이 노력하였다. 그리고 한국이라는 고유성을 유지하면서 국제적으로 한국의 사회복지 모델을 만들어 내고자 하는 실사구시의 정신을 제자들에게 전수시키고자 하였다. 이는 단지 학문적 성취를 넘어, 학문 공동체의 건강한 생태계를 구축하려는 그의 철학적 지향을 반영하는 것이었다.

또한 남세진 교수는 학자로서 뿐만 아니라, 매우 탁월한 행정 조직가로서의 역할을 유감없이 발휘하였다. 서울대 사회복지학과와 사회과학대학은 물론, 서울대 전체 조직의 자원들과 구조를 면밀히 진단하고 이를 바탕으로 연구 기반을 강화하면서 학문후속세대 양성의 시스템화를 구축하고자 노력하였다. 특히 군부독재가 심하여 학생운동이 매우 강렬한 70년대 중·후반 시기에 그 어느 교수도 맡기를 꺼려하며, 심지어 피해 다니면서까지 맡지 않으려는 대학 보직인 초대 관악기숙사 사감장, 대학신문사 주간, 학생부처장 및 학생처장이라는 보직을 맡아 정부와 학생운동조직 간의 매개자, 중간자적 역할을 혼신의 노력으로 임기 끝까지 성실하게 수행하였다. 그래서 5.18 민주화운동 이후 학생들의 죽음을 목격하면서 그들의 입장과 주장을 잘 이해하면서 그들의 주장을 정부에 건의하는 한편, 학생들을 보호하려고 무진장 애를 썼다. 이러한 혼신의 맡은 바 책임과 설득의 노력은 결국 50대 중반에 당뇨에 의해 그의 건강한 육체를 쓰러뜨리게 하였다.

아울러 남세진 교수는 학문과 조직의 경계를 넘나들며, 정부, 공공기관이나 비정부조직, 비영리조직 등 다양한 영역에서 집단지도방법론을 적용함으로써 조직 리더십과 집단역학의 장점을 잘 적용함으로써 실질적으로 구현해냈다. 이를 통해 조직 구성원들이 자율성과 책임감을 갖고 행복하게 일할 수 있는 환경을 조성하였으며, 그가 참여한 조직은 단순한 기능 수행을 넘어 공동체적 가치를 실현하는 공간으로 거듭났다.

시대적 흐름에 따라 남세진 교수의 리더십 스타일도 유연하게 변화하였다. 그의 리더십 스타일의 변화를 보면, 1970년대 중반까지는 지시적 리더십과 전문가적 리더십이 혼재된 형태로 초기 사회복지학의 기틀을 마련하는 데 집중하였다. 이 시기 그는 강한 추진력과 선도적 역할을 통해 후학들을 이끌었으며, 학문적 기반을 다지는 데 핵심적인 역할을 수행하였다. 이후 1970년대 중반부터 1980년대까지는 변혁적 리더십을 중심으로 하여 사회복지학을 체계화와 학문 공동체 형성, 그리고 사회정책에 대한 영향력 확대에 기여하였다. 남세진 교수는 이를 바탕으로 제자 양성과 학계 네트워킹에 주력하며, 학문을 통해 사회적 변화를 이끌어내는 데 헌신하였다. 1990년대 이후에는 서번트 리더십과 통합형 리더십을 보여주었는데, 이는 겸손과 성찰을 바탕으로 한 리더십이었다. 그는 후학 중심의 교육 철학을 실천하며, 공공적 가치 실현과 사회통합을 위한 조언자적 역할을 수행하였다. 이러한 리더십은 단순한 조직 운영을 넘어, 사회 전체의 통합과 발전을 위한 방향성을 제시하는 것이었다. 남세진 교수의 리더십은 지식 전달을 넘어서, 가치와 실천을 중심에 둔 영향력 있는 리더십으로 주로 평가를 받았다.

종합적으로 볼 때, 남세진 교수는 한국 사회복지학의 발전과 복지국가의 초석을 다지는 데 있어 지대한 공헌을 한 인물이다. 그의 연구, 교육, 조직 활동은 현재까지도 수많은 사회복지 전문가들, 특히 학자, 교육자, 집단지도 전문가들에게 깊은 영향을 미치고 있으며, 그의 가치와 정신은 여전히 살아 숨 쉬고 있다. 남세진 교수는 사회복지 학문을 통해 사람을 이해하고, 조직 리더십을 통해 사회를 변화시키며, 학문후속세대 교육을 통해 미래를 준비한 진정한 사회복지학의 실천가였다고 할 수 있다.

다만, 군부 독재와 민주화의 와중에서 정부와 학생들 간의 갈등을 최소화하고, 그들 간의 상호 이해와 신뢰를 조금이나마 향상시키려고 혼신의 힘을 쏟은 결과로 50대 중반부터 큰 병을 앓으며, 그가 지닌 역량을 충분히 펼치지 못한 채 세상을 일찍 떠났다는 점이 매우 안타깝고 아쉬운 일이다. 그러나 그의 삶과 정신은 단절되지 않았으며, 필자를 비롯한 후배 교수들과 제자들은 그 뜻을 이어가는 데 있어 결코 책임감을 가벼이 느끼지 않는다고 믿는다. 우리는 남세진 교수가 남긴 학문적 유산과 실천적 정신을 계승하고, 그가 꿈꾸었던 더 나은 사회복지의 미래를 향해 나아갈 것을 다짐한다. 비록 그의 삶은 끝났지만, 그의 영향력은 여전히 우리 곁에 살아 있으며, 앞으로도 많은 이들의 길잡이가 되어줄 것을 확신한다.

끝으로, 2025년 4월 24일 서울시공익활동지원센터 모이다홀에서 개최된 '사회복지인물사 토론회'에서 필자의 '남세진 인물사' 발제에 대해 훌륭한 토론을 해 주신 백종만 전북대 명예교수의 토론문을 아래에 전문을 게재함으로써 이 책의 내용이 한층 더 풍성해 질 것으로 믿어마지 않는다. 좋은 토론을 해 주신 백 교수께 다시 한 번 감사의 말씀을 드린다.

〈백종만 교수의 토론문〉

[토론] 사회복지인물사 남세진 편

백 종 만(전북대학교 명예교수)

故 一如 南世鎭 人物史 토론자 전북대학교 명예교수 백종만입니다. 남세진 교수님에 관한 인물사 토론에서 그 분의 업적과 생애를 다시 조명해 볼 기회를 갖게 된 것을 영광으로 생각합니다.

발제자의 발표를 통해서 남세진 교수님의 성장과정과 성품 및 신념 그리고 사회복지학계에서의 괄목할 만한 업적과 발자취를 다시금 되돌아보게 되었다. 발제자가 밝힌 남세진 교수님의 인물사를 다음과 같이 요약할 수 있을 것 같다.

> 사람을 중심에 두는 철학을 바탕으로 실천지향의 학문관을 유지하면서 집단사회복지실천 분야에서 이론체계와 실천모형을 구축하였다. 사회복지 분야의 조직가 행정가로서 사회복지학 분야에서 학회를 창설하는데(1967년) 기여하고 분열된 학회를 통합하는데(1987년) 직간접적으로 결정적으로 기여하였다. 또한 사회복지 교육 분야에서는 한국 최초로 사회복지 교육연찬회를 기획하고 실행하며(1965년), 사회사업(사회복지)대학교육협의회의 청설에 기여함으로써 사회복지 교육발전에 기여하였다. 동시에 사회복지실천 분야애서는 한국사회사업가협회(현 한국사회복지사협회)창립에 일조하고, 사회복지사대회를 주도적인 역할을 수행하였다. 또한 정부와 공공기관 분야에서 리더십을 발휘하였고 대학 학생행정에서도 리더십을 발휘하였다.

발제자의 위 같은 남세진 교수 인물사에 대체로 공감하고 개인적으로 겪어본 남세진 교수님의 인품에 대한 단편적인 사건들과 스승님이 사회복지 분야에서 중요한 역할을 하였던 시기에 서울대 사회복지학과 조교로 일하면서 보고 느꼈던 일들을 말씀 드리면서 토론에 갈음하고자 한다.

토론자와 스승님과의 인연은 1973년 서울대학교 문리과대학 사회사업학과에 입학하면서 시작된다. 학부 시절과 대학원 박사과정 시절에 선생님으로부터 집단지도론, 사회복지조사방법 등을 배우면서 사회사업에 입문하고 학문의 길을 가게 되었다. 대학 학부 시절에 수업시간 및 기타 학내 활동에서 교수님과의 만남을 회고할 때 가장 뚜렷하게 떠오르는 선생님에 대한 이미지가 있다. 강의 시간에는 물론 학생들과 개인적으로 대화할 때에도 항상 미소 지은 모습으로 상대를 지긋하게 바라보면서 조용하면서도 한 단어 한 단어 또박또박 발음하셔서 선생님의 말뜻을 이해하기가 쉬웠고, 이런 평소의 행동이 대화 상대를 편안하게 해주는 선생님의 매력이다. 발제자가 지적한 사람 존중, 사람 중심의 인품이 바로 언제나 스스럼없이 다가 갈 수 있게 하는 친화력이 충만한 남세진 스승님의 본 모습이 아닐까 생각한다.

선생님의 친화력과 제자를 사랑하는 성품에 대한 잊지 못할 에피소드가 있다. 내가 학부 3학년이던 1975년에 서울대학교 사회과학대학 체육대회에서의 기억이다. 당시 사회복지학과는 학부제의 영향으로 입학 후 3학기가 지나야 학과가 확정되는 시기여서, 학부생 전원과 대학원생 전원을 포함해도 20여명에 불과했으나, 경제학과는 120명이 넘었기에 중과부적이었다. 학생들도 기를 쓰고 열심히 뛰었고, 남세진 교수님은 직접 운동장까지 나와서 우리 과 학생들을 응원하였고, 다른 과들은 교수님들이 나오더라도 인사차 들리고 말았지만, 남세진 교수님은 다르게 행동하셨다. 우리는 교수님의 응원에 힘을 내고 이를 악물었기 때문에 사회대 체육대회 종합우승이라는 기적을 이루었다. 이날 우승컵에 교수님이 하사한 막

걸리를 부어서 함께 마시며 우승을 축하했던 추억이 50년이 지난 지금까지도 생생하다. 교수님의 이런 친화력과 제자 사랑으로 선생님은 항상 학생들에게 인기 만점의 교수였다.

교수님의 이런 자상하면서 제자를 사랑하는 이미지와 또 다른 면모를 볼 수 있었던 것은 1983년 초에서 1985년 초까지 사회복지학과 조교로 근무할 때이다. 학과 조교의 활동은 학과 교수님들의 교과 활동과 학생 활동을 보좌하는 일이 주된 일이기에 교수님들과는 일반 학부생이나 대학원생과 다른 관계로 만나게 되고, 그래서 새로운 모습을 알게 될 기회가 많다. 선생님은 행정가로서 조직 리더로서의 학내에서는 서울대학교 기숙사 사감과 사감장, 그리고 대학신문사 주간, 학생부처장, 학생처장, 미국학연구소 소장을 역임하면서 뛰어난 행정가로서 역할을 수행하셨다. 또한 한국사회복지학회 회장, 사회복지대학교육협의회 화장으로서 조직가로서 여러 가지 리더십을 발휘하였다.

서울대학교 조교로 근무할 때는(1983년 5월에서 1985년 4월까지) 전두환 정권이 학생들의 민주화 운동을 폭력으로 억압하던 시기이다. 이른바 '백골단'이 학내에 상주하고, 백골단이 학생들을 연행하고 연구실에 있던 교수까지도 폭행하던 야만의 시대였다. 이렇듯 야만과 폭력이 난무하던 시기에 남세진 교수님은 서울대학교 학생처장, 한국사회복지학회장이라는 중요한 직무를 수행하셨다. 학생부처장 직과 학생처장직을 수행하실 때에 운동권 학생들이 구속되지 않고 학사 징계를 받지 않거나 경미하게 받도록 노력하였고, 이들 소위 딱지가 붙은 운동권 학생들을 음으로 양으로 선처하고 도움을 주었다는 것을 알고 있다. 학과 조교라는 지위에서 사회복지학과 소속 운동권 학생들의 학사관리를 보조하고 지원하던 여러 경험을 통해서 남세진 교수님이 남 몰래 애쓰신 제자 사랑의 숨은 노력을 알고 있다.

선생님이 이 과중한 3가지 업무를 - 서울대학교 학생처장(83.1-85.2), 사회복지학회장(83.5-85.3), 사회사업(사회복지)대학협의 회장(84.3-86.3) - 동시에 성공적으로 수행할 수 있었던 힘은 어디에서 나왔을까?

토론자의 생각으로는, 실천 지향적 사회복지학에 대한 확고한 신념과 애정으로 사회복지 분야에서 개척자로서 역할과 민주화운동의 격랑 속에서 제자들의 울타리가 되어야 한다는 가디언(guardian)으로서 역할 사이에서 줄다리기를 하였을 것이라 추측한다. 사회복지 분야에서 개척자로서 역할과 제자들의 가디언으로서 역할 중 무엇을 선택하고 무엇에 집중할 것인가를 고민을 하였을 것이다.

남세진 교수님은 어떻게 이들 역할들을 훌륭하게 수행할 수 있었을까? 아마도 교수님의 입장에서는 개척자로서의 소명의식을 절대 버릴 수 없었을 것이고, 폭력과 야만의 시대에서 사랑하는 제자들의 울타리가 되어야 한다는 가디언으로서 시대적 소명의식도 절대 버릴 수 없었을 것이다. 이런 두 가지 소명의식이 선생님의 삶을 관통하는 근원적 힘이 아니었을까? 그러나 선생님은 특정 시기에(83년~85년) 집중된 본인이 감당해야만 하는 개척자로서의 소명과 학생처장으로서 학생들을 보호해야 한다는 가디언으로서 소명을 지키기 위한 과정에서 동반하게 된 육신의 피로와 질병들을 스스로 미리 살피지 못하여 일찍 유명을 달리하게 된 것에 대하여 제자로서 죄송할 따름이다.

부록

■ 약력

1935. 7.15 대구에서 출생

1954.3~1958.2 경북대학교 문리대 사회학과 (문학사)

1958.3~1958.9 군복무(이등병)

1958.3~1960.2 서울대학교 대학원 사회사업학과 석사과정 (문학석사)

1960.4~1961.3 서울대학교 문리과대학 사회사업학과 조교

1961.4~1962.8 서울대학교 문리과대학 사회사업학과 시간강사

1962.7~1964.7 미국 미네소타대학교(University of Minnesota) 사회사업대학원(사회사업석사)

1964.9~1965.6 서울대학교 문리과대학 사회사업학과 시간강사

1965.6~1969.1 서울대학교 문리과대학 사회사업학과 전임강사

1968 국제사회보장학회 한국대표, 방콕 국제사회사업대학 세미나 한국대표

1969.1~1973.3 서울대학교 문리과대학 사회사업학과 조교수

1969.1 한국사회사업가협회 이사 선임

1971. UN 유엔 식량농업기구(FAO) 로마 세계대회에 보건사회부장관과 한국대표로 참석

1972. 싱가포르 가족관계회의에 한국대표로 참석, 싱가포르 국제사회사업대학협의회 한국대표

1973.1~1975.3 정수직업훈련원 설립추진위원, 청소년지도 자문위원

1973.3~1976.2 캐나다유니태리언봉사회(USCC) 부설 한국사회복지연구소 소장

1973.4~1980.10 서울대학교 사회사업학과 부교수

1973.6.1~1975.3.25 유네스코한국위원회(Korean National Commission for UNESCO) 제10대 위원

1974.4~1976.4 보건사회부 사회보장제도심의회 위원

1975.7~1975.8 서울대학교 학생기숙사(관악사) 사감

1975.8~1978.12 서울대학교 학생기숙사(관악사) 사감장

1976.3~1978.12 캐나다유니태리언봉사회(USCC) 부설 한국사회복지연구소 자문교수단 단장

1976 킹스톤 국제사회사업대회 참석
1977.1~1979.1 경기도 지역사회개발 평가교수단 평가교수
1977.9~1979.8 한국봉사회 임상자문교수
1979.3~1982.2 서울대학교 사회복지학과 대학원 박사과정 (문학박사)
1979.9~1980.3 아틀랜타대학교(University of Atlanta), 사회사업대학원(School of Social Work) 교환교수
1980.10~2000.8 서울대학교 사회복지학과 교수
1981.7~1982.1 대학신문사 주간
1982.1~1983.1 서울대학교 학생부처장
1983.1~1985.2 서울대학교 학생처장
1983.3~1985.10 행정고시 출제위원
1983.5~1985.4 한국사회사업학회 회장
1985.3~1987.3 한국사회사업(복지)대학협의회 회장
1985.4~ 1986.4 한국사회복지학회 이사
1985.3~1987.2 서울대학교 미국학연구소 소장
1986 세계사회사업전문가회의 서울에서 주최
1987 오스트리아 국제사회사업대회 참석
1988 북경 아세아사회사업대회 논문발표
1988.3~1990.3 서울대학교 사회과학대학 사회복지학과 학과장
1988.12~1990.9 의료보험연합회 자문위원
1989.1.16 보건사회부 사회복지정책장기발전위원회 위원
1989.2~1990.3 서울대학교 미국학연구소 소장
1989.2.28~1990.3 서울특별시 저소득층 대책위원
1990.1~1993.12 한국보건사회연구원 자문위원
1990.5~1993.12 국방부 정책자문위원
1990.9~1993.8 한국장애인고용촉진공단 비상근 이사
1990.11~1991.6 제7차 경제사회발전 5개년계획 사회보장·보훈·여성개발부문 계획위원
1990.12~1992.12 생명보험협회 공익사업추진위원회 위원
1990.11 모스크바 한국교수 시찰단
1993.3.1 서울대학교 사회복지학과 교수(정년보장)
2000.8.31 서울대학교 사회복지학과 교수 정년퇴임

2000.11.17 서울대학교 사회복지학과 명예교수 추대
2003.2.4 별세

■ 연구 업적

- 저·역서

1972. 『간호사회학』.
1974. 『한국사회사업사례집(I)』, 한국사회복지연구소.
1976. 『한국사회사업사례집(II)』, 한국사회복지연구소.
1982. 『현대사회복지론』 김영모, 남세진, 신섭중 공편, 한국복지정책연구소.
1986. 『집단지도방법론』, 서울대출판부.
1988. 『사회복지조사방법론』, 서울대출판부.
1992. 『인간과 복지』, 한울.
1993. 『한국사회사업(복지)실습 교육지침 및 평가모형개발』, 한국사회사업(복지)대학협의회.
1995. 『한국사회복지론』, 남세진, 조흥식 공저, 나남.
1995. 『한국 사회복지의 선택』, 남세진 편, 나남.
1997. 『역할놀이』 서울대출판부.
1998. 『집단지도방법론』(전정판), 남세진, 조흥식 공저, 서울대출판부.

- 학위논문

1960. "청소년 비행원인에 대한 고찰", 서울대학교 사회사업석사 학위논문.
1982. "집단지도 실천이론 구축을 위한 연구", 서울대학교 박사학위논문.

- 학술논문

1961. "Superego 결손치료에 관한 연구", 〈사회사업연구〉, 제1집.
1961. "한국사회사업의 진로: 역사적 고찰", 〈사회사업학보〉, 제1집.
1964. "Community Development in Asia Countries", 미국사회사업학회 단행본.
1965. "Community Development of Organization의 비교연구", 한국지역사회전문교육연찬회.
1965. "한국의 가정문제 연구", 사회사업교육연찬회.
1966. "지역사회개발사업에 대한 소고", 〈문리대학보〉, 제21호.

1966, “Purpose and Problems on Education for Social Group Work”. ECAFE 사회사업교육자회의 발표.
1967, “사회보장제도에 있어서 공적부조의 위치”, 서울문리대 사회사업학회.
1968, “지역사회개발에 있어서 욕구개발의 문제”, 〈문리대학보〉, 제23호.
1968, “가두사회사업연구”, 〈사회복지연구〉, 제2집.
1968, “사회보험의 기초이론”, 〈사회보장〉, 제1집.
1969. “집단지도의 기초이론”, 〈사회사업학보〉, 제4집.
1969. “사회복지협의회에 관한 연구”, 〈복지연구〉, 제3집.
1970, “학생집단 활동에 관한 연구”, 한국사회사업학회발표.
1970, “부녀복지문제에 대한 현실적 분석”, 국가발전과 부녀복지문제 세미나 주제.
1970, “사회복지종사자에 대한 인력조사 연구”, 보사부 세미나 주제발표.
1971, “Group Work 과정에서 나타나는 ‘Conflict’에 관한 연구”, 〈문리대학보〉, 제 26호. 1971, “가족계획사업을 위한 사회사업의 효과적 방안에 관한 연구”, 단 행본.
1971, “사회복지시설 (아동) 서비스에 관한 효과조사”, 보사부 사회사업지도자세 미나.
1971, “집단발달단계에 따른 Principle 적용문제”, 사회사업학회.
1972, “지역사회 필요와 서비스에 관한 연구(통합적 방법의 적용문제)”, 한국사회 사업대학협의회.
1972, “농촌생활환경의 개조”, 지방행정, 제21권 제1호, 대한지방행정협회.
1973, “한국의 노인복지 문제와 대책”, 한일사회복지연구협의회 분 과회 발표문.
1973, “가족계획과 사회사업교육”, 보사부 가족계획에 대한 사회사업 교육자세미 나 토의자료.
1973, “문제아동, 청소년에 대한 예방대책”, 보사부 아동과 청소년 의 지도자세미 나 회의자료.
1974, “사회사업종사자 훈련효과에 대한 연구”, 보사부 조사발표회.
1974, “한국사회사업 교과과정 개발을 위한 연구: 통합적 접근”, 한국사회사업학회.
1975, “미탁아 가정환경에 대한 조사연구”, 보사부.
1975, “지식보급과 활동과정에 관한 집단단계이론의 통합연구”, 몽산송수논문집.
1976, “아동복지를 위한 사회정책”, 행동과학연구소.
1976, “지방분산 훈련효과에 관한 연구”, 보사부.
1976, “서울시내 아동시설 조사연구”, 발표회.

1977, “노인세대 조사”, 여성단체협의회.
1977, “의료보호제도의 효율적 운영방안”, 경기도 지역평가교수회.
1978, “한국사회사업 교과과정 개발을 위한 연구”, 〈한국사회복지〉.
1978, “사회사업교육에 있어서의 사회복지이론”, 한일사회사업교육세미나.
1978, “1980년대의 민간아동복지기관의 역할”, 한국기독교복리회 창립 30주년.
1979, “어린이와 복지환경”, 유네스코 세미나.
1980, “‘War on Poverty’의 배경에 관한 연구”, 〈서울대 사회대 사회과학논문집〉.
1981, “아동복지”, 〈한국교육학회 학술세미나 논문집〉.
1982, “집단지도 실천이론 구축을 위한 연구”, 〈한국사회사업학회지〉.
1985, “아동 및 청소년 복지의 전문화 방안”, 전국사회복지대회.
1985, “청소년 복지대책”, 한일수교 20주년 학술세미나.
1987, “우리나라 사회복지교육의 현황과 과제”, 〈사회복지연구논문집〉, 제9집.
1987, “현대사회복지학의 이론과 실제”, 〈현대사회〉, 봄호.
1988, “Social Work Education in Korea, Curriculum Development in Korea”, Seminar on Social Work Education in Asia and Pacific Region.
1989, “장애자 청소년에 대한 집단지도”, 〈사회복지연구〉 1호, 사회복지연구회.
1990, “미국 ‘대 빈곤전쟁(War on Poverty)’의 배경”, 〈사회복지학의 이론과 실제〉.
1990, “미국의 대 빈곤전쟁에 관한 연구: 헤드스타트 프로그램을 중심으로”, 〈사회복지연구〉, 2호.
1991, “체계이론에서 본 고부갈등: 부부체계와 부부간의 관계를 중심으로”, 〈사회복지연구〉, 3호.

부록

■ 대표적인 학술연구논문(2편)

남세진 교수의 많은 학술연구논문 가운데 두 편을 뽑았다. 그 이유는 첫 번째 논문('장애청소년에 대한 집단지도')은 남세진 교수의 주도로 만들어진 한국사회복지연구회가 발행한 『사회복지연구』의 창간호에 게재했을 뿐 아니라 남세진 교수의 전공 영역인 집단지도 분야의 글이기 때문이다. 그리고 두 번째 논문('체계이론에서 본 고부갈등: 부부체계와 고부간의 관계 중심으로')은 남세진 교수가 당뇨 질환을 앓기 시작하면서 생애 마지막으로 작성한 학술연구논문이었기 때문에 선별하여 뽑았다. 남세진 교수가 당시 사용한 용어들 가운데 현재 그렇게 사용하지 않는 용어들은 오늘날 보편적으로 사용하는 용어로 모두 바꾸었다. 예를 들어, 장애자 청소년은 장애청소년으로, 장애자는 장애인, 지체부자유자는 지체장애인, 사회사업가는 사회복지사로 바꿨다. 그리고 이 두 편의 논문에는 꽤 많은 단어들이 한자로 작성돼 있는데 이러한 한자들은 모두 한글로 바꾸었음을 밝힌다. 단, 일부 한글만으로는 모호한 점이 드러나는 단어에는 괄호에 한자를 넣었다.

〈학술연구논문 1〉

사회복지연구, 창간호(1989) pp.1~22.

장애청소년에 대한 집단지도*

남세진[1)]

〈요약〉

심신장애 청소년이 가질 수 있는 전형적인 태도와 행동의 문제로서 나타나는 대인관계상의 기술을 집단지도를 통해서 효과적으로 습득케 하여 문제를 극복, 변화

주석

* 이 논문은 1987년도 문교부지원 한국학술진흥재단의 자유공모과제 학술연구조성비에 의하여 연구되었음.

1) 서울대학교 사회과학대학 사회복지학과 교수

케 한다. 집단지도과정은 캠프준비기간과 캠프활동으로 크게 나누어지며 다시 전체과정은 6개로 분류되어 분석된다. 집단지도의 원칙과 기법에 근거하여 모든 준비와 개입이 계획되고 실시된다. 연구대상으로서 4명의 회원이 선발되어 모든 전문과정과 이들의 반응과 변화가 기록되었다. 효과성을 입증하기 위하여 단일사례연구 방법이 활용되었다. 이 연구의 결과 장애자뿐만 아니라 다른 대상, 특히 특수한 욕구를 가진 집단에게 확대 실시할 수 있다는 결론을 얻었다.

I. 서론

1. 문제제기

인간의 사회적, 심리적 특성이 형성되는 과정을 설명하는 이론들 - 기관열등감(器官劣等減) 이론, 정신분석학적 이론, 신체상(身體像) 이론, 자아개념 이론 등을 종합해 본다면 지체부자유자는 신체적 열등감을 느끼거나 부정적인 자기상을 형성하기 쉬우며 자기비하를 잘하고, 미래에 대해 부정적이거나 희망이 적으며, 부끄러움과 소외감을 느끼기 쉽게 된다고 하겠다. 그 이유는 심신의 결함 그 자체가 원인이 될 수 있으며, 신체적 결함에 대한 자신의 심리적 반응이나 사회적 태도에 기인할 수도 있고, 성정과정 시 부모의 양육태도 때문일 수도 있다(手塚直樹, 1981).

이러한 사회적, 심리적 특성은 지체장애인의 문제행동인 비사교적, 자기중심적, 퇴행적, 그리고 도피적 행동의 기저를 이루고 있어서 이들의 사회적 기능을 수행함에 장애가 된다. 특히 지체장애 청소년의 경우 사회성 발달의 지체, 대인관계 경험부족과 지속성의 결여, 그리고 모든 일의 부정적인 결과를 자신의 신체 탓으로 돌리는 경향 등이 문제로서 지적되는 바, 이의 원인으로서는 자신의 신체상을 수용하지 못하는 데서 오는 갈등, 패배의식, 염세적 인생관, 지나친 자아의식과 자신의 문제에 대한 집착 등이라 한다(김정선, 1984:22~23).

집단지도는 지체장애인의 이러한 사회적, 심리적 문제를 스스로 극복하여 원만한 사회적 기능을 수행하도록 도움을 주는 전문적 방법이다. 이 방법의 특성은 첫째, 상부상조 체계로서의 집단을 활용하여 구성원으로 하여금 태도, 정서, 관계, 사고, 행동 등을 강화하거나 변화함에 서로가 격려하고 돕게 한다. 둘째, 적절한 프로그램에 노출시킴으로써 부족한 기회와 필요한 욕구충족을 경험케 한다. 셋째, 사교성의 함양, 문제해결능력의 개발, 인식 및 사고력의 향상, 자제력의 발전 등을 목표로 한 전문적 개입이 사회복지사에 의해 과학적 방법으로 실시된다는 것이다(Rose and Edleson, 1987:6-10). 더우기, 조직적 캠프는 일반적인 집단지도에 비하여 육체적, 정신적, 정서적, 사회적 발달의 기회를 더 많이 가질 뿐만 아니라, 개입과 경험의 연속성과 통제성이 높을 수 있고, 관찰과 자료수집이 충분할 수 있다는 점을 장점으로 들 수 있다(American Camping Association, 1963:27~51).

우리나라에서도 최근 특히 1970년대에 들어와서 각종 사회복지기관과 단체에서 장애인을 대상으로 다양한 집단 활동과 캠프가 실시되어 오고 있다. 결과적으로 이들은 1) 지체장애인을 위한 집단 활동 특히 캠프에서 준비할 사항은 무엇인가? 2) 어떤 프로그램이 어떤 장애인에게 적합한 것인가 3) 지체장애인에게 지나친 요구를 하는 것은 어떤 것인가? 4) 캠프에 참여해도 괜찮다고 판단할 수 있는 기준은 무엇인가? 5) 어느 정도의 중증과 경증 장애인이 함께 캠프를 할 수 있는가? 하는 정도의 수준에서 집단지도를 발전시키고 있다. 그러나 장애인 개인을 대상으로 하여 사회적 기능상의 문제를 표적으로 그 변화를 시도하는 전문적 집단지도과정이 적용된 기록은 아직 없으며 특히 전문적 개입 과정과 이의 효율성을 과학적으로 입증한 문헌은 거의 없다.

2. 목적

이 연구의 목적은 다음과 같다.

(1) 집단지도 이론에 기초하여 실천을 체계적으로 적용함으로써 지체장애인을 위한 집단지도의 모델을 개발한다. 이것은 장애인을 위한 집단지도를 따로 만든다는 의미가 아니라 각종 기관에서 다양한 욕구를 가진 사람에게 여러 가지 서비스를 위해 응용할 수 있는 원칙과 기법을 제공한다는 것이다.

(2) 집단지도 실천가에게 일련의 체계적인 활동 지향적 개념과 원칙을 제공함으로써 이들로 하여금 과거에 했던 노력을 분석하고, 앞으로의 개입전략을 발전시키기 위한 출발점을 모색케 한다. 그렇게 하기 위하여 현재 우리나라의 수준을 연구하여 이에 맞는 여러 가지 요인을 고려하였다.

(3) 사전사후의 비교방법을 적용함으로써 전문적 개입의 효율성을 측정할 수 있고, 또한, 사회복지사업 전문성의 과학성을 입증한다.

3. 연구방법

집단지도의 절차와 원칙에 따라 체계적인 실천을 함과 동시에 조사연구를 실시

한다(Action Research). 효과측정을 위해서 ABA유형의 사례연구방법의 원리를 활용 한다.

1) 대상

장애인복지관에서 직업훈련을 받고 있는 지체장애 청소년들 가운데 4명을 선택하여 집중연구의 대상으로 하였다. 이들은 9명으로 구성된 연구 집단에 함께 소속하고 있으며, 이 집단은 전체 재활캠프집단 4개 중의 하나였다. 연구대상개인을 4명으로 한정한 이유는 전문가 수와 캠프기간이 제한되어 있기 때문이다.

2) 기간

총 현지 연구기간은 4개월이며, 준비기간 1개월, 집단 활동기간 2개월, 그리고 사후관찰기간이 1개월이다.

3) 관찰 및 기록자

(1) 집단지도담당 전문가가 준비과정에서부터 사후관찰까지 참여관찰자로서 기록을 한다.

(2) 집단지도 기간을 제외한 사전, 사후에는 담당전문가가 아닌 직업훈련 담당자를 관찰자로 두며, 조사양식에 따른 관찰 및 보고서를 작성한다.

4) 측정 및 참고자료

(1) 전문가가 개별면접 및 가정방문을 통하여 수집한 자료를 기초로 개입표적(문제), 달성목표, 개입전략 및 기술 등을 개별적으로 작성한 자료

(2)성격진단검사, 자아실현검사, 자기표현력검사, 자기존중지표(ISE), 동료관계지표(IPR) 그리고 소시오메트릭 다이아그램(이들 검사는 사전, 사후 두 번씩 실시한다).

(3) 집단지도 과정에서 담당 전문가가 작성한 개별기록(이것은 ① 기상, 청소, 식사, 작업, 취침 등 반복되는 일상생활에 대한 반응 ② 프로그램에 대한 반응 ③ 집단구성원과 전문가, 그리고 다른 직원들과의 대인관계 전문가의 개입기술과 이에 대한 반응 등 4개 분야로 구성되어 있으며, 서술식으로 기록한다.)

(4) 사후에 실시한 개별면접과 가정방문의 결과를 기록한 자료

(5) 직업훈련 담당자가 사전, 사후에 기록한 관찰자료

II. 계획 및 준비

1. 집단구성

캠프에 참가하려는 사람들을 대상으로 집단이 조직되었다. 지체장애인들의 캠프라는 사실, 그리고 전문적 지도의 효율성을 높인다는 점에서 매우 치밀한 준비와 계획이 필요하다. 캠프에 들어가기 2개월 전부터 집단이 조직되고 활동이 시작되었으며, 캠프를 위한 준비과정과 캠프 내에서의 프로그램 활동이 집단지도의 중심을 이루었다. 캠프가 끝나자 이 집단은 해산되었고, 구성원들은 직업훈련을 위한 활동에 들어갔다.

1) 집단의 목적

집단 활동 특히 캠프경험을 통하여 집단구성원 개개인의 심리적, 사회적 욕구를 충족 또는 극복함으로써 각자의 사회적 기능의 향상이라는 목적을 달성하도록 행동상의 변화를 이룩한다. 사회복지사의 전문적 도움과 구성원 서로간의 상호관계 및 작용, 그리고 프로그램이 집단 활동의 주요한 부분이 된다.

2) 집단구성원

개별면접과 가정방문을 통해서 얻은 자료, 각종 검사의 결과 그리고 질문지에 응답한 내용 등을 종합하였다(사전조사). 이들 대부분은 서로에 대해서 잘 알고 있었다. 그것은 이 복지관에서 제공하는 각종 서비스 프로그램에 함께 참여해 왔기 때문이었다. 모두가 캠프에 대한 기대가 높았으며 흥분해 있었다. 자기 자신의 성격과 문제에 대해 어느 정도 인식하고 있었으며 변화해야 한다는 사실에도 긍정적이다. 이들은 캠프에서 부딪힐 여러 가지 어려움 특히 지체장애에서 오는 곤란에 대해서 상당한 각오를 보이고 있으며 막연하나마 이러한 경험들이 자기들의 문제행위를 변화시키는데 필요한 것이라고 느끼고 있다. 대부분 정서적으로 불안하며 각자의 내면적 문제에 어려움을 겪고 있으나 우호적 성향은 나타나 있다. 본인들이 인지하고 있는 성격과 행동, 변화가 필요하다고 생각하는 성격과 행동, 그리고 캠프에 참가하는 목적을 그 수가 많은 순으로 나열해 본다면 다음과 같다.

- 인지하고 있는 성격과 행동

① 이기적이고 자기중심적이다.

② 내성적인 성격이 강하다.
③ 소극적이고 수동적이다.
④ 신체기능에 대한 열등의식이 있다.
⑤ 자신감이 부족하고 겁이 많다.
⑥ 의타적이고 의존적이다.

- 변화를 요하는 성격과 행동
① 자기표현력 개발: 남 앞에서 자기노출과 자기를 자연스럽게 표현할 수 있는 능력의 개발
② 사회적응력 향상: 원만한 대인관계, 유연한 성격, 고지식하고 융통성 없는 태도의 변용, 충동적 행위의 자제
③ 실천적 지구력 향상: 무엇인가 한 가지라도 내손으로 끝내고 싶다.
④ 새로운 자기발견: 잠재능력의 확인, 자기 자신에 대한 신뢰감
⑤ 자신감 개발: 할 수 없다는 생각, 하지 않아도 묵인해 준다는 태도의 변화

- 캠프에 참가하는 목적
① 새롭고 다양한 경험: 집을 떠나 본 일이 없고 캠프나 집단생활을 해 본 일이 없다.
② 새로운 자기발견: 자기능력을 시험해 보고 싶다.
③ 사회적응력 향상: 대인관계, 협동심, 자기표현 등에 필요한 기술과 능력을 개발
④ 자립정신 함양: 자신감, 담력개발
⑤ 성격 개조: 적극성, 능동성, 이해력의 향상(정진모, 1988:39-45)

3) 동질성의 강조

집단의 구성원 개개인의 변화를 위해 효율적인 매개체가 되어야 한다. 구성원 상호간에 상부상조, 지지, 후원, 피드백(feedback) 강화 등 적극적 반응이 있음으로써 능력 향상과 새로운 학습을 해 강한 영향력이 있는 집단이 된다. 또한 구성원들이 자유롭게 자기표현을 할 수 있고 다른 구성원 앞에서 자신을 숨김없이 노출할 수 있어야 한다. 특히 지체장애 청소년의 경우 이들의 심리사회적 욕구, 신체적 조건, 생활사, 환경적 여건 등을 고려해 본다면 두려움과 위협을 느끼지 않고 안정감을 가져다 주는 분위기, 그리고 구성원 서로가 동일운명체라는 느낌을 주는 조건이 절대로 필요하다. 이와 같이 효율적 집단이 되기 위한 여러 가지가 갖추어 지려면

우선 집단의 동질성이 높아야 한다(Garvin, 1987:59~62). 구성원의 연령, 성장배경, 경험, 심리적, 사회적 특성, 욕구와 문제, 그리고 장애의 정도 등이 이러한 면에서 고려되었다. 다만 남녀혼성팀으로 구성한 이유는 이들 모두가 청년기에 있어서 자극과 활성을 고려하였기 때문이다.

4) 집단의 크기

집단구성원의 수를 9명(남6명, 여3명)으로 한정한 이유는 비교적 규모가 작은 집단이 가질 수 있는 장점을 고려했기 때문이다. 구성원간에 사회적, 심리적 친근감이 높아질 수 있고 질적, 양적인 상호작용이 높고, 많을 수 있으며, 서로에 대한 요구가 많을 뿐만 아니라 참여에의 압력이 높다는 것이다(Toseland & Rivas, 1984:126~127).

2. 개입목표

집단구성원들이 각종 검사, 면접, 자기진술, 관찰된 자료 등을 통해서 보여주고 있는 문제적 상황을 분석해 본다면 일차적으로 대인관계에 있어서 여러 가지 미숙한 점들이 지적될 수 있다. 따라서 이 집단구성원들이 공통으로 추구해야할 것은 자기인식과 자기조절을 포함하는 대인관계상의 기술이라 할 수 있다. 대인관계기술이란 일정한 상황에서 상호 작용하는 사람에게 긍정적 효과를 유지발전 시켜주는 가능성을 최대화하는 반응이다(Rose & Edleson, 1987:7)라고 한다. 이 정의에 의하면 대인관계는 상호작용이 근본이며, 상호작용은 집단과정의 기본이다. 따라서 동료관계를 중심으로 하는 집단지도 접근이 가장 적합하다. 또한 대인관계상의 기술의 성취는 집단구성원 개개인의 구체적 변화목표를 달성시켜 주는 촉매체가 된다.

동료관계를 기반으로 사회적 기술(대인관계기술)을 학습하고 경험하는 것은 이들에게 매우 중요하다. 그것은 이들이 여러 가지 이유로 사회적으로 효과적인 행동을 배울 기회가 제한되어 왔기 때문이다. 이들의 적용문제는 바로 이 사회적 기술의 결핍과 직접 관련을 가진다. 불안감, 불쾌감, 긴장, 주위환경과 연관되길 원치 않는 고립적이고 이기적인 태도 등은 사회성의 결핍에서 오는 예라 하겠다. 이들의 공격적 충동과 성적 사회화는 동료관계의 맥락 속에서 통제하고 성취하게 된다. 사회적 능력의 발달은 역할수행의 능력이 향상되는 것과 깊은 관계가 있으며, 동료로부터 배척당한 사람은 비사회적, 반사회적 행동을 하기 쉬운 것이다. 대인관계상의 기술의 발달은 결과적으로 사회적 지위를 변화시킨다. 집단구성원들은 그들 동료가 제공하는 각종의 역할을 수행해 보는 기회를 가지게 되며, 종전에 해보지 못한 여러 가지 기술을 시험하고 시범해 보이게 된다. 이러한 경험은 자신의 유효성을 느낄 수 있는 자극을 강화시켜 주게 된다.

사고, 관념, 인지, 특히 자신에 대한 패배적 인식 등을 분석하고, 불안을 야기 시키고, 적극성을 견제하는 것은 수정하도록 해야 한다. 이것은 보다 객관적 관찰과 자기강화의 기회가 있어야 가능하다. "모두가 나를 괴상한 놈으로 생각한다."는 자기인식은 불안을 야기 시킬 뿐만 아니라 무위감을 발달시키게 된다. 이것을 "나는 다른 사람과 여러 면에서 다르다. 어떤 면은 남보다 뛰어나고, 어떤 점은 남보다 못하다."로 바꾼다면 보다 자기존중의 방향으로 나아갈 수 있어서 불안을 해소하고 사회적 행위도 향상될 수 있다. 특히 이들은 억압적이고 긴장된 상황에서 생활하고 있어서 이 상황을 다루는 데에는 필요한 기술이라 할 수 있다(Schopler & Galinsky, 1974:128~133).

억압적이고 긴장된 상황에서 자기 자신을 분리시켜서 긴장을 풀어주는 능력도 이들에게는 아쉬운 것이다. 억압이나 긴장이 고조된 상황에서 적절하게 도피하는 기술이 필요하다. 오락이나 여가선용기술이 이에 해당된다. 서로 나누어 가지고 협조하고, 건전한 경쟁을 하여 서로가 이기기도 하고, 지기도 하는 경험을 통해서 사회적 기술을 연마한다. 자신을 돌아보고 평가하는 능력도 긴장완화에서부터 시작된다.

3. 개인별 변화목표

대인관계기술의 범위에 속하는 것으로서 본인이 이를 시인할 뿐만 아니라 변화 또 는 수정하려고 적극 노력하는 문제를 표적으로 삼았다. 또한 3개월간의 집단지도 (준비과정에서 부터 캠프 종료까지) 결과로서 일차적 변화가 가능하다고 판단되는 행동상의 문제를 보다 구체적으로 파악 선택하였다(남세진, 1987:186~188).

가) A군 남자 21세 중졸

- 장애정도: 양쪽다리가 소아마비
- 가족관계: 2남 2녀 중 둘째이고 장남이다. 부(55세)는 현재 무직이며 과거에 건축업에 종사했다. 모(50세)는 고혈압으로 고생하고 있다. 누님의 수입으로 생활하고 있다.

- 경험: 학교 졸업 후 집에 있었으며, 약 6개월 전부터 이 기관에서 직업훈련과정을 밟고 있다. 캠프는 이번이 처음이다.
- 검사상의 특성: 정서적 불안, 자발성의 결여, 타인에 대한 지나친 비평
- 행동상의 특성: 이기적이며 타인을 수용함에 어려움이 많다. 가끔 자학적인 행동을 하며 정서에 심한 기복이 있고 신경질을 자주 부린다. 자기 자신의 정신력은 아주 뛰어났다고 자랑한다.
- 장점: 매사에 적극적이고 잘못을 알면 고치려고 노력을 한다.
- 변화 표적: 신경증적 행위, 부모를 포함한 가족이나 친구의 가벼운 비평적인 태도나 언어도 수용하지 못하고 자해적 행위를 하거나 고함을 친다.
- 전략: 집단속에 비추어진 자기를 발견케 하고 이를 수용케 한다. 다른 사람도 자기와 비슷함을 인식하게 하고, 자기의 참모습이나 문제를 남 앞에 나타내는 일이 오히려 긍정적이고 유익한 반응을 얻음을 경험하게 한다. 서로에 대해 평가하고 이를 인정하는 일이 흐뭇한 것이고, 인간적 유대를 가지는 계기가 됨을 알게 한다.

나) B군 남자 16세 중졸

- 장애정도: 왼쪽다리 불구(1살 때 낙상)
- 가족관계: 2남 2녀 중 셋째이며, 누나와 남동생도 장애인이다. 부(53)와 모(49)의 노동으로 어려운 가계를 꾸려 나간다.
- 경험: 학교를 졸업하고 이 기관의 직업훈련 코스를 밟고 있다. 캠프 경험은 없다.
- 검사상의 특성: 명랑성의 부족, 정서불안, 감정과 사고의 표현에 문제, 열등의식이 강하다.
- 행동상의 특성: 만사에 소극적이다. 직업훈련과정에 무단결석이 많고 여러 가지 활동에도 빠지거나 하는 수 없이 끌려간다. 여자 앞에만 가도 얼굴을 붉힌다. 가정에서의 일상생활 속에서도 항상 우울하게 지내며 말이 거의 없다.
- 장점: 장애가 가볍고 노력을 하겠다는 의지를 나타낸다.
- 변화 표적: 무단결석을 줄이고 프로그램 활동에 적극적으로 참여하게 한다.
- 전략: 다른 사람들보다 장애가 가벼운 점을 활용하여 자신감이 있는 일을 하게하고 이를 성공케 함으로써 자기의 우월성을 남에게 보인다. 다른 구성원을 돕고 집단에 기여를 많이 하게 함으로써 자신감을 북돋아주고 정확한 자기표현을 경험하게 한다. 여성과의 자연스러운 활동을 통하여 즐거운 시간을 가지도록 한다.

다) C군 남자 19세 고졸

- 장애정도: 양쪽다리 소아마비, 크락치를 사용하지 않음.
- 가족관계: 2남 2녀의 막내. 부(56)와 모(50)가 모두 무직이며, 큰형의 장사수입으로 가계가 유지된다.
- 경험: 학교졸업 후 이곳에 훈련받으러 옴. 캠프경험은 이번이 처음이다.
- 검사상의 특성: 대응성이 낮고, 자발성이 부족하며, 대화의 기술과 감정 및 사고의 표현이 미숙하다. 퇴행적 경향도 보인다. 사회화에 문제가 있다.
- 장점: 자신에 대한 수용도가 높으며 긍정적인 면을 발전시키려는 의욕과 노력이 있다.
- 행동상의 특성: 자신감이 없고 매사에 소극적이다. 대인관계에서 두려움을 느끼고 다른 사람과 함께하는 자리를 피한다. 책임 있는 말이나 행동은 결코 하지 않는다.
- 변화의 표적: 다른 사람 앞에서 자기를 표현하거나 자기의 의견을 말하게 한다.
- 전략: 전문가의 지지적 기법과 후원하는 친구를 활용하여 다양한 활동에 참여하게 하여 자신이 할 수 있는 일을 찾고 자기의 분명한 의견을 표현하도록 한다. 새로운 상황에 대처하는 능력을 통해서 자신감을 개발하고 대인관계의 폭을 넓혀준다. 능력에 적합한 책임을 부여하여 자신의 생각과 힘으로 과업을 수행케 하며 이를 통해 집단에 공헌하도록 한다.

라) D군 남자 19세 고졸

- 장애정도: 왼쪽다리 소아마비, 결핵
- 가족관계: 3남 1녀 중 막내. 부(56)는 건축업에 종사하고 있고 모(51)는 무직
- 경험: 결핵치료를 위해 병원에 다니며 이곳 직업훈련 코스에 온 지 4개월이 되었다. 캠프경험은 없다.
- 검사상의 특성: 자기수용에 거부적이며, 타인의 비평을 수용하지 못하고 가족관계에서 문제가 있다.
- 행동상의 특성: 자기 자신이나 자기주위의 현실을 받아들이지 않는다. 열등의식이 강하게 나타나며 말이 많고 큰소리를 잘 한다. 언행이 일치하지 않고 거짓말을 잘 한다.
- 장점: 성취의욕이 강하다.
- 변화 표적: 필요할 때 남의 도움을 요청할 수 있도록 한다. 자기혼자의 힘으로 모든 것을 해결한다는 자신의 주장이 잘못되었음을 시인케 한다.

- 전략: 다양한 프로그램 활동을 통하여 구성원간의 협동과 서로간의 도움이 보다 만족스럽고 보람 있는 경험임을 깨닫게 한다. 모든 사람은 남의 도움을 필요로 하고, 또 남을 도와야 한다는 것을 체험하게 한다. 자신 그대로를 나타내게 하고, 다른 사람이 이를 받아들이고 자기도 남을 도울 수 있음을 실증하게 한다. 필요할 때 도움을 청하는 방법을 익히게 한다.

4. 개입전략(프로그램의 활용)

집단구성원들이 서로 적극적 반응을 보이고 상호작용이 활발하게 일어나도록 집단을 구성한다. 이 집단속에서 전문가의 도움을 받으며 집단 활동에 적극 참여하게 되면 구성원 개개인의 목표한 바가 달성됨에 필요한 각종 경험을 하게 된다. 집단 활동은 캠프 준비과정과 캠프과정으로 나누어진다. 집단 활동의 핵심부분은 캠프 프로그램이라 할 수 있지만 이 집단구성원의 특수성과 캠프경험의 효과 및 효율성을 고려해 본다면 준비과정의 활동도 매우 중요하다.

캠프생활 자체와 캠프에서 수행할 프로그램이 집단구성원들에게는 위협적인 것일 수가 있고 공포의 대상이 될 수 있다. 이를 극복하고 완화시키기 위해서는 상당한 기간 동안의 준비과정이 필요하다. 구성원들은 각자의 약점과 관련된 면에서 모든 활동과 프로그램이 준비되고 검토되어야 한다. 구성원들은 캠프에서 일어나는 모든 것에 대해서 잘 알아야 하고, 참여에 필요한 마음의 준비가 되어야 하며, 어떻게 하는 것인지 미리 알아야 한다. 이를 위해서 기관과 지도자의 설명, 정보제공이 있어야 하고 구성원과 더불어 논의하고 결정하는 기회가 있어야 한다. 또한 캠프에서는 언제나 전문가가 도움을 준다는 사실도 알려야 한다. 캠프생활이나 프로그램의 일부에 의해 지나치게 압도당하게 되면 억압받은 경험 이외의 것은 될 수 없다(Kolodony & Burns, 1956:87~88).

캠프 프로그램에 적극 참여하여 소기의 목적을 달성하게 하자면 두려움을 완화시키는 조치만으로 충분치 못하다. 구성원들의 능력에 적절한 것이어야 하며 이들의 관심과 흥미를 끌 수 있는 매력적인 것이어야 한다. 여러 해 동안 실시한 캠프의 경험을 토대로 가장 참여도가 높고 인기가 많았던 프로그램을 선정하여 준비기간에 집단구성원들에게 제시하여 결정하도록 한다. 이 밖에 준비기간에 실시하는 프로그램 활동은 집단의 명칭, 구호, 주제가, 깃발 등의 제작이다. 준비기간의 집단활동은 효과적인 캠프를 위해서도 필요하지만 이 과정자체만으로도 유의미한 집단지도로 활용될 수 있다.

캠프에서 실시되는 프로그램은 전체 합동의식(A), 만남의 시간(B), 상황놀이(C), 수영, 등산, 담력훈련(D), 부식 만들기(E), 친교의 밤(F), 우리들의 목소리(G), 가장 행렬(H), 체육대회(I), 촌극경연(J), 촛불의식(K), 불꽃축제(L), 평가회(M), 싸인판(N), 캠프우체국(O) 등이다.

이 프로그램을 통해서 달성하려고 하는 개인의 목표는 ① 자기표현의 기회 ② 사고력, 표현력, 창의력 개발 ③ 협동심 조장 ④ 새로운 경험 ⑤ 자기수용 ⑥ 자기개방 ⑦ 타인이해 ⑧ 자신감 획득 ⑨ 공포와 두려움 극복 ⑩ 규칙생활, 준법정신 ⑪ 신체등이다.

이러한 프로그램과 목표 간의 관계를 나타내 본다면 다음과 같은 〈표〉가 된다.

〈표〉 프로그램과 목표 간의 관계

목표 \ 프로그램	A	B	C	D	E	F	G	H	I	J	K	L	M	N	O
①		○		○		○								○	○
②			○				○	○		○					○
③			○		○										
④			○												
⑤				○			○								
⑥				○											
⑦							○								
⑧				○					○						
⑨															
⑩									○						
⑪			○	○	○				○						
⑫									○						
⑬										○					
⑭											○	○	○		○
⑮															
⑯				○											
⑰													○		
⑱						○					○				
⑲	○					○		○							

한편, 언어적, 그리고 비언어적 프로그램을 활용하는 일 외에 일반적 전략적으로 몇 가지 방법이 있다. 첫째, 문제에 직면하게 되었을 때 집단적으로 이를 해결하게끔 후원해 준다. 둘째, 필요에 따라 의사전달의 내용이나 양식을 변화시킨다. 셋째, 특정 활동이나 놀이를 암시하거나 시사해 줌으로써 자극을 준다. 넷째 강화의 수단으로 보상제도나 숙제내기 같은 방안을 창안한다. 다섯째, 오랫동안 기억하기 위하여 언어화, 의식화를 시킨다. 여섯째, 필요에 따라서는 긴장완화와 규범의 변화를 시도한다(Glasser & Garvin, 1976:81~96).

III. 집단지도과정

1. 단계별 과정의 요약

1) 제1단계(첫 모임)

캠프에 참가할 사람 전원이 모였다. 그동안 기관과 전문가들이 준비한 일들(개별면접, 가정방문, 상담, 회원들의 지원, 집단구성 등)을 간단히 설명하고, 각 집단(반)을 담당하는 전문가가 소개되고 각 반의 구성원이 발표되었고, 각 반이 집회를 가질 장소로 옮겨가서 반별로 집회를 갖기로 했다. 반 회원들은 각자 자기가 속한 반의 모임장소를 찾아가고 있었다.

B가 우리 반의 모임장소와 다소 거리가 먼 복도에서 서성거리고 있기에 다가가서 "너 내 반이지. 나와 함께 가자."고 하고, B와 모임장소로 갔다.

회원이 모두 오길 기다려서 다시 좌석을 배치했다. A와 B를 전문가의 양쪽에 앉도 록 했다.

집단구성원(회원)들은 서로에 대해 이미 잘 알고 있는 처지였으나, 각자 자기소개를 하게 했다.

회장선출 문제가 거론되자 한 회원(나이가 가장 많음)이 자기가 회장을 해 보겠다고 했다. 몇몇 회원이 박수를 쳤다. A가 손을 들고서 "나도 하고 싶은데 안 되겠어요..." 한다. 나이 문제가 앞으로의 집단 활동 또는 회장선거 등에 영향을 줄 것 같아서 전문가는 "회장선거 이전에 우선 우리들 간에 말씨를 어떻게 사용할 것인지를 정하자."고 제안했다. A는 나이와 상황에 관계없이 모두 동일하게 하자고 주장했고, 또 다른 의견도 있고 해서 투표에 부쳤다.

회장선거는 우선 후보를 추천하고 추천된 후보를 대상으로 투표로서 결정하자는 전문가의 의견에 모두 찬성했다. 뒤로 돌아앉아서 눈을 감고 거수하는 방식의 투표에서 D가 눈을 감지 않아 전문가가 그 자리에서 지적하였다. C가 회장으로 선출되었다. C는 몹시 당황하고 있었다. 전문가는 "어려울 게 없을 거다. 나와 모든 회원이 밀어줄께" 하면서 그의 어깨를 가볍게 어루만져 주면서 소감을 한마디 하라고 했다. "여러분이 적극 협조해 준다면 한번 해 보겠다."는 요지의 발언이 있었다. 모두가 박수로 회장을 환영하였고, 전문가는 회장이 할 일에 대해서 설명을 했다.

선거 후 A는 눈을 감고 조용히 앉아 있었다. 여러 가지 일에 전혀 반응을 보이지 않자 한 회원이 "너 왜 그래."하면서 A를 툭 쳤다. A는 금방이라도 달려들 듯한 시늉을 하기에 전문가는 "너 어디가 불편하냐?"고 하면서 A의 머리를 만져 보았다. "골치가 좀 아파요."라는 A의 대답에 "의무실에 가 보자."고 하니까 조금만 그대로 두면 괜찮아질 것이라면서 다시 눈을 감았다.

반을 상징하는 깃발을 제작할 때 D에게 종이를 나누어 주도록 부탁했다. A가 만든 깃발이 당선되었다. B는 제작과정에 전혀 참여하지 않았다. 전문가가 "모든 회원의 의사가 모여져야 하기 때문에 백지에라도 너의 이름을 써서 제출해라."고 했다. 전문가는 회원 전체에게 "두 가지 약속을 하자. 하나는 모두가 집단 활동에 적극 참여할 것이며 만일의 경우에는 사전에 전문가에게 양해를 구하라. 둘째로, 아무리 어렵고 힘든 일이라도 스스로 하려고 노력하며 서로가 돕고 협조하자."고 했다. 그리고 전문가와 기관은 언제 어디서나 회원들을 돌봐주기 위해서 모든 준비를 갖추고 있음을 상기시켰다.

2) 제2단계

캠프 프로그램을 순서대로 하나씩 검토하면서 이에 대한 준비를 하고 있었다. 촌극을 준비하는 시간이 되자 회장(C군)이 일어나 촌극의 스토리를 소개하였다. 그 순간 내 옆에 앉아있던 회원이 나에게 다가와서 귀속 말로 "저것은 A가 회장을 시켜서 발표하는 것이지 진짜는 A가 다 만들었다."고 하였다. 전문가는 "알았다." 고 말한 뒤, 이 스토리를 위해서 C가 많은 노력을 했음을 모두에게 알리고 노고를 치하했다. 그리고서 모든 회원이 참여하는 것이 바람직한 일이기 때문에 누구나가 의견을 낼 수 있다고 했다. 다른 회원이 말했다. "그 스토리는 C의 것이 아니라 A의 것이다." A는 말 못하고 불안한 표정으로 어쩔 바를 모르고 있었다. 전문가는 다시한번 "A뿐만 아니라 우리 모두가 자기의 의견을 내 놓을 수 있다."고 말했다. C가 발표한 스토리에 대해서는 별반 이의가 없었으나 배역에 대해서는 반대가 많았다. "그렇다면 배역은 등장인물 하나씩 거론하면서 순서대로 다시 결정하기로 하자."고 말한 뒤, "우선 스토리에 대해선 다른 의견이 없느냐?"고 물었다. 아무도 발언을 하지 않았기 때문에 "그럼 스토리는 이것으로 결정한다. A와 C가 수고했으니 박수를 쳐 주자."고 하면서 먼저 박수를 치니 모두가 따라 쳤다. 그동안 아무 말 없이 두 손을 꽉 잡고 긴장해 있던 C는 어리벙벙한 표정을 지으면서 전문가를 쳐다보았다. 전문가는 그에게 웃음을 선사했다.

B의 차례가 오자 자기는 이런 놀이를 해보지 않았기 때문에 배역을 맡지 않겠다고 했다. 다른 회원이 누구나가 하나씩 맡아야 한다고 했다. 전문가는 "촌극이 처음이라니까 가장 쉬운 배역을 하나 맡는 것이 어떨까?" 하고 권했으나 B는 아무 대

답을 안 했다. 한 회원이 "너 마음대로 하나 골라라." 했으나 여전히 반응이 없다. 또 다른 회원 하나가 "이 배역은 어떻게 생각하니 옆에 있는 인물과 가만히 앉아서 말 몇 마디만 하면 되는 것이야."라고 하면서 권장했다. 모두가 B를 쳐다보며 그의 응답을 기다리고 있자 B도 하는 수없이 그 배역을 수락했다.

연습 도중 C와 다른 회원 간에 언쟁이 일어났다. C는 자기배역에서 어떤 모의를 주도해 나가야 하는데 그냥 가만히 있기만 한다는 것이 다른 회원의 주장이고, C는 그렇게 하지 않아도 된다는 주장을 했다. 다른 회원들이 C가 모의를 주도해야 한다고 말했다. C는 당황한 표정을 지으며 어쩔 줄 몰라 했다. 전문가는 "가만있자. 그런 상황에선 C가 이런 말과 이런 행동을 하면 어떻겠느냐."고 말하면서 시범을 보여 주었다. 다른 회원들은 "그래요. 그렇게 해요."라고 소리를 쳤다. C는 아직도 어쩔 바를 몰라 했다.

전문가는 "이렇게 앉아서…"하면서 다시 시범을 보였다. C는 조금씩 전문가를 따라서 모방을 시작했다. 회원들은 웃으며 박수를 쳤다.

연습 도중 모두가 배고프다며 무엇을 먹자고 했다. 전문가는 돈을 내 보이면서 누가 나갔다 오겠느냐고 물었으나 아무도 대답을 하지 않자 "자네가 다녀오게. 자네 배역의 연습이 지금 막 끝났으니…" 하였다. B가 먹을 것을 가지고 방에 돌아오자 모두가 환호성을 울렸다.

집단을 상징하는 깃발을 제작하다가 도중에 페인트가 부족했다. 모두가 어떻게 할 것인지 모르고 있는데 D가 나서서 "내가 얻어 올께." 하고 밖으로 나갔다. 한참만에 D는 빈손으로 돌아오면서 다른 반에서 빌려주지 않는다고 투덜댔다. 다른 회원들은 기대조차 하지 않았다는 표정을 지으며 D의 말에 귀를 기울이지도 않았다. 전문가는 D에게 "나 하고 같이 가볼까?"하고 그를 데리고 사무실로 갔다. 다른 반의 전문가에게 페인트를 빌려서 D에게 건네주고 "이것을 가지고 먼저 가봐. 나는 잠깐 사무실에 둘러서 가 볼 테니…"하고 D를 보냈다.

3) 제3단계

B는 캠프 프로그램이 너무 꽉 짜여 져 있어서 쉴 시간이 모자란다고 하면서 특히 육체적 어려움이 따르는 활동이 지나치게 많다고 불평했다. 그래서 자기는 이 가운데 반쯤은 빠지고 싶다고 했다. D가 이에 대해 "경험자의 말에 의하면 이 정도는 되어야 재미있게 보낸다고 하더라."고 하면서 우리 모두가 서로 도우니까 어려운 일이 닥쳐도 문제없을 것이라고 했다. 작년에 참석했던 한 회원이 D의 말을 지지하면서 "너는 우리보다 장애가 가볍지 않느냐. 충분히 견디어 낼 수 있을 것이다."

라고 했다. 전문가는 준비 첫 날에 우리가 했던 약속을 상기 시키면서 B의 얼굴을 쳐다보았다. B는 다소 안심한 얼굴을 하면서 앉아 있었다.

담력훈련(야간행군)에 대한 소개가 있자 A는 밤에 행군한다는 것이 무리한 일이라 면서 더욱이 어떤 상황을 준다고 하니 그것이 어떤 것이냐고 전문가를 보면서 물었다. 전문가는 작년에 참석한 회원에게 다시 물었다. 그는 "걱정할 것 없어. 상황은 우리의 힘으로 충분히 해 낼 수 있는 것이다."라고 하면서 "항상 우리 모두가 함께 행동하니까 문제없다."고 했다. A는 "깜깜한 밤에 어떻게 남을 도울 수 있나? 혼자서 할 수 있는 상황은 없느냐?"고 물었다. 그 질문에 대답을 하는 회원이 하나도 없었다. 전문가는 "혼자서도 물론 극복할 수 있는 일일 것이다. 그러나 그 자리에는 모두가 함께 있고 또 자기도 모르게 모두가 서로 돕게 된다."고 했다. A는 "아무것도 보이지 않는데 어떻게 남을 도울 수 있겠느냐."고 재차 질문을 했다. 한 회원이 말했다. "나는 손이 자유로우니까 등불을 가지고 갈꺼야. 내가 너 옆에 따라가면 되지 않겠니?" 하자 A는 "그렇게 할 수 있을까?"하고 그 회원과 전문가를 번갈아 쳐다보았다. 전문가가 고개로 수긍하면서 "이제 A는 위대한 동지 하나를 얻었구나." 하자 모두가 웃었다.

등산 프로그램을 논의하고 있을 때 C는 옆자리의 회원과 무엇인지 열심히 소근거리고 있었다. 전문가는 무슨 이야기인지 집단전체에 말해 보라고 했다. C와 이야기하던 회원이 "등산할 때 서로가 밧줄로 몸을 묶는 문제를 이야기하고 있었다." 고 했다. 전문가는 "우리는 그렇게 하지 않는다."라고 잘라 말했으나 그 회원은 계속해서 "C는 묶는 것이 나쁘다고 해요. 한 사람의 잘못으로 여러 사람이 다친다는 것은 바람직하지 못하다는 거예요."하고 소리를 쳤다. 그러자 D가 말했다. "그것은 산악인의 긍지로서 단결과 협동을 상징하는 것이야. 비록 밧줄에 서로를 묶고서 만일의 경우 여러 사람이 한 사람을 구할 수 있지만 그 사람이 다른 사람을 생각해서 밧줄을 끊어 버리는 것이 진짜 산악인이야."라고 말했다. C는 신경질적으로 D를 돌아보면서 "너 같으면 밧줄을 끊을 용기가 있느냐?"고 고함을 쳤다. D는 놀라는 표정을 지으면서 "나는 산악인도 아니고 그런 경험도 해보지 않았고..." 하면서 말을 흐렸다.

4) 제4단계(캠프 첫날)

개영식에서 C는 리더로서 깃발을 들고 맨 앞에 서서 보고의 수행을 훌륭하게 해냈으며 다른 회원들도 이를 자랑스럽게 보고 있었다.

도하 프로그램에서 B는 출발 시 잔뜩 겁을 먹고 우물쭈물하였으나 물이 깊지 않음을 알고선 금방 즐거운 표정을 지으며 재미있게 참가했다. 옆에 있는 여자 회원이 다소 어려움을 보이자 B는 어찌할 줄 모르고 있었다. 이때 A가 와서 여자 회원을 도와주었으며 끝까지 이들 둘이 짝을 지어갔다. B는 이들을 따라가며 몹시 부러운 표정을 지었다.

부식 만들기에서 C는 버너 다루는 솜씨와 부식을 만드는데 매우 자신이 있는 눈치 여서 전문가는 C를 요리반장을 겸하도록 했다. 회원들이 버너를 어떻게 만지는지 모를 때 이를 받아 금방 조작을 해서 넘겨주었고 또 다른 회원이 찌개를 만드는 곳에 가서는 양념을 더 넣으라고 말한 뒤 양념이 모자람을 알자 B를 시켜서 식당에 가서 구해오라고 하는 등 리더십을 훌륭히 발휘하였다. 식사 시에 A가 과욕을 부려 식사가 모자라게 되자 C는 조금만 먹고 치우려 했다. 전문가는 본인의 밥을 C의 그릇에 옮겨 놓으면서 "수고했으니 많이 먹어야 한다."고 했다.

야간행군에 B는 처음부터 여러 가지 핑계를 대며 중도에서 차를 타야 하겠다고 말했다. 전문가는 견딜 때 까지 견디어 보고 어쩔 수 없게 되면 그때 가서 생각해 보자고 말했다. 마침 여자 회원이 힘들어 하면서 따라 오기에 B에게 도와줄 것을 넌지시 암시했다. B는 아무런 대답이 없었다. 전문가가 다른 회원 쪽으로 옮기자 B는 여자 회원과 가깝게 서서 행군을 계속하고 있었다. 얼마 후에 차가 도착하여 "B와 여자에게 타겠느냐?"고 물었더니 두 사람 모두가 좀 더 견디어 보겠다고 했다.

행군도중 A가 전문가를 찾는다는 연락이 왔다. 가 보니까 다리에 이상이 생겨서 더 이상 걷지 못하겠다고 했다. 살펴보니 별 문제가 아니었기에 "여자 회원도 계속 걸어가고 있는데 무슨 말이냐?"고 하면서 A의 의사를 무시했다. 그렇다면 휠체어라도 타게 해 달라고 했으며 옆에 있던 회원이 "몹시 고통스러운가 봐요."라고 해서 이를 승낙 하였다. 이들 둘은 정다운 말을 주고받으며 끝까지 짝이 되었다. 도중에 간식이 배달되었는데 인원수에 비해 한 봉지가 모자랐다. A가 우물쭈물하다가 할당받지 못한 것이다. 그 친구가 자기의 봉지를 가지고 와서 나누어 먹고 있었다. 나중에 이 사실을 모두에게 알리고 우리 집단의 미담으로 남기자고 했다.

돌아오는 길에 갑자기 대열이 걷기를 중단했다. 전문가가 뛰어 가보니 D의 다리에 경련이 일어났다는 것이다. 다리를 주물러 주면서 왜 진작 이야기하지 않았느냐고 했더니 대답이 없다. 이런 경우를 위해서 자동차와 휠체어가 준비되어 있는데 왜 도움을 청하지 않았느냐고 다시 물었다. "폐를 끼칠까봐서"라고 조그만 소리로 대답했다. 차가 지나간 지 얼마 되지 않았기 때문에 다시 때를 기다리자면 꽤 오랜 시간이 필요하였다. 어떻게 하겠느냐고 회원들에게 물어보니 "우리가 함께 남아서 자동차를 기다리지요." 하면서 세 사람의 회원이 함께 남아 있길 원했다. 그러나 D

는 "그럴 필요가 없다."며 계속 혼자 걸어가려고 했다. 그러자 한 회원이 "내가 업고 가지." 하면서 등을 대었다. D는 어쩔 줄 몰라 했다. 전문가는 "자네 뜻은 갸륵하지만 그렇게 하면 자네도 곧 다리에 무리가 가서 못 걷게 된다."고 하고 D에게 차를 기다리게 했다. 그러자 휠체어를 타고 있던 회원이 의자를 양보하면서 자기가 기다리고 있겠다고 했다. 이러는 동안에 마침 자동차가 왔다.

행군이 끝난 뒤, A가 찾아와서 자동차를 타지 않고 휠체어만으로 끝까지 행군에 참가한 것이 매우 좋았다고 하면서 자기를 도와준 친구 자랑을 했다.

5) 제5단계(캠프 둘째 날)

아침식사가 끝났지만 비가 계속 내리고 있었다. 모임의 장소를 실내로 옮기고 시작했다. 캠프 준비기간에 마련된 「우리들의 목소리」 주제는 '삶에 대하여'였으며 이 주제가 너무 막연하기 때문에 그동안 생각해 보고 오늘 다시 결정하기로 했다. C에게 "새로운 주제가 있느냐?"고 묻자 "그대로 하되 그동안 캠프에서 경험한 일에 대해 이야기를 먼저 하고 이 주제를 넘어 가기로 했다."고 한다. 먼저 C가 지난번 수영장에서 있었던 이야기를 하였다. 자기는 수영을 해본 경험이 없었기 때문에 매우 긴장하고 걱정을 했는데 실제 하고보니 무엇이든지 용기와 자신감을 가지고 노력을 하면 못하는 것이 없다는 것을 깨달았다고 했다. 이 말에 대해 B는 "우리 모두가 같은 처지에 있고 함께 자리를 했기 때문에 용기가 나온 것이 아니겠느냐."고 말했다. 모두가 수긍을 했다. D는 도강 시에 서로가 서로를 도와서 강을 건너간 사실은 매우 인상적이었다고 하고 야간 행군 시 회원들과 자동차의 도움, 그리고 전문가의 조언에 대해서 지금까지 감사하게 생각한다고 했다.

'삶에 대하여'가 '20년 후의 나의 모습'으로 바뀌었다. C는 20년 후 전산계통에서 일하고 있을 것이며 결혼해서 자녀가 둘 있을 것이라고 했다. A가 아무런 말이 없어서 전문가는 "넌 어떠냐?"고 물었더니 "글쎄요."라는 대답을 하기에 "그럼 내가 하나씩 물어 볼 터이니 대답을 하라."고 하고서 "현재 너의 행동양식을 그대로 20년 후에 한다면 다른 사람이 어떻게 생각할 것 같은가?"라는 질문을 했다. 한참 후에 "어린애 같다고 하겠지요."라고 대답을 하자 모두가 웃음을 터트렸다. A는 이 대답을 할 때도 손을 서로 꼭 맞잡고 얼굴은 매우 긴장되어 있었다. 그러나 다른 회원의 웃음으로 곧 긴장이 풀렸으며 이후 토의와 질의가 원만하게 이루어졌다.

비가 계속 내림에도 불구하고 점심 후 구성원들은 수영복 차림으로 운동장에 나와서 전문가에게 운동시합하기를 강요했다. 전문가도 옷을 갈아입고 비속으로 뛰어 들어 갔다. 약 1시간가량 격렬한 수중 전 게임을 했으며 이를 마치고 난 다음 모두가 “역시 우리 반이 최고야.”라고 하며 환호를 연발했다.

촌극에서 B는 많은 박수를 받았으나 오히려 A는 기대에 훨씬 미치지 못하여 회원 들을 실망시켰다. 한 회원이 A에게 “네가 그 촌극의 스토리를 만들고 내가 맡은 배역도 네가 억지로 주장해서 빼앗아가지 않았느냐.”면서 신랄하게 비판하였다. A는 입술을 깨물고 두 손을 맞잡고 와르르 떨면서 이들의 비평적 이야기를 듣고 있더니 “미안해. 대사를 전부 다 외웠었는데 막상 실제로 하려니까 아무런 생각이 나지 않더구먼…” 하면서 사과와 민망한 표정을 지었다. 전문가는 “A가 촌극을 만드는데 큰 공을 세운 것은 인정해 주어야 한다.”고 하고서 “누구나 너무 긴장을 하게 되면 그렇게 될 수 있는 것이다.”라고 하였다.

불침번은 두 반이 합쳐서 하는 프로그램이다. B가 제일 먼저 자기가 하겠다고 말을 했다. B가 좋아하는 여자가 그 팀에 있음을 알고 허가해 주었다.

6) 제6단계(셋째, 넷째 날)

우리 반이 제일 앞서서 등산을 했다. 회원들은 “우리가 최고다.”는 기분으로 씩씩하게 걸어간다. 전문가는 “이 프로그램은 그동안 우리가 경험한 것을 총결산하는 의미를 가졌다.”고 말해 주었다. 이들이 너무 서둘기 때문에 뒤따라오는 회원을 기다리자고 몇 번 부탁했다. 등산 담당 선생이 일단 중단하고 뒤의 사람들과 합류하길 권유했으나, 우리 구성원들은 계속하길 희망했다. 담당 선생은 비가 올 경우를 대비해서 더 이상 오르지 않을 것을 권유하면서 최종 결정을 전문가에게 일임했다. 전문가는 회원들의 의사를 물어 본 결과 6명(B, C, D를 포함)이 정상까지 올라가겠다고 하여 이들을 따라 나섰다. A는 더 이상 올라가지 못하겠다고 하여 하산했다. B와 D는 묵묵히 힘을 다하여 등산을 계속하였으며 제일 높은데 까지 올라갔다. 마치 자신들의 울분을 분출해 내 듯이 이들은 쉬지 않고 계속하였다. 도중에 뒤따르던 C가 너무 높이 올라가는 것이 아니냐고 전문가에게 물었다. 내려올 때가 걱정이 된다는 C에게 “일단 올라갈 수 있을 때까지 가보자.”고 격려하면서 등산을 계속했다. 다른 반 선생님들이 우리를 격려했다. B와 D는 비록 C에 비해 한쪽다리만 소아마비라는 점에서 유리한 것 같았으나 장애정도가 워낙 심해서 C보다 더 힘들어 했다. 그래서 이들은 서로 손을 잡고 등산하고 있었다. 전문가는 이 기회에 한번 혼자서 노력해 보는 것이 어떻겠느냐고 했더니 이들은 이후 혼자서 걷기 시작했다. 수없이 넘어지면서 이들은 등산의 전 코스를 마칠 수 있었다.

등산에서 돌아오자 A가 이야기 좀 하자면서 울먹거리기 시작했다. 전문가는 한적한 곳으로 데려 갔다. 그는 현재 자기의 내부에 있는 자신과 외부로 나타나는 자신이 심한 갈등상태를 겪고 있다고 한다. 죽고 싶고 다리도 잘라 버리고 싶다며 흐느끼기 시작하자 전문가는 "이제 A는 진짜 자기 자신을 볼 수 있고 수용할 수 있는 사람이 되어 가는가 보다."라고 말해 주면서 "자신에게 더 솔직해 보라."고 충고했다. 그는 자기 자신이 캠프에서 계속 노출되는 것이 견디기 어려우며, 특히 등산 때 자기 자신의 한계를 너무 뚜렷이 느꼈기 때문에 중도에 포기했다고 한다. 전문가는 "회원 모두가 똑같이 그렇게 느끼고 있다. 그러나 문제는 진짜 자신과 현실을 얼마나 수용할 수 있는가가 문제이다."라고 하면서 A가 캠프에서 잘해낸 일들을 상기시켜 주었다.

D와 B는 자신에 대한 불만을 이번 등산에서 극복하려고 노력했으며, 이제 어느 정도 자신감을 얻게 되었다고 말했다. 전문가가 "정말 장한 일을 해 냈다."고 격려해 주자 D는 자신은 이제 캠프에서 돌아가면 계속 변할 것이며 새로운 모습으로 여러분 앞에 나타날 것이라면서 자신 있게 말을 했다. "선생님 많이 도와주세요."라는 말도 잊지 않았다. D가 말을 하는 동안 B는 계속 D의 말에 지지하고 동의하는 몸짓을 하였다.

C는 난생 처음으로 리더가 되어 책임수행이라는 것이 얼마나 어려운 것인지를 알게 되었다면서 집단구성원들이 자기의 말을 잘 들어 주어서 감사한다고 했다. 그는 이번 캠프에서 특히 자신감과 성취감을 맛볼 수 있었으며, 자기 자신의 의견을 솔직히 표현한다는 것이 어려운 것이지만 매우 필요하다는 것도 배웠다고 한다.

2. 행동의 변화

A군:

제4단계부터 남을 수용하는 태도와 행동이 명백히 나타났다(식사 시간에 다른 회원과 한입에 많이 넣기 시합을 한 것, 전문가의 비평적 태도를 저항 없이 수용한 것, 도움을 주는 회원의 호의를 받아들이고 친하게 사귀게 된 것 등). 자기를 비난하고 비판하는 회원을 수용하고 신경질과 자해행위의 정도가 훨씬 가벼워졌다(손톱으로 피를 흘리는 정도의 자해행위나 물건을 집어 던지는 행위가 한 번도 없었다). 사후 보고서에 의하면 A는 캠프에서 사귄 친구와 계속 친하게 지내고 있으며, 가정에서도 형제들과 어울리는 시간이 많고 신경질이 없어졌다고 한다.

B군:

소극적 태도는 비교적 오랫동안 지속되었으나 제5단계부터 집단 활동을 의식적으로 피하거나 핑계를 찾아 거부하는 일이 없어졌으며 등산을 할 때에는 적극성을 보였다. 여자에 대한 접근에도 적극성을 띠었다(불침번 자원). 사후보고에 의하면 캠프 후 한 달 동안 직업훈련 코스에 한 번도 결석한 일이 없으며 오히려 시간보다 일찍 기관에 온다고 한다.

C군:

첫날 자신을 변화시키려는 각오와 의욕을 보였다(회장 직을 거부하지 않고 수락한 것). 지위 때문에 강요된 자기표현이었으나(요리 시간에 리더십 발휘한 것, 촌극에서 남의 스토리를 발표한 것), 제5단계에 와서는 지위에 관계없이 자기의 의견을 남 앞에 서슴없이 발표하였다. 사후보고에 의하면 C는 담당직원에게 캠프에서 있었던 일을 자랑스럽게 이야기한다는 것이다. C의 아버지가 기관에 찾아와서 회장을 시켜 준데 대해서 전문가에게 감사를 했다. 캠프에서 돌아온 C는 전연 딴 사람이 되어서 왔다는 것이다.

D군:

캠프에서도 큰소리치는 버릇은 여전히 계속되었다. 다른 사람의 도움을 청하는 실제 행동은 캠프가 끝날 때까지 볼 수가 없었다. 다만 서로 돕는 일이 필요하고 또 감격적이었다는 표현으로 미루어 보아 남에게 도움을 청하는 행동에 대한 인식과 태도상에는 변화가 있었다고 추리할 수 있다. 사후보고에서도 도움을 청하는 일에 대한 것은 없다.

IV. 평가 및 결론

집단지도에 있어서 그 효과성과 과학성을 입증하기 위해 단일사례연구방법을 활용함에 있어서는 보다 세밀하고 체계적인 준비와 연구가 선행되어야 할 것 같다. 이 사례의 경우 회원 4명의 행동에 변화가 있었다는 사실은 입증되었지만 그것이 전문가의 개입에서 온 것인지, 프로그램 자체에서 온 것인지, 또는 집단구성원들 간의 역학적 관계에서 온 것인지, 아니면 모든 것의 복합작용에서 온 것인지 식별할 수 있는 장치가 마련되지 않고 있다. 이를 위해 우선 개입표적과 개입기술을 보다 구체화, 명료화해야 할 것 같으며, 변화의 양을 가늠할 수 있는 척도가 개발되어야 하겠다. 이런 면에서 D군의 변화 목표는 애매한 것이었다 할 수 있다.

캠프의 프로그램이 지나치게 활동중심으로 짜여 져 있어서 이 활동에 참가한 경험의 보다 효과적인 내재화를 위해 활용할 기회가 없다고 하겠다. 이 사례의 경우는 캠프활동을 집중적으로 실시한다는 전략적 의미를 가지고 있긴 하지만 전문가의 개입활동이 일어날 수 있는 정도의 시간적 배려는 해야 한다고 생각된다.

이 사례를 통해서, 입증한 것의 하나는 짧은 기간의 캠프에서도 준비만 치밀하게 하면 매우 가치 있고 효과적인 집단지도를 할 수 있다는 것이다. 특히 장애인과 같이 특수한 필요나 욕구를 가진 집단을 대상으로 3박4일의 캠프 프로그램을 집중적으로 개발한다면 유용성이 매우 높을 것 같다.

집단지도의 원칙과 기법 상에 속하는 것으로서 이번 연구에서 발견, 확인된 것은 대인관계에 어려움을 가진 청소년에게는 첫 단계로서 대물(對物)관계나 프로그램 활동에서 자기혼자서 표현하는 기회를 가지게 하는 것이 매우 효과적인 사실이라는 점이다. 이 첫 단계에서 긍정적 경험을 얻고 난 다음에 세심하고 조심스럽게 준비된 소집단 속에서 대인관계를 갖도록 한다면 자연스럽게 첫 단계에서 얻은 자신감이 대인관계로 옮겨지게 되는 것이다. 보호적인 분위기의 소집단에서 다시 긍정적 경험을 가지게 되면 다음 단계는 장애인이 아닌 사람들도 섞여있는 보다 큰 집단으로 나아갈 수 있는 것이다.

이러한 연구에서 주의해야 할 점은 관찰대상인 4명 외의 집단구성원에 대한 배려이다. 이들이 소외되어서는 안 되며 4명을 위해서 이용당하는 존재가 되어서도 안 된다.

〈참고문헌〉

김정선. "소아마비 청소년의 자아개념에 관한 연구", 성신여대 석사학위논문, 1984.

남세진. 집단지도방법론, 서울대 출판부, 1987.

정진모. "Camp활동을 통한 지체부자유 청소년의 사회심리학적 재활에 관한 연구", 중앙대학교 석사학위논문, 1988.

手塚直樹. 障碍者福祉論. 東京: 光生館, 1981.

American Camping Association. "What are the Distinctive Contribution of Organized Camping in a Changing Society?", Camping Magazine. April 1963. Garvin, Charles. Contemporary Group Work. N.J. New Englewood Cliffs, 1987.

Glasser, Paul, H. & Garvin, Charles, D. "An Organzational Model", In W. R. Robert & Northen, Helen. (ed.) Theories of Social Work With Groups, Columbia University Press, 1976.

Kolodory, P. L. & Burns, V. M. "Specialized Camping for a Group of Disturbed Adolescent Girls", Journal of Social Work, April, NASW, 1956. Rose, S. D. & Edleson J. L. Working with Children, Adolescent in Groups. Torsey-Buse Publishers, 1987.

Schopler, Janice, H. & Galinsky Maeda J. "Goals in Social Group Work Practice", In P. Glasser, R. Sarri. (ed.) Individual Change Through Small Groups. New York: The Free Press, 1974.

Toseland, Ronald, W. & Robert, F. Rivas. An Introduction to Group Work Practice, New York: MaMillan Publishing Co, 1984.

〈학술연구논문 2〉

사회복지연구, 제3호(1991) pp.1~17.

체계이론에서 본 고부갈등: 부부체계와 고부간의 관계 중심으로

남세진(서울대 사회복지학과 교수)

〈요약〉

본 논문은 생태체계론적 관점에서 가족관계 내의 부부체계와 고부관계를 중심으로 가족갈등의 원인과 이에 대한 사회사업(social work)의 개입방안에 관해 살펴본다. 발달초기부터 사회사업은 가족의 중요성을 강조해 왔고 무엇보다도 한국가족이라는 특수성을 감안할 때 고부갈등은 가족갈등의 중요한 문제영역이라는 것이 본 논문의 출발이다. 그러므로 여기에서는 가족갈등, 특히 독특한 한국가족이 갖는 전체가족의 하위체계로서의 고부갈등을 생활의 변천, 환경의 압박, 대인관계과정 상의 문제와 연관하여 살펴보고, 그 원인과 영향을 주는 제요소들에 대해서 가족체계접근을 시도하고자 한다. 즉 시어머니, 며느리의 개인적인 문제의 치료보다도 고부관계의 체계를 재구조화함으로써 고부갈등을 변화시키고자 하는 것이다.

Ⅰ. 서론

가족은 가족원 개개인이 뭉쳐진 사회의 가장 기본적인 체계로서 한 사회의 발전은 가족의 정상적인 기능수행에 크게 의존한다. 하지만 현대사회에 올수록 가족의 규모는 축소되고 가족관계는 점차 분열과 긴장 등의 갈등을 더욱 많이 갖게 된다.

일반적인 가족체계를 구성하는 하위체계는 부부관계, 부모자녀관계, 형제자매관계로 형성되며, 이러한 제 관계들은 다른 가족관계에 영향을 미친다. 한국의 경우는 위의 세 관계 외에도 친척 및 인척관계를 중시하며, 특히 고부관계가 가족관계에 미치는 영향은 크다.

더욱이 오늘날의 한국사회는 부자관계보다는 부부관계를 더 중요시 하며, 효의식이 약화됨에 따라 고부갈등은 더욱 심각해지고 있다. 갈등이 전체 가족관계를 갈등상황으로 악화시키는 요인이 됨을 볼 때 고부관계에 대 한 관심이 증대될 필요가 있다고 하겠다. 사실 사회사업은 그 발달 초기부터 가족성원 개개인의 상호작용 내지 상호관계에 의하여 개인에게 영향을 미치는 전체로서의 가족의 중요성을 강조해왔다. 더욱이 1960년대 이르러 사회사업실천의 관심이 개인의 정신내적 현상으로부터 여러 관련 체계들 간의 상호작용으로, 의료적 모델로부터 상황 속의 개인(person-in-situation)의 개념들로, 그리고 개인에의 직접적 서비스로부터 환경과 개인에의 직접적, 간접적 서비스로 바뀌어 감에 따라 이론적 관점으로서 가족에 대한 체계론적 관점에 관한 연구가 활발히 일어나게 되었다.

사회사업의 체계론적 관점은 기원이 서로 다른 세 가지 체계이론적 관점에 기반을 두고 있다. 그 세 이론은 파슨스(T. Parsons)의 사회체계론과, 버타란피(L. V. Bertalanffy)의 일반체계론, 저매인(C. Germain)의 생태체계론이다(Hoyos & Jensen, 1985:490). 이러한 체계론적 관점은 시대에 따라 사회사업실천에 제각기 활용되어 왔는데, 1950년대에는 파슨스의 사회체계론적 관점이 많이 활용되었고, 1960년대에는 일반체계론적 관점이, 그리고 최근에는 생태체계론적 관점이 많이 활용되고 있다.

따라서 본고에서는 생태체계론적 관점에서 우리나라 가족관계 내에 독특한 양상을 보이고 있는 부부체계와 고부간의 관계를 중심으로 한 가족갈등의 원인과 이에 대한 사회사업의 개입방안에 관하여 살펴보고자 한다.

II. 생태체계론적 관점의 개념 적용

생태체계론적 관점은 저매인에 의하여 처음으로 1960년대 말에 일반체계이론, 자아심리학, 생태학 이론의 발달에 힘입어, 개인과 동시에 환경을 문제의 요인이자 원천으로 보고 양자를 동시에 개입의 대상으로 삼는 사회사업의 이론적 준거틀로 도입되었다(Meyer, 1983:28). 저매인 이후 생태체계적 관점의 사회사업에의 적용은 잔칠(Janchill), 하트만(Hartman), 메이어(Meyer) 등에 의해 계속 발전되어 왔는데, 이러한 생태체계적 관점의 활용의 바탕에는 콜롬비아 대학교 사회사업대학원의 고든(Gordon)과 바트렛(Bartlett)의 공헌이 지대하였다(Meyer, 1988:277).

생태체계적 관점은 일반체계이론의 주요 개념들을 그대로 받아들이고 있지만 생태학적 관점과의 결합에 의하여 일반체계이론의 몇 가지 한계들을 극복하고 있다. 첫째, 일반체계이론에서 충분한 설명이 없었던 체계간의 공유영역에 대하여 적응과 상호교류라는 개념으로 보충하고 있으며, 둘째, 체계의 변화 속성만을 강조한 일반체계이론에 반해 변화와 동시에 체계의 유지기능을 동등하게 증시한다. 셋째, 일반체계이론보다 실제 생활세계 속에서 살아가는 인간의 문제에 관심을 가져 이론에 인간적 관심과 실천적인 경향을 띠게 한다(Germain, 1988:47).

이렇게 볼 때 생태체계론적 관점은 일반적인 체계의 구조와 성질을 설명해주는 고도로 추상화된 일반체계이론에 생태학의 인간주의적이고 실천적인 차원을 더하여 사회사업실천을 위한 이론들로서 보다 유용성을 갖는다고 할 수 있다. 따라서 이러한 생태체계적 관점을 가족갈등문제, 특히 부부체계와 고부간의 갈등문제에 활용하게 될 때 부부, 고부 각 개개인의 힘과 사회구조 및 사회환경이 주는 영향력이 상호작용하는 방법에 대한 사회복지사의 관점을 중시하게 되므로 생태체계론적 관점에서 이들 가족갈등문제에 대한 사회사업실천을 주도하게 될 때 많은 유용성을 갖는다고 하겠다.

하지만 현재 생태체계적 관점은 이론적 차원에서는 세련된 개념들과 조직화된 준거틀을 제공해 주지만 실제 적용에 필요한 실천모델은 아직 충분히 개발되지 않은 상태이다. 다만 생태체계적 관점에서 현재 개발되어 있는 실천모델로서는 생활모델 (life model)이 있을 정도이다. 따라서 부부체계와 고부간의 갈등에 대한 사회사업의 개입을 위한 이론적 틀로서 생활모델을 활용하고자 하며, 이의 과학적 기반이 되는 주요한 몇 가지 개념들을 가족갈등과 관련하여 살펴보고자 한다.

1. 생태학적 시각

생태학은 생명체들 간 및 생명체와 그 환경의 제요소들 간의 관계에 관심을 가짐으로써 체계론적 사고로 일관한다. 이것은 환경의 제요소들과 끊임없이 상호 교류하는 인간의 적응적이며 진화적인 견해를 바탕으로 하고 있다. 사회사업실천의 한 형태로서의 생태학적 시각은 인간 및 물리적, 사회적 환경 양자에 대해 갖는 그와 같은 상호 교류의 성격과 결과에 관한 통찰력을 제시해 준다(Germain, 1979:7~8). 이러한 시각은 특히 한국가족의 전통적인 부계가족 제도라는 구조적 특성과 사회환경의 변화에 따른 고부관계를 살펴보고, 그러한 고부관계에 의한 가족갈등과 적응적 영향력의 성격을 명확히 함으로써 사회사업의 개입 과제에 적합한 것으로 보인다.

2. 최적성

인간과 환경과의 최적성(goodness-of-fit) 개념은 스트레스이론에서 널리 사용되었던 것인데, 인간과 환경간의 복잡한 상호작용적 관계를 통하여 환경의 적응과 유기체의 적응 및 상호간의 적응에 적용되며, 이것을 통하여 환경과 유기체의 양자 모두가 번영함을 말한다. 실제적으로 개인, 가족, 집단과 일을 할 때에 최적성 개념이 제시하는 중요한 점은 클라이언트가 처한 환경 및 환경적 특성과 관련하여 고려되어야 한다는 것이다(Germain & Gitterman, 1980:6).

최적성 개념을 부부체계와 고부간의 갈등과 관련하여 다음과 같은 질문을 할 수 있다. 어떤 특정 지점에서 고부관계에 영향을 미치는 생활사건의 특성은 무엇인가? 이것은 지지적인가? 고부갈등의 해결을 위해 전체 가족으로부터 첨가되거나 제거되거나 할 욕구는 없는가? 역동적인 평형상태를 성취하기 위하여 수정되어야 할 생활경험은 어떤 것이 있는가? 이와 같은 질문은 고부관계가 처한 상황에서 제시될 때, 생활경험은 부부체계와 고부간의 상호작용에 있어서 중요한 변수로 나타나게 되는 것이다.

3. 인간생활상의 제문제

인간과 환경간의 복잡한 상호교류 속에서 평소의 적응균형이나 최적성의 혼란이 자주 일어난다. 이러한 혼란은 긴장을 초래하게 되는데, 생태체계적 관점에서는 한편으로는 개인의 요구와 능력, 다른 한편으로는 환경적인 특성 사이의 불일치에 의하여 일어나는 심리사회적인 조건으로서 긴장을 다룬다. 이러한 긴장은 세 가지의 상호 관련된 생활영역에서 일어나는데, 즉 생활의 변천문제, 환경의 압박문제, 대인관계과정의 문제가 그것이다(Gitterman & Germain, 1976:604~606).

첫째, 생활의 변천문제는 가족자체의 발달상으로 일어나는 변화, 지위와 역할의 변동에 따른 변화, 위기사건에 의하여 일어나는 변화 등에 의해 야기되는 문제들을 포함한다.

둘째, 환경의 압박문제는 폐쇄적인 기회구조, 사회적 관계망의 비반응적 속성과 지나친 간섭, 적합하지 못한 물리적 공간 등을 포함한다.

셋째, 대인관계과정의 문제는 가족내부에서의 일치하지 않는 상호기대, 착취적인 관계 및 의사소통의 단절과 같은 부적응적 과정을 포함한다.

이제부터 부부체계와 고부간의 체계를 중심으로 현대 한국가족이 안고 있는 가족갈등의 문제를 이상의 세 가지 생활상의 문제와 연관하여 고부갈등의 원인과 고부갈등에 영향을 주는 요소들에 대하여 알아보고자 한다.

III. 가족체계와 고부갈등

사회사업의 가족체계에 대한 접근은 가족을 상호작용하고 있는 각 개인들로 구성된 하나의 사회적 체계로 분석, 개입하려는 노력에서 비롯되었다. 따라서 사회사업의 가족체계접근의 목적은 직접적으로 가족성원의 문제를 해결하려는 것보다는 가족체계를 재구조화해주고, 또한 새로운 정보나 에너지, 혹은 그 양자의 결합형태로 나타나고 있는 체계의 제특성이 그 나름대로의 생태를 가지고 드러나게 함으로써 가족의 문제를 변화, 수정하도록 하는데 있다(Orcutt, 1973:85).

가족체계는 사회의 한 하위체계에 불과하며 다른 하위체계와 함께 상호 작용을 하며, 동시에 가족체계 내에 여러 부문의 하위체계를 가지고 이들 사이에서도 상호작용이 형성되어 가족 내·외적으로 체계적 관련성을 가진다.

가족의 하위체계들 가운데 시어머니와 며느리는 특히 혼인의 성립과 함께 형성된 인척관계이므로 서로의 선택에 의해 맺어진 부부관계나 부모자녀 관계보다도 폐쇄적일 수 있다. 그러나 이들은 한 가정 내에서 밀접한 의존성을 갖는 동시에 단위 하위체계로서의 독립성을 유지하고자 하는 모순관계에 처하게 된다.

따라서 본고에서는 한국가족의 고부관계가 성취지위에 대한 고부간의 끝없는 경쟁적 관계이며 원천적 부정관계로서 고부 두 사람의 목표가 대립되며, 지속적이라는데 논점을 두어, 고부갈등이란 가정생활의 전반에 걸쳐 고부간에 대립되는 심리적 충돌상태 및 불만상태의 부정적이고 주관적인 태도로 간주하고자 한다.

1. 한국가족에서의 고부갈등의 원인

고부갈등의 발생원인으로는 사회구조적 문제, 가족구조적 문제, 사회변화에 따른 문제 등 여러 가지가 지적되지만 여기서는 전통가족과 현대가족으로 나누어 살펴보고자 한다. 먼저 전통가족에서의 고부갈등의 발생원인을 알아보면 다음과 같다.

전통적 한국가족의 중심핵은 아버지-아들로 이어지는 선이며, 이 선을 향해 집중되는 권력의 집권을 가부장권으로 볼 때 전통적 한국가족은 가부장제 가족이었다(이광규, 1975:127).

가부장제 가족의 특색으로 수직적인 인간관계 지향과 밀착된 모자관계를 들 수 있으며, 여기에서 필연적으로 형성될 수밖에 없었던 고부관계의 갈등의 원인을 생태체계적 관점에서의 인간생활상의 세 가지 문제인 생활의 변천 문제, 환경의 압박 문제, 대안관계과정의 문제 등과 관련시켜 살펴보고자 한다.

첫째, 환경의 압박문제로서 전통적 한국의 부계사회에서 가장 중시된 가족관계는 아버지와 아들로 이어지는 부자관계에 의한 가족 내의 수직적 인간관계였다. 이것은 결국 아버지와 아들을 출산자와 출생자의 관계로 볼 때 효의 개념을 발생케 하였고, 효는 부자라는 자연적 관계를 특이한 가족내적 관계로 채색시키는 역할을 하게 되었다(이광규, 1975:282). 다시 말하여 양육과 부양이라는 상대적이고 직접적인 이해관계가 전통적 유교사회에서는 효자라는 개념으로 받아들여져 부자관계를 견고히 하였던 것이다. 부자관계의 이와 같은 지배와 복종의 상하관계는 나머지 가족관계에도 영향을 미쳐 다른 가족관계도 이와 유사한 상하관계에 놓이게 되었다. 특히 고부관계는 윗세대와 아래세대라는 세대차이와 윗세대 사람이 차지하고 있는 생활영역에 혈연관계가 없는 아래 사람이 들어와 같은 작업영역에서 공존해야 된다는 주어진 상황과 외부로부터 결혼하여 자신의 지위를 스스로 차지해야 한다는 상황 때문에 단순한 상하관계 이상의 긴장과 갈등을 지니게 하는 것이다(박부진, 1981:89).

따라서 며느리의 노동력 활용을 위해서 그 며느리를 부리는 시모와의 관계는 엄격한 상하관계가 유지될 수밖에 없었고, 며느리의 일반적 시집살이가 며느리가 겪는 갈등의 전형이 되었던 것이다.

둘째, 생활의 변천문제와 관련하여 전통적 한국가정에서의 결혼은 부자관계를 지속시키기 위한 주요 수단이었으며, 여자는 가문의 후계자를 출산시키기 위한 도구 이상은 아니었다. 전통적 혼인유형인 중매혼이나 결혼을 가문 대 가문의 결합으로 받아들인 의식은 이를 반영한다(이광규, 1984:137).

이러한 부계가족의 구조적 필연성은 모자간의 특별한 관계를 형성케 하며, 이는 또한 고부간의 특별한 관계를 형성케 한다(이광규, 1981:18). 즉 부계가족에서 아들은 시가에서의 의무를 완성케 하고 어머니에게 지위를 주는 어머니의 투사체적 존재로서 기능하기 때문에 모자는 특수한 관계를 형성한다. 따라서 며느리를 맞는 시어머니는 아들을 빼앗긴다는 생각을 갖게 되니 며느리는 시어머니에 대해 침략자가 된다. 그리고 고부의 활동영역과 주부라는 역할이 중첩되기 때문에 시어머니는 장차 살림의 주도권을 넘겨줘야 할 며느리를 질투하게 된다. 이와 같은 이유로 인해 고부관계는 대인관계과정의 문제로서 원칙적인 부정관계에 있게 되는 것이다.

또한 최재율은 고부간의 불화는 전통적 가족이 안고 있는 사회병리현상이라고 지적하면서 다음 여섯 가지의 갈등요인을 들고 있다. 첫째, 며느리가 새로운 가풍에 적응하지 못한 때문이며, 둘째, 고부간의 가사경제의 실권다툼, 셋째, 고부관계에 대한 전통적 선입관이 작용하기 때문이며, 또한 시어머니의 젊은 시절의 고초의 앙갚음이 작용하기 때문에, 넷째, 아들의 애정을 며느리에게 빼앗긴 것으로 생각하고 질투하기 때문에, 다섯째, 고부간의 성격 차이 및 결함 때문에, 여섯째, 올캐와 시누이와의 나쁜 감정이 고부관계를 악화시키는 요인이 된다는 것이다(최재율, 1983:67~68).

이상을 볼 때, 전통가족에서의 고부관계는 사회구조 및 가족구조의 필연성에 의해 갈등관계일 수밖에 없었음을 알 수 있다.

한편, 현대가족에서의 고부갈등의 발생원인을 살펴보면 전통가족에서의 그것과 분명하게 구별되는 것은 아니고, 오히려 전통가족에서의 고부갈등 발생의 구조적 원인이 존속하는 가운데 현대가족에서의 문제점이 첨가되어 고부관계가 더 악화되었다고 볼 수 있다.

현대가족에서 고부갈등이 발생되는 원인으로는 첫째, 환경의 압박문제와 관련하여 사회변화 및 그에 따른 가족구조의 변화를 들 수 있다. 즉 고부갈등이 발생되는 가족구조의 측면에는 근본적인 변화가 없으나 서구의 자유 ·평등·개인주의의 유입으로 인해 전통가족에서의 고부문제를 해결해주던 문화적 장치로서의 유교윤리가 약화됨으로써 갈등이 오히려 표면화되기 시작했다(이광규, 1981:20).

또한 이러한 산업화와 도시화의 영향은 핵가족화를 촉진함으로써 생활의 발달문제와 관련하여 가족구성원의 지위와 역할이 변동됨에 따라 새로운 양상의 고부갈등이 나타나고 있음이 지적된다. 즉 권위주의에 기반을 둔 가부장적 확대가족으로부터 부부체계중심의 핵가족으로의 전환은 종래의 가문과 효의 권위를 흔들리게 하였던 것이다. 며느리의 교육수준은 높아져서 무조건 복종하고 인내하는 며느리의 지위에 반발하게 되어, 결국 시모의 권위 저하와 며느리의 지위상승으로 인해 고부간의 갈등은 며느리의 일방적인 시집살이에서 현대는 두 사람이 벌이는 각축전으로 나타나게 되는 것이다(이기숙, 1977:48).

그리고 자녀가족과 부모가족으로부터의 경제적 독립은 특히 결혼 초부터 가계관리권을 며느리가 갖는 경향이 증가하며, 주부의 입장에서 시모와 며느리의 주부권의 마찰이 강해지고 시모의 절대적 역할이 점차 며느리에 대해 의존적이고 협력적인 역할로 전환되고 있는 상태에서 시모측이 가정의 명령권을 지녀야 된다는 의식과 며느리 측의 주부권은 자신이 소유하고 싶다는 의식 사이에서 갈등이 나타나고 있다. 다시 말하면 현대가족에서의 가족역할은 며느리가 중심이 되어 수행하는 경향이 증가하는 반면, 노인의 가족 내 역할은 TV시청, 라디오 듣기, 낮잠, 쉬기, 이웃집 놀러 다니기 등의 유명무실한 역할들로 이루어지고 있어 시모의 역할 상실 및 권위 약화와 상대적으로 며느리의 지위상승은 억압되어 왔던 고부간의 갈등을 표면화시키는 요인으로 작용하는 것이다(이경애, 1980:13~14). 이러한 현대사회에서 시모의 역할 상실은 결국 대인관계과정의 문제와 관련하여 시어머니로 하여금 정체감이나 자율성, 관계성 및 처신능력을 감소 시켜 가족갈등을 야기 시키게 하는 것이다.

셋째, 생활의 변천문제와 관련하여 현대가족의 고부갈등은 급격한 세대차이 문제로부터 발생된다. 현대사회에 와서는 시어머니와 며느리는 새로운 가치체계를 받아들이는 수용도가 달라서 이른바 문화지체현상이 있게 된다. 이로 인해 시모는 어디까지나 세대에 머물러 있으면서 자신이 경험한 가치를 표준으로 하는 효를 며느리에게 기대함으로써 고부간에 갈등이 야기되며, 또한 새로이 혼입한 며느리는 시가의 새로운 생활관습에 익숙해지고 적응하려는 과정에서 시모와의 관계는 항상 긴장하게 되는 것이다.

이상을 볼 때, 현대가족의 고부갈등은 새로이 나타난 의식구조와 전통적으로 남아 있는 것들 사이에서 스스로 모순을 지니면서 복잡한 양상을 나타낸다고 하겠다.

2. 고부갈등에 영향을 주는 요소

앞의 고부갈등의 발생원인을 토대로 하여 구체적으로 고부갈등에 영향을 주는 요소들을 살펴보면 다음과 같다.

첫째, 고부간의 가치관의 차이를 들 수 있다. 고부는 서로 다른 연령과 동시집단에 속하기 때문에 세대차가 발생되고 따라서 이들 간에는 가치와 동기, 관심 및 일상적 활동에서 차이가 나며 이로 인해 갈등과 긴장이 발생된다고 하겠다.

둘째, 효의 성숙성을 들 수 있다. 즉 시어머니가 며느리에 대해 높은 효를 기대할수록, 며느리에게는 시부모 봉양에 대한 책임감이 클수록 고부관계는 효의 성숙성에 기대어 속으로는 갈등이 존재하겠지만 겉으로는 좋아질 것이기 때문이다.

셋째, 가족역할수행 유형을 들 수 있다. 가사활동, 가계관리 등 가정의 주도적인 역할수행을 고부간에 누가 어떻게 맡게 되느냐에 따라 갈등의 정도가 달라지는 것이다.

넷째, 경제적 요소를 들 수 있다. 노인 연구에서 보면 경제적 변수는 노인의 가정 내 지위나 권위, 생활만족도 등과 깊은 상관관계가 있음을 보여 주는데, 이러한 연구결과는 고부관계에서도 시부모가 경제력이 없을수록 가족 내 지위나 권위가 약화됨을 보여주며, 따라서 시부모의 경제력은 고부갈등에 영향을 주게 된다고 하겠다.

다섯째, 고부의 학력정도를 들 수 있다. 즉 시어머니와 며느리의 학력에 따라 며느리가 경험하는 고부갈등의 정도는 유의한 차이를 보일 것으로 여겨지는데, 가령 며느리의 학력이 높을수록 고부간의 성격 차로 인한 갈등이 높아질 것으로 보인다.

여섯째, 고부의 연령을 들 수 있다. 고부의 연령에 따라 고부 각자가 경험하는 고부갈등정도는 유의미한 차이를 보일 것으로 여겨진다.

일곱째, 시어머니의 배우자 유무를 들 수 있다. 즉 배우자가 없는 시어머니는 배우자가 있는 시어머니보다 사회심리적 부적응과 특수한 모자관계 형성으로 인해 고부갈등에 더 큰 영향을 미치는 변수로 추론된다.

여덟째, 며느리의 위치를 들 수 있다. 아들의 출생조건, 즉 며느리가 큰며느리, 외며느리, 또는 둘째이하 며느리인지의 며느리 위치에 따라 고부갈등은 다르게 나타날 것이다.

아홉째, 가족이 속한 계층을 들 수 있다. 가족이 속한 사회계층에 따라 고부갈등의 정도는 달라질 것으로 보인다.

열째, 가족이 속한 지역별 유형을 들 수 있다. 즉, 도시거주자냐, 농촌거주자냐에 따라 고부갈등의 정도는 달라질 것이다.

열하나째로 고부끼리의 동거유무를 들 수 있다. 동거가족일수록 갈등의 정도는 높을 것으로 보인다.

마지막으로, 아들(남편)의 중재능력 및 손자의 존재유무를 들 수 있다. 아들의 중재능력이 뛰어나며, 손자가 존재할수록 갈등의 정도는 적을 것으로 여겨진다.

IV. 고부갈등에 대한 사회사업의 개입

부부관계와 고부갈등에 의한 가족갈등문제에 대한 사회사업의 개입방안을 사회복지사의 전문적 기능과 연관시켜 생활의 변천문제, 환경의 압박문제, 대인관계과정문제 등 일상생활상의 제문제에 대한 개입방안을 살펴보고자 한다.

1. 생활의 변천문제에 대한 개입

결혼이라는 생활의 변천에서 경험하게 되는 고부간의 스트레스를 해소시키기 위한 사회복지사의 기능은 시어머니와 며느리, 아들의 적응능력을 지지해주거나 강화시켜주며, 갈등에 대응하게 되는 가족환경의 반응을 증가시킴으로써 삶의 변천과정을 잘 통과하도록 돕는 것이다. 이러한 전문적 기능은 조력자, 교사, 촉진자의 역할을 하는 것이다.

먼저 조력자의 역할은 고부간의 표현을 격려하고 감정을 환기하고 관계 유형을 검토하고, 격려와 재보장을 해주고, 논리적인 토론과 합리적인 의사 결정에 관여토록 한다(장인협, 정영순, 1986:234). 교사의 역할은 고부갈등에 대처하는데 필요한 새로운 정보, 즉 주부역할과 가사역할의 수행, 가사관리 및 노후 생활안정대책을 위한 부업소개와 소비형태 및 손자녀 양육 방법 등을 제공할 수 있고, 이들이 새로운 행동이나 기술을 숙련하도록 도와 줄 수 있게 한다. 촉진자의 역할은 고부갈등 해결을 위해 지렛대의 역할을 하는 사람, 특히 남편이나 손자녀, 시누이의 능력을 확립하도록 원조하기 위해 구체적인 기회를 찾도록 하는 것이다.

이러한 생활의 변천문제와 관련하여 고부간의 갈등을 볼 때, 그 해결책의 하나로 미누친(Minuchin)의 구조적 가족치료를 들 수 있다. 그의 이론의 핵심은 가족구조내의 하위체계들과 그 속의 위계질서에 관한 것이다. 그리고 가족체계의 시작은 성인남자와 여자가 결혼한 후 부부가 되면서부터이며, 가족의 중심은 언제까지나 부부중심임을 강조했다. 또 부부와 부모의 하위체계를 강화하는데 중점을 두고 있다. 그는 역기능적인 가족과 정상가족을 문제가 있고 없는 것을 기준으로 구분하지는 않았고, 단지 역기능적 증상이란 현재 가족구조의 불균형의 결과로 생기는 것으로 보았다. 그리고 역기능적 하위체계의 경계와 변화하는 요구에 대한 그 반응을 특히 중시하였다. 따라서 구조적 가족치료에서 구조의 진단기준은 근접성(proximity)과 위계질서(hierarchy)에 핵심이 있다(Minuchin, 1975:51~58).

근접성과 관련하여 시어머니와 남편과의 밀착된 관계, 혹은 시어머니를 배척한 상태에서의 부부간의 밀착된 관계에서 야기될 수 있는 고부간의 갈등문제 및 위계질서와 관련하여 시어머니와 손자녀간의 결탁관계로서 나타나는 연합, 공동삼각, 우회 등 며느리가 갖게 되는 자신의 자녀에 대한 상대적인 낮은 위치에서 오는 한국사회 고유의 고부갈등문제를 들 수 있다.

이에 대한 구조적 가족치료는 가족구조의 재구조화 및 현재의 가족구조의 역기능적 형태를 변화시키기 위해 부부위치의 강화, 모자관계의 강화 및 명확하고 융통성 있는 고부간의 경계의 조성이다. 이에 대한 구체적인 기법으로는 치료의 초기단계에서 그 가족의 독특한 문화에 접하기 위한 합류(joining)의 방법과 재구조화(restructuring)와 변화유지(maintaining)를 들 수 있다. 이는 두 가지 방법으로 달성될 수 있는데, 즉 경계선 구분(boundary-making)과 실연(enactment)으로 다른 행동과의 연속성들을 만들어 줌으로써, 그리고 재구성(reframing), 균형깨기 (unbalancing), 상호보충적인 관계파악, 과제제공 등을 통하여 가족의 대안적 세계관을 심어줌으로써 가능하게 할 수 있다.

하지만 이러한 구조적 가족치료가 주로 어린 아동을 클라이언트로 가진 가족에 적용되어 발전되어 왔으며, 특히 고부갈등문제라는 현재 한국사회에서 갖고 있는 독특한 가족문제에 대한 적합성 여부는 앞으로 검증되어져야 할 것으로 본다.

2. 환경의 압박문제에 대한 개입

가부장적 한국가족구조에 의한 부자관계중심의 가족 내 수직적 인간관계의 전통과 산업화, 도시화 등 환경의 변화에 의한 효의 권위상실 등이 가져다 준 고부갈등의 해결에는 우선 생활공간 내에 고부갈등의 해소장치로써 이웃, 친구, 친척 등의 비공식적 사회적 관계망이나 시어머니모임, 며느리모임 등 자조집단을 조직하기 위한 조직가의 역할이 요구된다.

아울러 가족 내의 경제적 문제의 주요원천 제공자로서의 고부가 갖게 되는 위치, 고부간의 상호기대감과 가치관의 차이, 고부간의 가사활동의 주도적 역할수행의 정도, 가족 외부인들의 평가 등에 대해 잘 검토하고 분석함으로써 고부갈등문제를 부부나, 시어머니, 며느리 및 가족전체가 잘 처리할 수 있게 하는 기획가의 역할이 요구된다.

또한 부부체계와 시어머니간의 수평적인 인간관계를 유지하기 위하여 더 현실적이고 합리적이며, 상호관계적인 방법들을 실천하도록 도와주는 중재자의 역할이 필요하다고 하겠다. 특히 중재자의 역할을 수행하는 사회복지사들은 다음과 같은 활동을 위한 기법을 활용해야 한다(장인협, 정영순, 1986:236). 첫째, 양측이 각각 인식하는 갈등적인 가치를 수렴시키며, 둘째, 한쪽 편이 상대방의 이익의 합법성을 인정하도록 도우며, 셋째, 성공적인 성과를 가져오기 위하여 양측의 공통적인 이익을 발견하도록 도우며, 넷째, 극단적인 승부의 상황을 피하게 하며, 다섯째, 갈등을 구체적인 문제, 시간 및 장소에 국한하며, 여섯째, 갈등을 여러 문제로 분리하며, 일곱째, 구체적인 갈등의 문제보다 그러한 갈등관계를 계속하는 것이 문제가 된다는 것을 이해하도록 도와준다. 따라서 설득과 화해의 절차들이 사회사업 중재자에 의해 널리 활용되는 것이다.

3. 대인관계과정의 문제에 대한 개입

사회사업실천에서 취급되는 인간관계와 의사소통의 부적응 문제 즉 대인관계과정의 문제는 주로 가족과 형성집단에서 야기된다. 부부체계는 고부간의 경계, 규칙, 의사소통과 같은 가족역동성 문제에 대한 개입은 한마디로 고부관계에 대한 사회관계 향상, 사회적 역할수행 강화, 사회적 책임감의 개발에 관한 사회화 교육을 강화함으로써 달성될 수 있다. 따라서 사회복지사의 전문적 역할은 고부간의 공동쟁점과 관심사에 대해 계속 일해감에 따라 개방적이고 직접적으로 의사소통하도록 성원을 돕고, 그들의 관계에 보다 큰 상호관련성과 호혜성을 발전시키도록 돕는다. 이때 사회복지사의 역할은 주로 삶의 변천문제 시 가졌던 조력자, 교사 및 촉진자의 역할을 주로 하게 되며, 가족에서의 부적응적 의사소통 등이 빈번할 때에는 또한 중재자 의 역할을 필요로 하게 된다. 원활한 의사소통을 위한 다양한 기법으로서는 역할연기, 조각, 오디오, 비디오 활용, 가계도와 생태도의 활용, 과업 및 할당의 제공 등을 들 수 있다.

대인관계과정상의 문제, 특히 가족구성원끼리의 의사소통의 부적응문제와 관련하여 가족치료를 발전시킨 사람으로는 잭슨(D. Jackson), 사타이어(V. Satir), 할레이(J. Haley) 등이 있다. 이들은 언어적, 비언어적 의사소통을 연구함으로써 가족체계를 파악할 수 있다는 것을 전제로 하여 가족체계 내에서 현재 볼 수 있는 상호작용에 초점을 두었으며, 각 가족구성원들의 발달과정에 대한 분석은 중시하지 않았다.

이들 의사소통 가족치료이론은 가족성원들 사이의 의사소통과정에서의 치료적인 관심에 초점을 두고 있지만, 그들은 가족구성원간의 상호작용과정에서 강조점이 다른 이론적 핵심을 가지고 각자의 이론을 발전시켰다.

잭슨은 관계하고 있는 가족구성원들 사이의 관계가 의미하는 것을 개념화하는 인지(cognition)를 강조하였다. 즉 의사소통에 의해 전달된 송신자-수신자 관계에 초점을 두어 인지와 행동의 순환적 관계를 나타내는 행동변화상의 인지의 역할과 행동의 결과에 초점을 두었다.

사타이어는 가족체계에서 본인과 다른 사람에 대해 어떻게 느끼는가에 대한 정서 혹은 감정에 강조점을 두었다. 즉 자기존중 감정을 얻도록 하는 것과 개인의 수용이나 거절의 감정을 치료의 초점으로 두어 가족구성원의 관계 내에서 감정표현을 명확히 하는 데에 강조점을 두었다.

할레이는 가족 내에서 어떠한 관계이든 세력싸움(power struggle)이 존재하고, 이와 관련된 사람은 관계를 규정하거나 재규정하기 위해 계속적으로 노력한다고 보았다. 그는 대인관계 성격을 대칭적 혹은 보완적 관계로 구분하고, 개인이 관계의 성격을 결정하는 능력과 관계의 역동성을 조성하는 세력(power)과 통제(control)에 초점을 두었다.

이렇게 이들이 각각 강조하는 상호작용 측면은 다르다하더라도 이들이 갖고 있는 공통적인 개념은 다음과 같다(Foley, 1974:79).

첫째, 관계상에서 개인의 가장 중요한 욕구는 관계를 잘 형성하고 유지하는 것이다. 둘째, 관계형성과 유지과정에서 관계규칙의 결정과 규칙의 결정자만의 협상이 가장 중요한 과제가 된다. 셋째, 관계규칙의 결정과 규칙의 결정자간의 협상은 주로 메시지의 교환을 통하여 이루어진다. 넷째, 메시지는 관계하는 사람들 간의 의사소통 내용을 구성하며 상호작용과정의 중요한 요인이 된다. 다섯째, 메시지는 두 개의 측면을 갖는데, 하나는 메시지 내용을 다루는 의사소통이고, 다른 하나는 메시지에 관한 메시지를 다루는 메타커뮤니케이션(metacommunication)이다. 메타커뮤니케이션은 자신과 상대방과의 관계의 성격을 규정하므로 의사소통의 핵심적 개념은 이들 양 측 면을 모두 분석함으로써 관계를 잘 이해할 수 있다.

이렇게 볼 때, 고부간의 갈등문제에 대한 의사소통 가족치료자의 역할은 시어머니와 며느리 및 남편을 포함한 가족원들이 보호하는 방법을 배우도록 돕는 교사, 지도자, 모델, 촉매자, 관찰자가 되며 태도상 권위적이고 인간적이어야 한다. 아울러 때로는 명확한 의사소통을 하도록 직접 돕는 것 보다는 고부간의 관계에서 상대방이 가족관계 내의 세력싸움에 관계되어 있다고 하는 사실을 알도록 해주는 일이다. 즉 지시적 접근으로서 오래된 역기능적 행실을 포기하도록 가족원들이 저항하게 함으로써 변화시키고자 하는 역설적 개입(paradoxical intervention)이나, 새로운 견지에서 생각하도록 하기 위해 문제나 상황을 재정의를 하도록 돕는 재명명 혹은 재구성(relabelling or reframing), 그리고 증상에 대한 처방이나 과제를 제공하는 것 등을 들 수 있다.

이상의 고부갈등이 겪게 되는 생활의 변천문제, 환경의 압박문제, 대인관계과정의 문제 등 세 가지 문제영역은 실제로는 상호연관 되어서 일어나고 있으며, 사실상 효과적인 해결을 위해서는 세 가지 문제영역 모두에 개입이 필요하지만, 각각의 영역은 독특한 나름대로의 과업이 고부나 남편, 그리고 여타 가족구성원들에게 부과되고 있으며, 각각의 문제에 대하여 주어진 순간에 사회사업실천의 개입의 초점이 된 영역에 대해서는 그에 적합한 개입기술이 선택되어 활용되어져야 한다.

V. 결론

한국가정에서 고부간의 갈등은 매우 뿌리 깊은 가족갈등의 한 가지 독특한 양상으로 제기되어 왔다. 비록 1960년대 이후 급격한 산업사회로의 변화과정에서 고부갈등의 표출양상은 상당히 바뀌었지만 그럼에도 불구하고 어떠한 가정에서나 발생되고 있는 문제의 광범위함으로 인해 가족갈등의 주요한 하나의 원천이 되고 있다. 발달초기부터 가족의 중요성을 강조해 온 사회사업은 특히 가족의 갈등이 어떠한 방법으로 처리되어야 하는가에 대해 많은 관심을 기울여왔다. 특히 고부갈등의 문제도 독특한 한국가족이 갖는 전체 가족의 하위체계로서의 문제로 보고, 시어머니, 며느리의 개인적인 문제의 치료보다는 고부관계의 체계를 재구조화함으로써 고부갈등을 변화시키려는 체계론적 접근이 유용할 것으로 보인다.

사실 갈등의 당위성에 비추어 볼 때 가족갈등관계는 늘 존재하며, 따라서 부부체계와 고부간의 갈등을 보다 긍정적인 관점으로 전환시키는 작업이 사회사업실천에서 요구된다고 하겠다. 요는 고부갈등이 거의 없는 정상적인 가정은 보다 원숙한 고부관계를 형성시켜주고, 그렇지 못한 가정은 체계론적 관점의 가족치료 등 다양한 사회사업실천방법을 통하여 가족이 서로 지지하면서 생활할 수 있는 태도의 형성에 기여할 수 있는 방향으로 전개시켜 나가야 할 것으로 본다.

〈참고문헌〉

박부진. "한국농촌가족의 고부관계", 한국문화인류학, 제7집, 1981.

이경애. "고부갈등에 관한 연구", 석사학위논문. 숙명여자 대학교, 1980.

이광규. 한국가족의 구조분석. 서울: 일지사, 1975.

이광규. 한국가족의 심리문제. 서울: 일지사, 1981.

이광규. 사회구조론. 서울: 일조각, 1984.

이기숙. "고부관계에 관한 연구 - 동거론과 별거론을 중심으로", 대한가정학회지, 제15권 2호, 1977.

장인협, 정영순(편역). 사회복지방법론, 서울: 수문사, 1986.

최재율. "현대가족의 가족문제와 가족윤리에 관한 연구", 전남대학교 논문집 제28집, 1983.

Foley, V. D. An Introduction of Family Therapy. N.Y.: Grune and Stratton, 1974.

Germain, C. B. Social Work Practice: People and Environment. N.Y.: Columbia University Press, 1979.

Germain, C. B. "Technological Advances", in Reselblatt, A. & Waldfogel, D. (eds.) Handbook of Clinical Social Work. San Francisco: Jossey-Bass, 1988.

Germain, C. B. & Gitterman, A. "Social Work Practice: A Life Model", Social Service Review. 50, 1976, pp.601~610.

Germain, C. B. & Gitterman, A. The Life Model of Social Work Practice. N.Y. Columbia University Press, 1980.

Hoyos, G. D. & Jensen, C. "The Systems Approach in American Social Work", Social Casework, 66, 1985.

Meyer, C. M. Clinical Social Work in the Eco-systems Perspective. N.Y.: Columbia University, 1983.

Meyer, C. M. "The Eco-systems Perspective", In Paradigms of Clinical Social Work, pp.275-294. Edited by R.A Dorfman. N.Y.: Brunner/Mazel, 1988.

Minuchin, S. Family and Family Therapy. Cambridge: Harvard University Press, 1975.

Orcutt, B. A. "Casework Intervention and the Problems of the Poor", Social Casework 54, 1973.

참고문헌

강종수(2022). 산업복지론. 양서원.

구자헌(1991). 한국사회복지총람. 한국사회복지협의회 편.

국가기록원. 기록으로 보는 경제개발 5개년 계획. https://theme.archives.go.kr/next/economicDevelopment/newEconomy.do

국민건강심사평가원 홈페이지. https://www.hira.or.kr

김범수(2025). 초창기 한국사회복지의 기획자. 명완식 한국사회사업연합회상무이사. 복지타임즈. https://www.bokjitimes.com/news/articleView.html?idxno=39837.

김상균 외(2011). 사회복지개론. 나남출판.

김상훈(2020). 해방 후 학기제 변천 과정 검토. 한국교육사학회. 한국교육사학. vol.42, no.4.

김학묵(1987). 고아입양과 합창단: 사회봉사의 편린수상. 아산. 37. 추계호.

남세진(1986). 집단지도방법론. 서울대학교출판부.

남세진(1991). 대학협의회 및 학회. 한국사회복지협의회 편. 한국사회복지총람. p.718.

남세진(1992). 인간과 복지. 한울아카데미.

남세진(1995). 한국 사회복지의 선택. 나남.

남세진·조흥식(1998). 집단지도방법론(전정판). 서울대학교출판부.

대한민국 외교부. ESCAP 개요.

대한민국 정책브리핑. ESCAP 개황.

대한적십자사(매년). 사업보고서.

민경배(1993). 서울YMCA운동사 : 1903-1993. 로(路)출판.

민주화운동기념사업회연구소(2010). 한국민주화운동사 3 -서울의 봄부터 문민정부 수립까지-. 돌베개.

박경현(2023). 백근칠의 생애와 사상. 미래복지경영 · 코람데오.

박우용(2015). 추모의 글. 사랑의 빛으로 하나 되는 세상: 몽산 하상락 선생 탄신 100주년. 자광재단. p.194.

박창석(2009). 우리나라 초기 사회사업가. 행복나눔지원센터. http://www.happy1004.org/index.php?s1=customer&s2=04&mode=view&id=1911

생명보험협회(2010). 생명보험협회60년사.
https://www.klia.or.kr/klia/archive/association/kliaHistory.do
서울대학교 역사기록관. 추억속의 캠퍼스: 공과대학 1946-1975.
https://archives.snu.ac.kr/
서울대민주열사추모사업위원회(1984). 산자여 따르라. 거름.
서울대학교 사회복지학과(1999). 40년사 자료모음.
서울대학교 사회복지학과 50년사 편찬위원회(2009a). 서울대학교 사회복지학과 50년사: 1959~2009.
서울대학교 사회복지학과 50년사 편찬위원회(2009b). 조교의 추억. 서울대학교 사회복지학과 50년사: 1959~2009. pp.467-472.
서울대학교 사회사업학과 동창회(1967). 낙산소식. 제6호, 1967년 5월 31일 발행.
서울YMCA(매년). 연례보고서.
서울특별시, 한국산업경제연구원(1989). 서울시 저소득층 실태파악과 대책수립에 관한 연구.
에스캅(ESCAP) 홈페이지. https://repository.unescap.org/home.
외국민간원조단체한국연합회(1995). 외국민간원조단체한국연합회(KAVA) 40년사. 홍익재.
위키백과 https://ko.wikipedia.org/wiki/%EC%A0%95%ED%9D%AC%EC%84%AD 유네스코한국위원회(2014). 유네스코한국위원회 60년사: 대한민국 발전의 초석에서 지구촌 나눔의 주역으로, 1954-2014.
유용태·정숭교·최갑수(2020). 학생들이 만든 한국 현대사: 제1권 시대사. 한울.
유용태·정숭교·최갑수(2020). 학생들이 만든 한국 현대사: 제2권 사회문화사. 한울.위키백과. https://ko.wikipedia.org/wiki/
이용교(2023). 복지행정의 선구자 김학묵. 미래복지경영 · 코람데오.
이화여자대학교 사회복지학과(1997). 이화여자대학교 사회복지학과 50년사: 1947-1997.
임상사회복지실천연구회 엮음(2014). 사회복지 역사를 세운 실천현장의 인물들. 학지사.
전택부(1994). 한국기독교청년회운동사. 범우사.
조기동(2008). 한국전문(의료)사회사업의 태동과 외국 원조단체의 역할. 한국사회복지학회. 사회복지계 원로회고록. 양서원. pp.154-155.
조흥식·김진수·홍경준(2005). 산업복지론. 나남출판.

조흥식 외 공저(2000). 사회복지실천분야론. 학지사.
조흥식·정선욱·김진숙·권지성 공역(2021). 질적연구방법론: 다섯 가지 접근.
John W. Creswell & Cheryl N. Poth (2018). Qualitative inquiry and research design: Choosing among five approaches. (4th ed.). 학지사.
최성균(1991). 한국사회복지사협회, 한국사회복지협의회 편. 한국사회복지총람.
최영철(2007). 졸업 20년, 경북고 68회 최영철 기자의 '동문견문록'. 신동아. 2007년 5월호.
최원규(2007). 제1장 한국사회사업학회의 태동과 해산(1957-192). 한국사회복지학회. 한국사회복지학회50년사: 1957-2007. pp.33-58.
최원규(2024). 하상락의 생애와 사회복지사상. 미래복지경영·코람데오.
하상락(1961). 머리말. 사회사업연구회. 사회사업연구. 제1집.
한국민족문화대백과사전. https://encykorea.aks.ac.kr/Article/E0078606
한국민족문화대백과사전. https://encykorea.aks.ac.kr/Article/E0061099
한국보건사회연구원 홈페이지. https://www.kihasa.re.kr.
한국사회복지교육협의회 홈페이지. http://kcswe.kr/html/sub0103.php.
한국사회복지사협회(2016). 복지역사 이야기 5. 외국민간원조단체한국연합회(KAVA). 소셜워커 2016년 5월호. https://lyg29.tistory.com/13524492.
한국사회복지사협회(2017). 한국사회복지사50년사: 1967-2017.
한국사회복지학회(2007). 한국사회복지학회50년사: 1957-2007.
한국사회사업가협회(1969). 한국사회사업가대회보고서.
한국YWCA연맹(2002). 한국YWCA 80년사.
한국YMCA연맹(매년). 연례보고서.
한국폴리텍대학. 사이버역사관. 폴리텍의 발자취. http://www.kopohistory.com/footprints
한국폴리텍대학 역사서. 제1권 통사편. http://www.kopohistory.com/book01/index.html
한국폴리텍대학 역사서. 제2권 캠퍼스사편I. http://www.kopohistory.com/book02/index.html
한국폴리텍대학 역사서. 제3권 캠퍼스사편II. http://www.kopohistory.com/book03/index.html

가톨릭신문(1973년 10월 14일, 제886호 2면), 사회사업 분야에 있어서의 수녀

역할, 남세진 교수 강연.
매일경제(1971년 4월 15일), 국가발전과 부녀복지, 서울대 남세진 교수 강연요지.
조선비즈(2024년 6월 18일), 中청년 190만 명 몰렸다, 중국에서 인기 폭발한 이 직업. https://biz.chosun.com/international/international_economy/2024/06/18/.

조흥식 교수(2025)의 전남수 여사와의 인터뷰. 2025. 3. 20. 오전 11시-11시 50분; 2025. 5. 22, 오후 12시 30분-2시 30분.
조흥식 교수(2025)의 남구현 교수와의 전화 인터뷰. 2025. 7. 31. 오후 6시 45분-7시 25분.
조흥식 교수(2025)의 김서용 선생과의 전화 인터뷰. 2025. 8. 1. 오후 6시-6시 50분.
조흥식 교수(2025)의 조휘일 교수와의 전화 인터뷰. 2025. 8. 7. 오후 6시 40분-7시 40분.
최원규 교수(1999)의 하상락 교수와의 인터뷰. 1999. 1. 26.(재인용)
최원규 교수(1999)의 남세진 교수와의 인터뷰. 1999. 1. 16. 오후 4시-7시.(재인용)
최원규 교수(2009)의 최일섭 교수와의 인터뷰. 2009. 2. 10.(재인용)

Angrosino, M. V. (1989). Documents of interaction: Biography, autobiography, and life history in social science perspective. Gainesville: University of Florida Press.
Daiute, C. (2014). Narrative inquiry: A dynamic approach. Thousand Oaks, CA: Sage.
Holden, Philip (2014). Literary Biography as a Critical Form. September 2014. Biography. 37(4): 917-934.
Jones, D. K. (2001). Researching groups of lives: A collective biographical perspective on the Protestant ethic debate. December 2001, Qualitative Research. 1(3): 325-346.
Knoper, R. K. (2003). Walt Whitman and New Biographical Criticism. College Literature. 30(1): 161-168.
Ravitch, S. M., & Mittenfelner Carl, C. N. (2016). Qualitative research: Bridging the conceptual, theoretical, and methodological. Thousand Oaks, CA: Sage.
Segrillo, Angelo. (2019). Confessions of a Biographer: Reflections upon the Theory of Biography. LEA Working Paper Series, no. 5, March 2019.

집단사회복지와

조직리더십의 실천가 **남세진**

초판 인쇄 2025년 11월 4일

초판 발행 2025년 11월 12일

지 은 이 조 흥 식

펴 낸 곳 미래복지경영·코람데오

등　　록 제300-2009-169호

주　　소 서울시 종로구 세종대로 23길 54, 1006호

전　　화 02)2264-3650, 010-5415-3650

팩　　스 02)2264-3652

E-mail soho3650@naver.com

값 15,000원

ISBN 979-11-92191-55-3 03330